L T48
b 1024
A

HISTOIRE

DE

L'ESPRIT RÉVOLUTIONNAIRE

DES NOBLES EN FRANCE.

DE L'IMPRIMERIE DE FAIN, PLACE DE L'ODÉON.

HISTOIRE
DE
L'ESPRIT RÉVOLUTIONNAIRE
DES NOBLES
EN FRANCE.

SUITE DU LIVRE QUATRIÈME.

CHAPITRE XV.

Le dauphin est obligé de fuir de Paris. Assassinat du duc de Bourgogne sur le pont de Montereau. On prend l'écharpe rouge pour le venger.

S'ÉTABLISSANT ainsi par la terreur, le pillage et la mort dans la capitale du royaume, le duc de *Bourgogne* n'eut pas de peine à s'emparer de l'autorité ; il lui fut facile de tenir sous sa dépendance le roi, malade d'esprit, et le *dauphin*, privé de force et de puissance. Sa domination préparait chaque jour un avenir sinistre à la famille des *Valois*. Il n'y avait que la fuite qui pût faire éviter à l'héritier présomptif du trône le sort qui l'attendait ; il fut assez heureux pour en combiner adroitement les moyens, de manière à tromper la vigilance de son oppresseur; il s'échappa de Paris, bien résolu de servir la cause de son père et la sienne par toutes les ressources de leur mutuelle position : elle paraissait désespérée, si on la jugeait d'après la félonie de tant de comtes, de ducs et de barons ; mais la fortune fait souvent plus pour les rois que les nobles de leurs royaumes.

Le *dauphin* fugitif arriva dans un lieu de sûreté, également à l'abri des attaques de l'Anglais et des tentatives des gentilshommes bourguignons. Dès qu'il put ouvrir quelques voies de communication avec les provinces éloignées, il s'annonça comme l'héritier légitime de la couronne de France, ce que bien des nobles feignaient d'oublier, et prit en même temps le titre et les fonctions de lieutenant général du royaume. Cette qualité politique produisit un bon effet. Dès ce moment, les *Armagnacs* se fondirent entièrement dans son parti et devinrent un peu plus royalistes qu'à l'ordinaire.

Par cette jonction de forces et de fortune, le pouvoir royal, quoique proscrit, présenta un obstacle réel à l'usurpation du duc révolutionnaire ; mais le rebelle de son côté était également en état de s'opposer à ce que le trône se rétablît dans sa première puissance ; ses moyens consistaient dans un nombre prodigieux de partisans, dans la richesse de ses provinces, et dans l'anarchie générale. Cette lutte devait à la fin consolider sa domination ; il n'y avait pas d'autre résultat à prévoir pour la couronne, à moins qu'un coup d'état ne vînt changer l'état des choses.

Le *dauphin* pouvait prendre cette dernière résolution : c'était un parti désespéré ; mais il était conforme aux affreuses maximes que professait la politique du temps. Lui-même, le *duc de Bourgogne*, avait mis en vogue cette doctrine, en assassinant le *duc d'Orléans*, son compétiteur. On se rappelait toutes les propositions scandaleuses de son apologiste *Jean Petit*. Pourquoi rougir de tourner contre le Bourguignon ses propres armes ? Il n'avait ôté la vie qu'à un rival, et aujourd'hui il osait ôter l'honneur et le sceptre à ses souverains.

Le projet de l'assassiner à son tour exigea un profond mystère, beaucoup de démarches perfides, des conditions simulées de paix et de réconciliation ; enfin, on parvint à endormir sa prudence. Ce fut donc à *Montereau*, dans une salle construite en bois sur la rivière, que le *dauphin* s'aboucha avec le duc de *Bourgogne* pour convenir ensemble des moyens de se rapprocher par une amitié réciproque, et de pacifier le peuple, le clergé et la noblesse du royaume. Les conférences ne sont jamais longues lorsqu'elles ne doivent être qu'un prélude à la mort d'un ennemi. Le premier jour de l'entrevue, les seigneurs qui avaient accompagné le *dauphin* dans la salle, levèrent la hache sur la tête du duc bourguignon, et terminèrent en un instant sa vie révolutionnaire.

Le prince assassiné ne jeta qu'un cri, mais il retentit dans toutes les parties de la France. Il mit en agitation les villes et les hameaux ; les comtes, les barons, les chevaliers le répétèrent partout : on jura une vengeance commune ; on prit dans les provinces l'écharpe rouge et la croix de Saint-André ; il n'y eut pas jusqu'au monarque lui-même, qui, recouvrant un moment de lucidité et de raison, ne se hâtât de maudire le *dauphin* et ses conseillers. Cette indignation générale fut un hommage rendu à la morale ; mais elle se ressentait, dans beaucoup de gentilshommes, du fanatisme de la faction. On jugeait moins le crime en lui-même que les suites fâcheuses que le parti pouvait en souffrir. On regrettait les espérances de fortune que ce chef audacieux promettait à ses amis : il n'y a pas de plus rigide moraliste que celui qui pleure son ambition déchue.

CHAPITRE XVI.

La faction anti-Valoise proclame le monarque anglais roi de *France*. Vente des meubles de la chambre du roi *Charles* vi pour payer son enterrement.

Pendant que tous les gentilshommes prenaient le deuil de la mort du duc de *Bourgogne*; pendant que le roi *Charles* vi montrait sa colère paternelle, et autorisait lui-même la persécution que les révolutionnaires faisaient endurer à son héritier naturel; l'Anglais, observant les progrès de nos malheurs et de nos divisions intestines, alla mettre le siége devant la ville de *Rouen*. On se borna à rester les témoins de sa marche et de ses succès : car on se trouvait dans l'impossibilité de donner des secours à cette cité importante. D'ailleurs, toute tentative à cet égard serait devenue inutile: il y avait un traître dans ses murs. *Gui de Bouteillier*, son commandant, la vendait à l'ennemi avec autant de lâcheté que d'infamie.

Ce siége et la prise de cette ville ne laissèrent plus aucun doute que l'Anglais ne travaillât en France à son profit particulier; ses proclamations, ainsi que son plan militaire, annonçaient ouvertement qu'il ne s'occupait guère des intérêts de la faction qui l'avait appelé; les différens partis, au contraire, qui brisaient les dernières planches du trône, n'étaient à ses yeux que les tirailleurs de son armée. Il s'avança donc sans appréhension vers *Troyes*, chef-lieu de la *Champagne*, et reçut là les complimens de la noblesse de la faction bourguignonne, qui le salua comme régent du royaume, comme prince fiancé à *Catherine de Valois*, et comme roi futur des Français.

Quelques bons Armagnacs, mais qui avaient pris la livrée bourguignonne pour mieux servir la famille régnante, représentèrent en vain que l'honneur national, que les lois de la France, que les droits de la légitimité, allaient être lâchement violés, si on trahissait la cause du trône, du roi malade, et du dauphin son fils. Cet appel au serment français sembla un moment tourmenter les consciences indécises; mais les meneurs de la révolution, pour dissiper les scrupules, firent chanter des messes funèbres pour le repos et le salut de l'âme du duc de *Bourgogne*, et des *Te Deum* pour la prospérité de l'Anglais qui venait s'asseoir sur le trône de nos rois.

Le monarque d'Angleterre avait en effet bonne envie de remplir cette dernière cérémonie. Il était impatient d'éprouver quel plaisir peut goûter un Anglais sur le trône de France. Il se hâta donc de se rendre à Paris, fort incertain encore de quelle manière on le recevrait dans la capitale. A la vérité, on avait donné des ordres pour sa réception, ainsi que c'est l'usage; on avait répandu de l'argent; on avait fait précéder le prince par des traîtres qui devaient échauffer l'enthousiasme; néanmoins, malgré ces sages précautions, l'Anglais ne laissa pas que d'être agréablement surpris de se voir accueilli dans la capitale de la France, avec autant de zèle que dans sa bonne ville de *Londres*.

Il passa sous des arcs de triomphe, tout comme un roi

légitime. Il vit les rues tapissées, les dames aux fenêtres, les maisons pavoisées; les colombes lui apporter des complimens attachés à leurs ailes. On l'étourdit par des cris, des acclamations, des battemens de mains. Il salua tout le monde, parce que tout le monde lui faisait bonne mine. On lui donna plusieurs représentations des mystères, gracieuses farces qui peignaient avec des emblèmes le bonheur de devenir Anglais, et de subir une si généreuse domination.

Lorsqu'il fut las de ces démonstrations de la flatterie et de la bassesse, car on s'ennuie de tout, il communiqua à la nation française ce que le conseil d'état et le parlement révolutionnaire avaient décrété, conformément à la convention dressée dans la ville de *Troyes*. On placarda cette ordonnance à tous les coins de *Paris*. On publia sur les places, avec grand appareil, que le dauphin *Charles* était déclaré *indigne de régner, et déchu de ses titres, charges et honneurs, et qu'on l'excluait à perpétuité, lui et les siens, de l'héritage de ses pères*. C'était bien déroyaliser, en présence de la noblesse française et de son consentement, le seul *Valois* qui restait, et le dernier descendant de la race des *Capets*.

Cette manœuvre factieuse ne raffermit pas seulement la haine des seigneurs bourguignons contre la dynastie régnante, mais elle ébranla encore la fidélité des gentilshommes orléanistes qui s'étaient jusqu'alors attachés à la fortune du *dauphin*. Dès qu'ils eurent entendu parler, du côté de la Loire, de l'exhérédation royale du prince et du traitement d'usage qu'on lui réservait, ils crurent n'avoir plus rien à gagner, en continuant de rester fidèles au malheur. Un certain nombre prit le parti de la défection. Ce n'est jamais, en effet, à l'infortune des princes qu'on se dévoue; l'avantage du pacte serait tout d'un côté.

A peu près dans le même temps arriva la mort du roi *Charles* vi. Cet événement ajouta aux peines et aux inquiétudes qu'éprouvait le dauphin son fils. On l'informa de tout ce qui s'était passé aux obsèques de son malheureux père. La misère avait été si profonde à l'hôtel de Saint-Paul, qu'on vendit les derniers meubles de la chambre du prince pour couvrir son corps d'un drap mortuaire. Pas un gentilhomme de la capitale, témoin de cet affreux dénûment, n'eut la générosité de faire les frais du service et de l'inhumation. On ne fut pas moins scandalisé de l'insolence des moines de Saint-Denis, qui refusèrent de porter le cercueil jusqu'à l'église, quoique l'usage et l'étiquette le leur prescrivissent. Il fallut avoir recours au zèle pieux des portefaix de la Seine pour effectuer cette translation.

A peine eut-on déposé le corps dans le caveau royal, qu'un héraut d'armes, en présence de l'anglais *Bedfort*, proclama dans *Saint-Denis*, *Henri de Lancaster, roi de France et d'Angleterre*. Ce cri révolutionnaire, que la félonie de la noblesse n'avait que trop provoqué, fut entendu sans douleur, sans larmes, sans désespoir. Cependant quelque avantage qu'on attendît de ce changement de dynastie, la capitale voyait l'herbe croître dans ses rues; elle entendait hurler sur ses places les loups des forêts voisines; ses maisons étaient vides par la fuite de ses habitans. Elle sentait ses besoins augmenter et ses ressources diminuer chaque jour; mais cet état déplorable n'aurait pas encore dissipé son illusion, si l'anglais *Bedfort*, en revenant de *Saint-Denis*, le jour des funérailles du roi *Charles* vi, n'eût pas paru au milieu de ses murailles, l'épée nue et menaçante à la main. Il se déclara le lieutenant général du royaume, c'est-à-dire qu'il annonça aux Français que désormais, renonçant aux ménagemens, on parlerait en conquérant et en maître. Aucune nation étrangère ou alliée ne plaignit le Français, qui s'était si volontairement avili et dégradé aux yeux de l'Europe. Le public convenait de sa honte ; mais il n'osait en faire un reproche à la noblesse factieuse.

Charles VII ne recueillit, à la mort de son père, ni trône, ni trésor, ni armée. Les comtes et les barons de la faction bourguignonne avaient tout donné et tout laissé prendre à l'Anglais. Ils lui avaient épargné jusqu'au titre d'usurpateur ; il n'y a pas de gens plus généreux que les traîtres. Quoique le *dauphin* se fût fait couronner roi de *France*, et eût rassemblé, comme il avait pu, les planches de son trône de campagne, il n'en était pas moins proscrit, confiné au-delà de la Loire, errant de district en district fort incertain si jamais, avec du temps et de la patience, qui secourent si bien les hommes, et l'instabilité des choses, il viendrait un jour à bout de rétablir ses affaires et les intérêts de la branche des *Valois*.

Si le roi légitime se trouvait dans la détresse, la France n'était pas dans une meilleure situation. On la voyait comme lui aux abois. Déchirée en lambeaux par une noblesse intrigante et perfide, épuisée par l'Anglais qui engloutissait ses impôts, ses revenus, ses produits, ses domaines, elle portait à la fois le fardeau de deux souverains rivaux. Le moins léger n'était-il pas celui de l'Anglais ? La justice de ses tribunaux était devenue factieuse comme ses organes. Sa milice indisciplinée et partout indépendante massacrait le laboureur et l'artisan qui osaient défendre leurs femmes, leurs filles ou leurs propriétés. Personne n'était exempt de déplorer en secret le malheur d'être né dans un siècle si fécond en calamités publiques et domestiques.

Quelques personnes, dévouées à la vertu et à la fidélité, s'enhardirent jusqu'à engager les nobles à s'attendrir sur le sort de leur patrie. Il dépendait d'eux d'abréger le cours de ses souffrances, de reconquérir l'honneur national, et de relever la fortune de *Charles* VII. On ne convertit jamais une faction ; il faut qu'elle meure d'elle-même d'inanition ; ce qui ne pouvait pas arriver à cette époque, car tout l'entretenait dans un funeste embonpoint. L'Anglais soudoyait, récompensait d'une part ; et de l'autre, le comte de *Charolais*, nouveau duc de *Bourgogne*, excitait l'audace du parlement et favorisait les arrêts diffamatoires qu'on multipliait contre le jeune et malheureux *Valois*.

Bien loin donc que les nobles consentissent à gémir sur la proscription de la famille royale, ils se montrèrent les premiers à prêter foi et obéissance au monarque anglais. Ils mirent dans leur félonie tant de zèle et de souplesse, qu'ils parurent aux yeux des étrangers en pleine opposition avec la réputation qu'ils s'étaient faite dans l'Europe d'être des esprits incommodes, rebelles et perpétuellement jaloux de l'autorité souveraine.

Comme ils se firent honneur de démentir ce caractère dans la circonstance, on voulut essayer si leurs oreilles seraient aussi complaisantes, et leur amour-propre aussi docile. En conséquence l'Anglais paya des auteurs et des chanteurs pour les faire rire aux dépens de *Charles* VII, légitime successeur de leurs anciens rois. Tout fut mis en vaudevilles, son nom, son titre royal, ses qualités et sa personne. On le chansonna comme roi de *Bourges* ; ce qui fournit aux poëtes des couplets indécens, et aux barbouilleurs des caricatures insultantes : vils Français qui, pour flatter l'Anglais et sa fortune politique, ne rougissaient pas de faire les frais de leur propre nation. Enfin on n'épargna ni bons mots, ni saillies, ni sarcasmes, ni calembourgs contre la famille des *Valois*, sachant très-bien qu'on passe infailliblement du ridicule au mépris et à la haine.

Toutefois, cette politique, ces sermens, ces proclamations dans lesquelles on préconisait la faveur d'être devenus les sujets d'un roi d'Angleterre, ne terminaient pas la lutte entre *Charles* vii, roi à *Chinon*, et l'Anglais, roi à *Paris*. On ne pouvait espérer une décision définitive que d'une guerre intestine et vivement soutenue.

Le moins pressé des deux à finir la querelle était sans contredit l'usurpateur, parce qu'il avait beaucoup plus de moyens de se rassurer que son rival. Il comptait dans ses intérêts une nombreuse noblesse qui, jusqu'à présent, avait donné des gages de son animosité contre la dynastie déchue. Il était également certain de l'assistance de la plupart des grandes villes du royaume qui se livraient entièrement à sa dévotion.

Au moyen de ces deux leviers puissans, il pratiqua des communications directes avec la masse du peuple. Il put endoctriner les sots, les ignorans et les faibles ; il fut à même d'aigrir les esprits contre *Charles* vii, en représentant son obstination à reprendre une couronne si bien gardée contre ses efforts, comme la source de tous les maux publics. On aime que les rois sortent promptement de leurs malheurs, ou qu'ils renoncent à la fortune si elle leur est toujours contraire. Il fut mis en usage d'autres ruses qu'on employa à propos et avec succès. On ne négligea pas de faire vendre dans le public le tableau comparatif de la France ancienne et de la France nouvelle. Chacun amène à sa suite l'abondance, les jouissances et la félicité ; on ne doit jamais attendre moins des jongleurs politiques ; ils ont toujours de bons faiseurs qui savent conspuer les mots *misère*, *tyrannie* et *esclavage*. Il y aurait de l'ingratitude à nommer les choses par leur nom. Une partie du public se laissa prendre à l'amorce de cette vieille chimère de bonheur, ne se doutant pas de ce que pouvait être pour des Français une félicité procurée par des Anglais.

CHAPITRE XVII.

La Noblesse félone aide le roi anglais à battre *Charles* VII, roi légitime, à la journée de *Verneuil*.

Il n'était pas difficile de tromper le peuple. Les simples, les ignorans, les gens de basse condition devaient naturellement avoir quelque confiance dans les promesses du nouveau gouvernement ; car tout concourait à leur faire illusion au milieu de l'effervescence générale. Ils voyaient les personnes de qualité se grouper avec empressement autour de la nouvelle dynastie, et jeter des fleurs sur son berceau. Ils ne pouvaient pas douter que les nobles bretons, normands, poitevins, bourguignons, et la plupart des gentilshommes des autres provinces ne sacrifiassent avez zèle leurs personnes, leurs biens, leur honneur pour les succès de l'usurpateur. Tout ce qu'on avait refusé de donner à l'ancien régime des Capétiens, on l'accordait volontiers au régime du monarque anglais. On attachait plus de prix, plus de conscience au serment du parjure, qu'à celui d'une antique fidélité ; on pratiquait quelques règles de conduite et de morale, précisément pour s'en dispenser envers nos anciens rois. Au reste, ce qui frappait de surprise la multitude, c'est qu'ayant craint que le ciel ne désapprouvât la persécution et la chute de la vieille dynastie, elle observait que tout restait néanmoins permanent et régulier dans l'ordre de la nature. Les saisons étaient belles; les astres continuaient leur bénigne influence; la terre prodiguait ses riches productions; il n'y avait de nouveau et d'extraordinaire qu'un roi proscrit et qu'un roi heureux, qu'une famille détrônée et qu'un monarque anglais en France; on concluait de ces résultats qu'on pouvait sans regrets suivre l'impulsion et le cours de ce changement politique. Les dupes n'ont jamais été forts en logique.

Le roi *Charles* VII étant ainsi condamné par les hommes et les élémens, on demanda par des prières publiques au pied des autels, des victoires et des lauriers pour les armées anglaises. Il fallait des succès à la noblesse française pour justifier sa révolution. Comme la guerre civile se poursuivait du côté de la Loire et qu'on livrait, par intervalle, des combats au roi de *Chinon* et de Poitiers; on était impatient, à Paris, de recevoir des nouvelles; celles qui étaient les plus fâcheuses pour la famille des *Valois*, déridaient tous les visages. Si, en effet, on annonçait que l'Anglais, avec la gendarmerie française, avait passé sur le corps des troupes de *Charles*, et qu'il avait achevé d'écraser le peu de Français bons et loyaux qui servaient la patrie avec lui, on s'en félicitait dans les rues, dans les salons, comme d'un triomphe remporté sur les ennemis de la France.

Lorsque les nouvelles de guerre devenaient plus rares, on s'amusait à rire de sa petite armée, de la désertion de ses partisans, de la pénurie de ses finances, du désarmement de ses places fortes; enfin tout ce qui pouvait hâter sa ruine et son expulsion hors du royaume se changeait en un récit agréable, piquant et curieux qu'on colportait partout et avec le dessein de mortifier ceux qui tenaient encore à la branche des *Valois* et à l'honneur national.

On fit surtout entendre de longs applaudissemens le jour de la déroute générale de l'armée des *Valois* dans le combat de *Verneuil*. Le courrier de la bataille vint apprendre que l'Anglais et les chevaliers de Saint-André avaient déconfit cinq mille Français dans la plaine; quelle pitié pouvait-on avoir pour des soldats qu'on ne regardait plus comme citoyens de la même patrie, puisqu'ils combattaient sous les enseignes d'une famille royale proscrite? Au lieu de déplorer ce sacrifice fait au fanatisme des factions, on chanta un *Te Deum* à Notre-Dame; on tapissa les rues; on paya aux Parisiens des jeux et des divertissemens; on joua les mystères pour égayer l'anglais *Bedfort* qui revenait triomphant du champ de bataille, tout trempé du sang français; ces taches-là ne firent pas détourner les yeux à la noblesse révolutionnaire. Il amenait avec lui beaucoup de prisonniers, la caisse de l'armée, et plusieurs charriots chargés de piques, de sabres et de lances de fabrique française; tout défila dans les rues sous les yeux de nombreux spectateurs qui complimentaient l'Anglais sur sa victoire.

CHAPITRE XVIII.

Désunion et intrigues des courtisans à la cour de *Charles* VII.

LE résultat de cette défaite sembla avoir fait perdre au roi de *Chinon* ses dernières espérances. Il ne lui resta plus autour de lui qu'une ombre d'armée. Les villes et les forteresses qui pouvaient encore servir de ressource, découragées ou mal intentionnées, se disposaient à se livrer à l'usurpateur. Elles ne songeaient plus à soutenir de siéges ni d'assauts. Cette situation douloureuse aurait dû anéantir tous les esprits et faire pâlir toutes les figures : mais la noblesse de la petite cour de *Chinon* savait que les circonstances dans lesquelles on se trouvait, ne pouvaient menacer que l'ancien trône et le dernier héritier des *Valois*. Elle n'était point en peine de sa propre fortune : on a le secret de s'accommoder de toutes les races royales.

Quelle que fût donc l'adversité qui pesa sur la patrie et sur le roi légitime, on n'interrompit, ni les intrigues, ni les jalousies de cour. La division la plus scandaleuse s'introduisit parmi les courtisans et les seigneurs du parti français. Cette mésintelligence brouilla les plans militaires, rallentit l'expédition des affaires administratives, et amena des querelles dans le conseil du roi. Les proscrits ne sont pas toujours les gens le plus d'accord entre eux. La discorde les désunit au point qu'un ministre, fatigué des contradictions du comte dauphin d'*Auvergne*, le fit poignarder sous les yeux du roi. Ce délit restant impuni dans une cour faible et dominée, le comte de *Richemont* usa également du même expédient, pour empêcher le crédit de deux favoris du prince de croître à ses dépens. Il en exécuta un dans le château de Poitiers, et fit mettre l'autre à mort par un tribunal prévaricateur.

Le jeune *Valois*, s'il manquait d'une certaine force de caractère, avait encore moins le pouvoir et les moyens de châtier une noblesse indépendante et tyrannique. Le glaive de sa justice ne pouvait pas avoir plus de bonheur que son épée. Tout se ressentait du malheur des temps qui l'accablait. Réduit à ménager tous les esprits, parce qu'il ne pouvait pas choisir entre les vertus et les vices de son siècle, il se borna à gémir de ses souffrances personnelles et des maux de son royaume, dans les bras de la belle et douce *Agnès Sorel*. Il n'eut pas besoin de lui faire le détail des dissensions, des haines, et des rivalités qui assiégaient sa petite cour de *Chinon*. L'aimable *Agnès* les connaissait aussi bien que lui, et pouvait désigner les seigneurs qui en étaient les principaux auteurs. La maîtresse d'un roi a toujours eu un bulletin particulier des événemens qui se passent à la cour. Elle avait plus d'une fois, mais inutilement, car les anarchistes ne sont pas galans, employé ses charmes, sa douceur, ses manières gracieuses à calmer les jalousies et à flatter les âmes indociles ; elle déplorait secrètement au fond de son cœur, tous les chagrins et les peines d'esprit qu'on faisait endurer à son royal amant.

Après avoir long-temps l'un et l'autre cherché la guérison de cette nouvelle calamité royale, demeurant à la fin bien convaincus que la fatalité règle toute chose parmi les hommes, sachant positivement qu'ils ne viendraient pas à bout de remédier à aucun des malheurs que l'Anglais avait jetés sur la France, parce que la colère des factions doit avoir son cours ; ils conclurent entre eux un accord particulier, celui de trouver leur propre consolation dans le sein de la tendresse et de l'amour. Ce dernier sentiment, qui adoucit les plaies des rois comme celles du vulgaire des hommes, devint en effet un baume pour leurs âmes attristées.

Agnès Sorel, dans ce traité, toujours compatissante de son naturel, se chargea de compenser par le bonheur toutes les peines intérieures de son souverain. Cette condition n'était pas mal placée dans ses mains, puisqu'elle était aimable, tendre et sensible. Néanmoins, on disait à la cour de *Chinon*, que malgré ses bonnes intentions, *Agnès* n'avait pu faire de son amant qu'un roi honnête homme. La France, cependant, demandait quelque chose de plus ; elle voulait un maître imposant et sévère, un Hercule de roi, qui dispersât les brouillons et les rebelles qui se disputaient sa vie politique. La belle *Sorel* partageait avec le public anti-anglais cette conviction-là ; mais elle trouva le jeune *Charles* plus doué au moral qu'au physique. Elle crut qu'une autre qu'elle était destinée à favoriser en lui l'heureuse crise qu'on attendait de son développement royal.

CHAPITRE XIX.

Les compagnons d'armes de Jeanne d'Arc ne font aucun effort pour la tirer des flammes du bûcher anglais

Cette métamorphose était un miracle. Le ciel l'avait réservée à *Jeanne d'Arc*, autre fille merveilleuse du siècle, renommée par son enthousiasme patriotique, autant qu'*Agnès Sorel* l'était par l'éclat de sa beauté.

La jeune gardienne de moutons, tourmentée dans les champs de son hameau par de fréquentes inspirations, écouta à la fin la voix du saint et des deux saintes qui lui parlaient du haut des nuages. Pleine du don d'une mission héroïque, elle quitta le village de Domrémy, où elle avait vu le jour, et vint à Chinon informer le roi *Charles* de ses heureuses visions.

Arrivée au palais, les portes ne s'ouvrirent pas aussitôt devant elle. Les rois se palissadent de comtes et de barons qui défendent leur approche, comme si les autres sujets étaient des ennemis à craindre. Il fallut attendre la lettre d'avis du gentilhomme introducteur. On prit conseil auparavant sur la circonstance. *Jeanne* perdit, par l'étiquette, trois grands jours de sa mission divine, avant de pouvoir entretenir le roi. Cependant on n'a jamais de temps à perdre, quand il s'agit de chasser les Anglais de chez soi.

C'était là précisément l'objet de son voyage et le dessein de sa vision. La noblesse sans *Jeanne d'Arc* n'aurait de long-temps défendu avec succès la ville d'*Orléans*, assiégée par le grand *Talbot*. Nos gentilshommes auraient, sans son secours, inutilement tenté de faire quatre-vingts lieues de chemin pour couronner *Charles* vii dans la cité de Reims. Il n'était pas certain qu'ils rendissent de sitôt sa capitale au roi légitime. Tout restait donc douteux dans l'avenir, si le bras, l'exemple et l'ardeur guerrière d'une jeune fille ne les eussent aidé à remplir de si glorieux travaux.

Enfin l'introduction de *Jeanne d'Arc* auprès du roi eut lieu, un des jours heureux de la semaine. Admise, le jeudi, à l'audience royale, elle débuta par un prodige. Tout le monde savait qu'elle n'avait jamais vu le roi *Charles*, pas même en peinture : car on ne faisait pas alors avec profusion les bustes et les portraits des princes. Malgré son ignorance, *Jeanne* le désigna au milieu des seigneurs de la cour. Le roi, se prêtant par faiblesse à l'esprit jovial de ses courtisans, s'était non-seulement perdu dans la foule de ceux qui l'entouraient, mais même déguisé sous des habits ordinaires. On voulait imprudemment tenter le ciel qui agissait en elle ; mais la jeune villageoise, au-dessus des ruses humaines, écarte de sa main brune les seigneurs qui essayaient de singer le roi. Cette fantaisie n'était pas rare alors en France, parmi les comtes et les barons, et arrive directement à la personne de *Charles*. Elle lui explique en termes naïfs et gracieux ce que les patrons de son village lui avaient ordonné de lui dire.

Au milieu de la surprise générale, le roi de Chinon, encore incrédule (le prince avait épuisé sa foi dans l'amour de la belle *Agnès*) hasarda de consulter *Jeanne d'Arc* sur un mystère uniquement connu de lui. La jeune héroïne, sans le faire attendre et sans se déconcerter, lui révéla toutes les particularités de son secret. En fille prudente, elle eut l'attention de lui parler à l'oreille et de diminuer le volume de sa voix. On se douta, à cette précaution, qu'il s'agissait de l'ancien assassinat commis sur le duc de Bourgogne ou de quelque événement graveleux qui aurait fait rougir trois beaux fronts à la fois, celui de la pudique *Agnès*, celui de la fille virginale, et le front royal de *Charles*. Ce trait de discrétion a fait de ce secret et de la révélation, une énigme pour le siècle et pour la postérité; quoique les courtisans s'occupassent plus alors à la deviner qu'à connaître les malheurs de la France.

Le succès éclatant de ces deux épreuves inspira des scupules aux gens de la cour. On ne savait que penser de ce pouvoir de divination si incontestable dans cette jeune villageoise. Lui venait-il du ciel, ou cette fille avait-elle des liaisons avec les esprits infernaux ? on ne devait pas s'en rapporter à elle. Les consciences timorées qui n'auraient pas voulu même du bien public, sil pouvait venir d'une source si impure, exigèrent qu'on livrât *Jeanne d'Arc* à des examinateurs ecclésiastiques.

Plusieurs prélats et quelques docteurs l'interrogèrent dans les formes d'un tribunal d'inquisition. La candide fille ne leur répondit autre chose, sinon que la puissance active en elle qui les étonnait si fort, n'était que le simple effet de la haine profonde que tout Français doit porter aux Anglais, et de l'amour ardent et sincère que, pour sa part, elle avait voué à sa patrie, à ses concitoyens et à son roi. On fait en effet de grandes choses avec la chaleur de ces sentimens, et l'on peut paraître facilement sorcier aux yeux des lâches, des dupes et des traîtres.

Les ministres du roi, malgré le rapport des prélats sur l'orthodoxie de *Jeanne*, balancèrent encore à l'armer, à lui confier un escadron de gendarmes, et à lui permettre d'aller chevaucher au siége d'Orléans. Craignant la responsabilité ministérielle, ils demandèrent de s'autoriser d'un arrêt du parlement de *Poitiers*. *Jeanne* parut donc sur la sellette parlementaire. L'interrogatoire se fit avec grande solennité. On la questionna en robes rouges et en mortiers. Les jeunes conseillers, plus étourdis que moqueurs, exigèrent d'elle des prodiges et des miracles ; ils lui auraient volontiers proposé leurs secrets à deviner, à l'exemple du roi *Charles*, si l'avocat général qui l'avait hébergée dans son hôtel, et qui avait eu le temps de connaître toute sa vertu divine, n'eût pas insisté fortement à prendre ses conclusions. *Jeanne*, ne voulant pas pourtant paraître incivile aux yeux de ses juges, déclara à tout le parlement, que le ciel ne l'avait pas envoyée auprès du roi de *Chinon* pour jouer des baguettes et tracer des cercles en l'air comme les bohémiennes du temps ; mais que ses travaux étaient fixés à *Reims* et à *Orléans* ; où l'anglais *Bedfort* et le grand *Talbot* apprendraient de quelle manière elle remplirait les décrets de sa mission. Ce ton d'assurance enchanta les vieux et les jeunes magistrats. Elle fut donc complètement déchargée de toute présomption de sorcellerie et munie d'un bon arrêt du parlement ; elle revint victorieuse à Chinon.

Pendant que, pour s'assurer du doigt de Dieu sur cette fille merveilleuse, on prenait ces ridicules détours, ce qui faisait dire à *Jeanne* que jamais elle n'aurait cru qu'il fût si difficile de faire le bien de son pays et de son roi, la ville d'Orléans, faute de secours, était sur le point de capituler avec les Anglais. Tout *Chinon* et ses environs, alarmés de la perte de ce boulevart du royalisme capétien, demandèrent à grand cris qu'on voulût bien lancer la divine amazône sur les ennemis, et la laisser enfin commencer son grand œuvre. L'opinion était pour elle ; c'est la base des grandes vertus.

Le conseil des ministres, entraîné par la voix publique, céda et désigna la troupe que *Jeanne* devait commander ; il lui accorda les pages et les écuyers qui étaient chargés de la servir ; il fit bénir la bannière qu'on porterait devant elle dans les combats. Le ministère avait finalement compris que la politique ne rejette aucune ruse utile, et que la nécessité de battre les Anglais excusait l'abus qu'on faisait du ciel pour tromper les hommes, stratagème qui a cessé depuis long-temps d'être nouveau dans l'ordre civilisé.

Ainsi, toutes choses étant disposées pour le départ, la redoutable héroïne allait sauter sur son cheval de bataille. Elle était prête à se livrer à son enthousiasme et à son amour patriotique, deux affections de l'âme que la noblesse n'éprouvait plus ; mais il fallut encore remettre les préparatifs à un autre jour. Il survint à la princesse *Yolande d'Aragon* des doutes et des scrupules sur la pureté virginale de la villageoise. Les yeux noirs et ardens de *Jeanne* la remplissaient d'alarmes sur ce point. Elle se défiait de son teint bruni, de son air confiant, de ses formes régulières, de son sourire agaçant ; tout, selon elle, était de fâcheux pronostic ; la parole et le serment d'une fille ne la tranquillisaient pas. Elle crut qu'on devait vérifier ce qui souvent trompe les plus habiles, donnant pour prétexte qu'une gardienne de moutons aurait en cela plus de priviléges que les filles de bonne maison ; que d'ailleurs les temps de désordre et d'anarchie sont autant funestes aux rois qu'à la vertu des jeunes filles. La princesse pour prévenir les objections des ministres, se proposa elle-même pour scrutatrice du fait virginal.

Quelque urgent qu'il fût de secourir la ville d'*Orléans* contre la sape et les assauts des Anglais, *Yolande d'Aragon* l'emporta sur les raisons d'état et sur le salut de la France. *Jeanne* donc, pour la troisième fois, passa par un examen épuratoire. Elle fut remise entre les mains de la princesse, qui prit pour assistantes les dames de *Gaucourt* et de *Fiennes*. D'abord on s'en tint aux questions, espérant qu'un mot dit de travers ferait deviner le reste ; mais la *Domrémoise* était pure, innocente : elle ne se compromit pas dans ses réponses. Il fallut donc procéder à la vérification. *Jeanne*, patiente parce qu'elle était certaine de son honneur, laissa tout voir et tout examiner. On eut beau employer à cela des yeux de princesse, chaque partie de son corps tourna à la gloire de l'héroïne, de ses parens, et des saints qui l'avaient toujours protégée. Elle fut le même jour, par *Yolande*, proclamée vraie et parfaite *pucelle*. On le confessa avec tant de franchise, que ce beau nom lui resta toute la vie, et qu'après sa mort il parvint à la postérité.

Toutefois ce brevet de virginité n'ajouta rien à sa célébrité. Ses exploits guerriers et sa martiale ardeur l'ont seuls placée au rang des femmmes illustres vouées à l'honneur de leur pays, inspirant tantôt la sagesse, tantôt le courage aux rois législateurs ou conquérans. Leurs noms, comme les pigeons de *Mahomet*, volent à l'immortalité.

A peine eût-elle quitté la cour de Chinon, qu'on apprit les prodiges de sa valeur. On se fit raconter, toujours avec une nouvelle admiration, ses attaques et ses combats, où elle montra autant de sang-froid que de confiance. On resta étourdi, dans la faction des nobles anti-Valois, de la levée du siége d'*Orléans* et du couronnement du roi légitime dans la ville de Reims. On s'aperçut dans le parti royaliste que, sous les auspices, et à l'exemple de *Jeanne d'Arc*, l'ardeur et l'enthousiasme ressuscitaient dans l'âme des chefs et des soldats ; qu'on n'ignorait plus dans les garnisons, dans les camps, sur le champ de bataille, la devise de la patrie et du roi, et que les bons Français retrouvaient enfin dans leur cœur civique toute leur haine contre les Anglais et contre toute nation ennemie de la fortune de la France.

La destinée de *Jeanne* était fixée à des jours trop courts et trop peu nombreux pour la gloire de sa patrie. Elle n'était réservée que pour montrer le chemin de l'honneur à la noblesse, dont la plupart des membres s'en étaient honteusement écartés. Les capitaines qu'elle laissait après elle étaient appelés à achever son miraculeux ouvrage.

En effet, il restait encore d'importans travaux à terminer, lorsque sa carrière héroïque finit sous les murs de *Compiègne*. Ce fatal événement arriva par l'imprudence du commandant de la barrière ; il ordonna trop tôt de faire tomber la herse du pont-levis. *Jeanne* venait de faire une brillante sortie, à la tête de six cents lances ; elle protégeait la retraite, parce que sa troupe était repoussée et poursuivie. Au moment où elle voulut rentrer dans *Compiègne*, elle trouva la barrière fermée ; un archer anglais la suivai de près. Il se précipita sur elle et la renversa sur le dos du fossé ; l'amazone désarçonnée et sans espoir de secours, se rendit prisonnière de guerre au bâtard *Lyonnel*. Celui-ci, sans considérer l'honneur et le prix de sa capture, fit présent de l'illustre *Pucelle* au comte de *Ligny*, Jean de Luxembourg.

Ce lâche gentilhomme, qui n'aurait dû accepter ce précieux cadeau que pour le mettre à l'abri des mains vindicatives des Anglais, eut l'indignité de livrer *Jeanne* au pouvoir de *Bedfort*, lieutenant du royaume. Cet ennemi capital de l'héroïne, se souvenant du siége d'*Orléans* et des autres défaites essuyées par la valeur de la jeune fille, se félicita de l'avoir à sa discrétion. Il fit chanter des *Te Deum* dans toutes les villes de sa domination, désigna *Jeanne* sous le nom de fille du démon, et l'envoya à Rouen pour y être brûlée par des prélats et des docteurs. *Jeanne* gémit dans les fers et dans l'obscurité d'un cachot, destinée à devenir la proie des flammes; et cependant, ni les ministres du roi *Charles*, ni les gentilshommes qui furent ses compagnons d'armes n'ont l'air de s'intéresser à son malheur. On ne parle point d'offrir sa rançon; on ne négocie pas pour obtenir sa délivrance. L'armée royaliste ne menace point l'Anglais d'user de justes représailles, s'il ose attenter à la vie de l'héroïne. Personne ne songe à rassembler des forces pour aller briser sa prison et l'enlever des mains de ses cruels ennemis. Le beau *Dunois*, *La Hire*, *Poton de Xaintrailles* oublient sa gloire et leur honneur. Les chevaliers *de Boussac*, *de Culant*, *Gilles Rais*, *Ambroise de Lozé*, tous témoins des hauts faits de la *Pucelle*, ne paraissent pas moins insensibles et indifférens.

Cette affreuse ingratitude fit soupçonner au public une basse jalousie dans le cœur des gentilshommes. La gloire militaire ne sut pas se défendre de l'envie contre une fille simple et ingénue. Elle a, comme les autres réputations, la faiblesse de l'orgueil.

Dans cet abandon général, se trouvant au pouvoir d'un ennemi cruel et fanatique, la seconde patronne de la France se résigna à son malheureux sort. Elle ne s'effraya pas de la pensée de mourir sur un bûcher, la tête couronnée de lauriers. C'était un autre lit de mort que ses frères d'armes devaient lui procurer. Elle leur pardonna ce trait de lâcheté, en montant sur les fagots que la torche anglaise allumait déjà. Elle jeta un regard de mépris sur ses bourreaux, et expira sans plainte et sans regrets. Ce fut avec cette rage barbare que le gouvernement anglais se vengea des succès et de la vertu de *Jeanne d'Arc*. Sa politique a su plus d'une fois frapper de mort ceux qui osent réveiller dans leur pays un esprit national et une juste indignation contre sa fortune tyrannique.

Toutes les prédictions que *Jeanne* avait faites durant sa vie furent accomplies après sa mort. Le roi de *Chinon* qu'on avait déshérité par arrêt du parlement, qu'on avait persécuté et poursuivi pendant vingt ans, que le Parisien avait chansonné et mis en caricature avec tant d'indécence, que la noblesse avait si souvent juré de prendre prisonnier pour épuiser en lui la dernière goutte du sang des Valois, le roi *Charles* vii parvint enfin à revoir sa capitale et à y faire son entrée solennelle, malgré les efforts de l'Angleterre et ceux de la faction bourguignonne.

Les Parisiens, si long-temps anglomanes, lui apportèrent les clefs de Paris au village de *La Chapelle*. Les rues furent tapissées, les portes et les fenêtres parées de fleurs et de feuillages. On dressa des tréteaux sur les places publiques ; les farceurs jouèrent des pièces nouvelles. On fit de longs discours et de belles harangues ; chacun pleura de joie ; chacun cria *vive Charles* ! On le trouva un peu vieilli par les malheurs ; mais il n'en était pas moins alors le roi le plus beau, le monarque le plus aimé, le prince le plus distingué en génie et en mérite, de tous les souverains qui avaient gouverné la France. L'exagération est de commande dans ces occasions. On voulait faire oublier que le roi anglais, usurpateur de la couronne, avait également reçu des Parisiens de pareils complimens, la même fête et un aussi bon accueil.

CHAPITRE XX.

Les bandes pillardes qui se parent du titre d'*écorcheurs* après la restauration de *Charles* VII.

La soumission de Paris ne guérissait pas les maux du royaume. Les habitans même de la capitale, qui sont pourtant les enfans gâtés de tous les ambitieux, qui font des révolutions, éprouvèrent, après la réception du roi, la faim et la misère. La même calamité régna partout hors de ses murs et sur tous les points de la France. On ne savait pas pourquoi on n'avait manqué de rien pendant la guerre civile, et qu'on manquait de pain après la paix.

Une contagion et des maladies épidémiques arrivèrent sur les pas de la disette. On vit les chemins, les rues, les champs couverts de malheureux qui expiraient d'inanition. Depuis la fin des hostilités révolutionnaires, on ne cultivait plus la terre. Si on osait ensemencer son terrain en quelques lieux, on n'était pas libre de jouir de son produit. Il fallait, pour faire la moisson, en obtenir la permission des braconniers gentilshommes qui parcouraient la France en pillards et en brigands. Le pauvre ne pouvait se nourrir des racines et des légumes qu'il plantait auprès de sa chaumière, s'il n'avait auparavant payé le droit de les arracher.

Ces bandes vagabondes reconnaissaient pour chefs le bâtard de *Bourbon* et le bâtard de *Chabannes*. Elles prirent, sans rougir, le nom infâme d'*écorcheurs*. On fut par eux dévalisé sur les routes, et volé jusqu'au méchant pourpoint qu'on portait. On fait argent de tout dans l'anarchie. Si on avait eu le bonheur d'échapper aux bandes de *La Hire*, de *Blanchefort*, de *Villandras*, on tombait nécessairement dans celles de *Floquet*, de *Bron*, de *Mathelin*, de *Capelle*, tous parfaits chevaliers détrousseurs. On connut plus particulièrement ces hordes dévastatrices dans le *Cambraisis*, dans la *Champagne*, dans la *Brie* et dans la *Lorraine*, qu'ils ravagèrent avec une cruauté inouïe. Les provinces, à la fin, même les plus fertiles, s'épuisant sous l'action du feu et du fer, les écorcheurs laissèrent aux habitans les ronces et les cailloux, et dépassèrent les frontières de la France au nombre de six mille cavaliers, cherchant à édifier l'Allemagne par les mêmes œuvres.

Tout irrégulières qu'étaient ces bandes, le roi n'aurait pourtant pas dédaigné de s'en servir, parce qu'elles avaient acquis de l'expérience dans les deux factions militantes. Il y avait encore beaucoup à faire, ce qui exigeait de nouveaux sacrifices d'hommes : car l'Anglais, qui avait perdu la possession de *Paris* et d'une partie de la France, ne s'était pas encore déterminé à lâcher prise. Si donc la noblesse, qui dirigeait cette milice pillarde, avait voulu rendre service à l'état et au roi, elle aurait trouvé l'occasion d'exercer son courage et son patriotisme.

Un projet aussi louable ne plut, ni aux gentilshommes qui se livraient au brigandage, ni aux seigneurs qui conspiraient sourdement contre la vie du monarque. Il y avait plus que de la réminiscence des dernières factions dans le complot ourdi à la cour; les princes, les comtes et les barons se réunirent pour replonger le royaume dans les horreurs d'une nouvelle guerre civile, et lui ôter par là le peu de forces qui lui restaient à opposer aux armées anglaises. Le succès aurait amené la perte inévitable de la famille des *Valois*. On prit à dessein le temps où le roi faisait des règlemens, des lois et des ordonnances propres au rétablissement définitif du bon ordre et de la tranquillité publique.

Ces intentions royales alarmèrent les ducs de *Bourbon* et d'*Alençon*. Ils craignaient, sur toute chose, une administration sage, prudente et ferme. Ils ne voulaient pas qu'avec un bienfait semblable *Charles* vii augmentât le nombre des partisans de sa dynastie : c'étaient des troubles et l'anarchie qu'il leur fallait. Quoique l'Anglais fût encore à nos portes, ils ne furent pas les seuls qui éprouvèrent les craintes qu'inspire l'énergie d'un gouvernement. Le roi ne trouva pas plus de civisme et de bonne volonté dans la plupart des autres seigneurs du royaume ; les *Vendôme*, *La Trémoille*, *Chabannes*, *Boucicaut*, *Chaumont de La Roche*, agitèrent également leur imagination révolutionnaire. On se concerta ensemble pour faire au monarque autant et plus de mal encore que les Anglais. Le public fut fort étonné de voir le bâtard d'*Orléans*, le fameux *Dunois*, entrer dans la cabale des conspirateurs. Il s'était montré jusqu'à ce jour fidèle à l'honneur, au prince et à la patrie. Les meilleures têtes s'assoupissent parfois, et font toutes les sottises des cœurs ingrats.

CHAPITRE XXI.

Nouvelle faction contre *Charles* VII, amenant le jeune *dauphin* à Niort et le proclamant roi à la place de son père.

Le mécontentement de ces ducs et de ces gentilshommes provenait principalement de ce que chacun, depuis le retour des *Valois* sur le trône, voulait être payé de ses services. Plus l'usurpation anglaise avait offert des chances de fortune, plus on haussait le tarif des indemnités qu'on disait avoir méritées par sa constance à rester dans la cause de la royauté légitime. On produisait un compte; on l'appuyait de pièces justificatives; on n'oubliait pas de dire tout ce qu'on se permet de vanter après que les calamités des princes sont dissipées. *Charles* VII eut l'imprudence de trouver, dans tous ces comptes, autant de mensonges que d'exagération. Il prit sur le fait un grand nombre de ces amplificateurs, sachant trop bien lui-même sa propre aventure, pour être dupe, à cet égard, de tous ces faiseurs de roman héroïque.

Mais, en rayant les trois quarts des prétendus services qu'on mentionnait sur ces listes, il fit éclater la révolte. Les conspirateurs enlevèrent au roi son jeune fils qu'ils conduisirent à *Niort*. Le prince avait été disposé, de longue main, à la fuite de la maison paternelle, par des suggestions assidues et journalières. Il avait emprunté, des seigneurs qui l'entouraient, l'impatience de régner. Il crut la satisfaire, en s'abandonnant au zèle criminel des ennemis de son père et de la paix publique.

Lorsqu'on se vit loin de la cour, les chefs de la rébellion expliquèrent leurs projets dans un manifeste contre le souverain ; on lui annonça, en termes clairs et précis, qu'on ne le reconnaissait plus pour roi de France, et qu'on allait couronner son fils à sa place. Cette déclaration s'adressait en même temps au peuple, et l'engageait à rompre tous les liens de l'obéissance et de la fidélité envers le monarque. Le ton révolutionnaire de ce pamphlet rappelait si fort la guerre civile dont on venait de sortir, que le public eut le bon sens de faire la sourde oreille aux invitations pressantes de la noblesse séditieuse. Il ne vit, dans cette trame, que le jeu ordinaire de l'ambition, de l'orgueil et de l'égoïsme. Il les laissa donc crier à *Niort* autant qu'ils en eurent envie. Pour lui, il n'honora les proclamations et les manifestes que d'un sourire moqueur et malin, et garda surtout une profonde immobilité qui devint un hommage flatteur pour la cause d'un père et d'un roi.

Cette indifférence populaire pour les intérêts de la noblesse, donna au monarque le temps et les moyens de presser promptement les flancs de la révolte. Il obtint bientôt, en effet, par des mesures vigoureuses, le retour du dauphin son fils et la soumission de tous les gentilshommes révolutionnaires, titrés et décorés. Il avait appris, par vingt années d'infortune, deux choses importantes pour un roi, le prix de la célérité dans l'exécution et le côté faible de toutes les rébellions.

Mais ce triomphe ne devint qu'un événement fort ordinaire. Aucun châtiment ne suivit la pacification. *Charles* VII fut toute sa vie sans pouvoir et sans autorité pour punir des coupables. Les traîtres, si nombreux depuis vingt ans de révolution, lui coupaient jusqu'à l'air dans sa propre cour, et il n'osait et ne pouvait parler de justice. Dans cette circonstance comme dans les temps antérieurs, on le força à pardonner l'offense. Le dauphin, fils ingrat et séditieux, fut quitte de sa révolte par trois génuflexions qu'il dut faire en abordant un père justement irrité. Il écouta, avec un air de confusion, la semonce paternelle et royale, et rentra en grâce le même jour. Ses complices n'eurent, pas plus que lui, sujet de se plaindre du courroux du souverain : ils n'éprouvèrent que de très-courtes disgrâces.

CHAPITRE XXII.

Le club ou comité réformateur des abus de l'administration royale, tenu à Nevers, sans l'intervention du roi *Charles* VII.

CETTE clémence royale, qui désignait autant la bonté que l'impuissance, ne convertit point par conséquent les nobles ambitieux et intrigans. Ils renouèrent bientôt après leur précédent complot, n'étant jamais las d'attaquer un roi si long-temps victime des factions.

Comme ils étaient occupés à aiguiser de nouveau leurs armes, il arriva d'Angleterre, où il était prisonnier, le duc d'*Orléans*. Depuis la bataille de *Verneuil*, ses cheveux avaient eu le temps de blanchir dans la captivité; il rentra en France, avec les rides du malheur; mais il n'avait pas oublié chez l'Anglais l'ambition de vouloir tout diriger et tout faire à la cour. Il avait de plus pris à *Londres* le goût des projets, qu'on est dans l'usage de venir exécuter en France. Plus d'un prisonnier, avant lui, sans compter les traîtres et les exilés, était déja sorti de ces parages insulaires avec les poches pleines de calculs politiques; mais on n'est pas toujours heureux dans la science révolutionnaire. En effet, le vieux duc d'*Or-*

léans trouva dans le roi moins de complaisance qu'il n'attendait.

Le déplaisir qu'il en ressentit, l'engagea à renouveler les précédentes jalousies des princes et des seigneurs de la cour : il fut écouté comme un frondeur qui flatte notre amour-propre et nos opinions. Ainsi, ses instigations coupables obtenant du succès, la ligue conspiratrice se forma sans peine et sans embarras. Elle se réunit à *Nevers*, loin de la présence du roi, et dans son club, ou conciliabule révolutionnaire, elle se déclara la sage réformatrice du trône et de l'état, auguste prétention qu'ont toutes les factions.

Malgré cet imposant début, la paix publique, ainsi que la bonne législation sociale étaient trop exposées dans des mains semblables, pour que le monarque ne prît pas sur-le-champ des mesures pour dissiper ce comité séditieux. Il convoqua, après avoir fait dissoudre l'assemblée, une autre diète plus régulière et plus légale. On le blâma dans le temps, mais à tort, d'y avoir appelé les mêmes personnages. Il s'y seraient introduits malgré leur exclusion ; on est contraint de ménager des sujets trop puissans.

On s'attendait bien que la nouvelle diète ne changerait ni l'esprit, ni le ton, ni le langage des clubistes de *Nevers*. Leurs orateurs, cependant, firent de fort beaux discours sur la nécessité de faire la paix avec tout le monde, et surtout avec leurs bons amis les Anglais. On parla encore de la justice prompte et impartiale qu'on doit toujours trouver dans les tribunaux. On proposa de dégrever les contribuables dans la masse des impôts. Toutes ces matières plaisaient au roi et à ceux qui aimaient sincèrement la patrie ; mais elles ne furent traitées avec autant d'ostentation et de chaleur, que pour les rendre une amorce perfide.

On devina en effet que la cabale des réformateurs, ne visait qu'à se placer à la tête du gouvernement, qu'à s'emparer de l'administration générale et qu'à resserrer l'espace de l'autorité royale, de telle manière que celle-ci ne pût pas s'y mouvoir pour le bien de l'état. L'impudeur politique fut si fort à découvert, que les uns commencèrent, avant tout, par demander des restitutions et les autres des grâces et des pensions.

Le roi, éclairé par cette avarice et cet égoïsme, s'aperçut qu'il fallait faire des marchés et des conventions avec ces seigneurs si prévenus contre les abus ; la paix ne tenait qu'à ce secret-là. Il les attaqua donc individuellement avec des dons, des grâces et des faveurs. Il introduisit bientôt par là la défiance, et puis la zizanie entre eux. La coalition insensiblement se fondit par le choc des intérêts divers, et on ramena avec une merveilleuse facilité ces patrons éternels de la discorde, à la soumission et au respect. On oublia l'indignation que produisaient les abus. On n'est jamais si courroucé que contre ceux dont on ne profite pas.

CHAPITRE XXIII.

Trahison de la Noblesse de Guyenne qui remet la province et Bordeaux sous la domination anglaise.

Quelque embarras que la noblesse causât au gouvernement, le monarque, au milieu des troubles et des menaces de révolution, sans cesse répétés sous le même règne, n'eut pas moins le loisir de tourner ses armes contre la Guyenne, et de l'enlever aux Anglais. Il n'imposa aux habitans de la province que l'obligation du serment et de fort légères contributions de guerre. Leurs priviléges restèrent intacts. Les Bordelais, spécialement, furent dédommagés de la conquête, par des grâces et des faveurs particulières.

Cette modération royale ne convertit pas la noblesse de Guyenne : on avait oublié, sur les bords de la Garonne, qu'on avait fait autrefois partie de la monarchie française. Les Gascons n'éprouvèrent aucune joie de ce retour. Les nobles surtout mirent fort peu de franchise en abjurant le régime anglais. Ils étaient riches en domaines et en productions de la terre ; ce qui leur faisait regretter les marchands de *Londres* qui ouvraient un débouché à leurs denrées, et activaient le commerce territorial. L'intérêt l'emporta sur l'honneur de redevenir français. Il s'agissait de faire adopter ces calculs mercantiles par les autres propriétaires. Les gentilshommes *l'Esparre*, *Duras*, *d'Anglade*, *Sourdic de la Trau*, *Monferrand*, et tous ceux qui avaient les habitudes anglaises, se chargèrent de persuader au peuple que sa ruine prochaine proviendrait de la réunion du pays à la France. Ils traitèrent sans ménagement, ainsi qu'il est d'usage, la façon française, pour la faire détester de ceux qui prennent facilement du goût pour elle. La révolte organisée par leurs soins se manifesta tout à coup sur plusieurs points de la province. Mais, après le premier mouvement, on raisonne quelquefois ce qu'on a fait et ce qu'on veut faire : la réflexion, un peu tardive, convainquit les nobles instigateurs de la faiblesse de leurs moyens de résistance. C'est pourquoi ils députèrent plusieurs d'entre eux auprès du roi d'Angleterre, qui, de meilleure foi qu'eux, ne songeait plus à garder la province en dépit de la France. Comme ils insistèrent fortement sur l'aversion bien prononcée de demeurer unis au trône français, le cabinet anglais leur accorda le vieux *Talbot*, âgé pour lors de quatre-vingt-deux ans. Le général et sa troupe de débarquement entrèrent à pleines voiles dans la Garonne, et vinrent toucher les remparts de Bordeaux.

Cette cité marchande se signala à cette époque par un trait de perfidie qui avança considérablement le succès de l'expédition anglaise. Le commandant français, surpris par la révolte, crut ne pouvoir mieux faire que de capituler. Il fit parlementer à une des portes de la ville ; mais pendant qu'on réglait les conditions pour la remise de la place, les Bordelais, abusant de la trop grande confiance que le roi avait placée en eux, introduisirent les Anglais par une porte opposée, et les rendirent maîtres de la ville, sans condition pour la garnison française.

Le vieux *Talbot* n'eut pas honte de profiter de cette trahison. Il observa encore moins l'honneur et la loyauté, en retenant prisonniers le sénéchal et la troupe. Cette conduite, indigne des uns et des autres, ne trouva aucun approbateur à la cour, où souvent les perfidies changent de nom. On fut surtout révolté contre la conduite des Bordelais. Le roi ne s'attendait pas à cette prompte infidélité : car ils avaient fait en sa présence, lors de la prise de possession, avec un air de grande franchise, l'hommage du panier de vin ; ils avaient mis tant de bonne volonté à dresser en son honneur des arcs de triomphe ; ils s'étaient prosternés si bien pour prêter le serment, que cette nouvelle resta incroyable pendant plusieurs jours. C'était ne pas connaître l'influence des esprits inquiets, et surtout, c'était ignorer que toutes les démonstrations publiques ne garantissent jamais rien pour l'avenir.

A la confirmation de cette révolte, le monarque fit partir son artillerie et vint bientôt lui-même réduire une seconde fois Bordeaux et sa noblesse insurgée. Il lança sur la cité les premières bombes françaises. Ces *engins volans*, ainsi qu'on les appelait, produisirent une peur effroyable dans l'âme de ceux qui les voyaient tomber, ou qui en entendaient parler. Le Bordelais trembla pour ses magasins, ses caves et ses greniers. Aussi empressé à sauver sa fortune que sa personne, il chercha à fléchir le monarque. Le vainqueur arrêta le feu de ses mortiers, et écouta avec bonté les supplians. Il les obligea seulement à deux réparations, fort faciles à accomplir. Bordeaux paya une contribution militaire de cent mille écus ; il prêta un nouveau serment. Laquelle des deux monnaies, pour les souverains, est de meilleur aloi ?

CHAPITRE XXIV.

Complot pour arrêter prisonnier Charles VII et l'envoyer à la tour de Londres.

A la révolte de la noblesse de Guyenne succéda une nouvelle conspiration contre le roi *Charles* VII. Sa majesté fut menacée d'une fort triste aventure. Le duc d'*Alençon* et les seigneurs qui étaient aussi jaloux et aussi mécontens que lui, ne se proposaient rien moins que de livrer au ministère anglais la France et la personne du roi. Ils devaient l'arrêter, le bien garder, et l'embarquer ensuite sur le canal de la Manche pour le déposer dans la tour de Londres.

Ce projet n'était pas une chimère ; on ne pouvait pas le taxer de folie et d'extravagance. Il n'était malheureusement que trop facile à mettre à exécution avec les forces et les moyens qu'avaient à leur disposition les conspirateurs. Le duc d'*Alençon* pouvait à lui seul armer dans son propre arsenal dix mille hommes de troupes. Comment ne pas craindre la rébellion d'un sujet maître de mouvoir à son gré de si puissantes ressources ! On reconnut alors l'inconvénient des grandes maisons qui n'ont jamais cessé de rivaliser avec la famille royale. Les rois se sont toujours plu à se créer des rivaux, en agrandissant dans tous les temps la fortune des nobles.

Le foyer de la conspiration était placé à *La Flèche*, résidence habituelle du duc révolutionnaire. C'était de cette ville qu'il expédiait ses courriers et entretenait ses liaisons criminelles avec le cabinet anglais. Son plan militaire compromettait le repos de tout le royaume ; il devait attaquer le roi au nord et au midi de nos provinces. Ce soulèvement lui parut exécutable sans beaucoup de peine. Le peuple à coup sûr n'y opposerait aucun obstacle, parce qu'il était trop mécontent de payer d'énormes impôts. Notre amour pour les souverains diminue en proportion des écus que les percepteurs publics nous enlèvent. Des doutes sur la réussite de son dessein tourmentaient pourtant par fois l'âme et l'imagination de ce duc ; mais ses complices guérissaient ses craintes et ses scrupules. On emprunte toujours le courage de ses adhérens, quelque dose d'audace et d'énergie que l'on ait soi-même. On le rassura bien positivement sur tous les détails et l'ensemble du complot. La capture du souverain était infaillible et prompte. Aussitôt qu'il serait devenu leur prisonnier, qui pouvait alors empêcher de l'enfermer dans l'entrepont d'un vaisseau, et de le débarquer sans risque sur les côtes de l'Angleterre? Lorsqu'il serait déposé entre les mains de l'Anglais, on était bien sûr qu'alors sa délivrance deviendrait impossible ; car les ministres de cette île savent merveilleusement faire sentinelle auprès des rois lorsqu'ils sont libres sur leur trône, et à plus forte raison savent les garder étroitement lorsqu'ils sont leurs prisonniers.

Ces raisonnemens achevèrent la détermination du duc d'*Alençon*. Il promit donc d'immoler à sa haine et à celle de nos ennemis naturels, la France et son roi, deux choses dont on a toujours disposé avec assez peu de remords, et il signa le traité d'union. Il fallait nécessairement accorder une indemnité à cette générosité révolutionnaire ; on ne reçoit pas un si grand don sans reconnaissance. Les commissaires anglais lui offrirent d'assigner le prix de son sacrifice, ou sur l'Angleterre, ou sur la France. Il était libre de choisir dans l'un ou l'autre pays ce qu'il désirait obtenir.

Le duc factieux donna la préférence à l'Angleterre. Il exigea le duché de *Bedfort*, et, à son défaut, celui de *Clarence*. Il voulait désormais mettre la mer entre lui et ses concitoyens, qui sont trop chansonniers de leur naturel, pour ne pas s'égayer un jour sur son compte, si l'affaire venait à manquer. Cette concession devait être accompagnée d'une pension annuelle de vingt-quatre mille écus. On fit de plus entendre aux commissaires anglais que, dans ces sortes d'affaires, on cède toujours des épingles aux dames, c'est-à-dire, un pot de vin qu'on fixa raisonnablement à la somme de cinquante mille écus. Il était juste, en effet, que le roi d'Angleterre payât sa joyeuse entrée dans la capitale du royaume, après être devenu le geôlier du monarque français.

Le secret de cette infâme trahison fut fidèlement gardé par les comtes et les barons qui en eurent connaissance. Aucun d'eux n'eut la vertu ni le civisme de le dénoncer au roi. On est bien autrement homme délicat et fidèle à sa parole, quand on l'a donnée à des traîtres et à des ennemis de son pays. Un simple moine, aumônier du duc conspirateur, se sentit une âme moins consciencieuse et plus française ; il vint confier au roi tout le mystère.

Le monarque, las de sa perpétuelle indulgence, et éprouvant une velléité d'énergie royale, ordonna d'arrêter le duc d'*Alençon* et de le traduire dans la citadelle de *Vendôme*. Il arriva bientôt lui-même dans cette ville pour y tenir un lit de justice. Le traître, convaincu par des preuves irrécusables, et finissant par confesser lui-même toutes les conditions du marché qu'il avait fait avec les Anglais, entendit prononcer contre lui une sentence capitale.

Cet acte de justice surprit la cour et la ville, et mit en mouvement toutes les familles des complices. On se concerta sur les moyens d'empêcher l'exécution de cet épouvantable arrêt. Les résultats d'une pareille application des règles de l'ordre public donnaient sérieusement à penser à tous ceux qui étaient imprégnés de l'esprit révolutionnaire. Ainsi donc, chacun, selon son crédit et ses liaisons à la cour, se mit en habit de solliciteur. D'abord les princes soutinrent, ayant le droit de tout dire, que le cas était graciable, à raison de la qualité de la personne. On n'est pas grand personnage dans l'état, sans avoir le privilége d'être au-dessus du glaive de la justice. Les nobles ne poussèrent pas si loin le raisonnement ; ils s'en tinrent à adresser au roi, toujours bon parce qu'il avait été long-temps malheureux, d'instantes prières et d'humbles suppliques. On fit avec cela jouer l'intrigue du jour. On rechercha le favori qui jouissait du crédit et de la confiance du moment. Les dames de la cour s'insinuèrent partout ; elles usèrent de leur heureux talent d'endormir les hommes sur leurs devoirs. Enfin le système de l'impunité triompha comme de coutume. Le duc coupable et condamné à mort reçut sa grâce ; il ne perdit que sa liberté qui fut mise en surveillance dans la tour de la petite ville de *Loches*.

CHAPITRE XXV.

Rébellion contre le roi *Louis* XI, sous le nom de guerre du *bien public*. Les aiguillettes de soie verte deviennent la décoration des factieux.

Charles VII, en mourant, convint de la faute qu'il avait commise de n'avoir pas fait décapiter le révolutionnaire duc d'*Alençon*. Il laissait à son fils *Louis* XI un grand nombre de seigneurs factieux habitués à abuser autant de la faiblesse que de la clémence du trône. Peut-être que, si on avait eu moins d'indulgence envers le rebelle et ses partisans, le nouveau roi n'aurait pas éprouvé le besoin de cette politique dont on a tant parlé, et qu'on n'ose pas encore aujourd'hui justifier.

Obligé, comme son père, à se défendre sans cesse contre les conspirations et l'indépendance anarchique de la noblesse de son royaume, *Louis* XI ne vit pour son salut d'autres moyens à employer, que ceux qu'on lui opposait pour le détruire. A force de se mesurer avec son ennemi, on apprend de lui le secret de le vaincre. Il pratiqua en effet sur le trône une morale fort équivoque ; mais il dut l'assimiler à celle des gentilshommes de son temps, dont la turbulence, la mauvaise foi et les trahisons ajoutèrent tant de défauts au caractère naturel de leur souverain. On s'arme au moral et au physique à peu près comme son ennemi, et souvent on est plus inventif que lui.

On ne pardonnait pas surtout à *Louis* XI son goût et son amour pour le peuple. On trouvait que ce mérite, si rare dans les souverains, était une dérogation à la dignité royale. Le roi ne le pensait pas ainsi : il avait observé de bonne heure que la noblesse ne pouvait être subjuguée qu'avec l'appui et le concours de la nation ; que la classe bourgeoise était au fond le meilleur soutien qu'on pût donner au trône ; que le roturier en général aimait d'ordinaire, sans intérêt, le roi et sa dynastie. Quel effort d'esprit et de raison il n'a pas fallu faire pour trouver de pareilles vérités ! Ces maximes, qui couraient les appartemens et les antichambres du roi, étaient prises pour autant d'insultes faites à la caste nobiliaire, et on ne se familiarisait pas facilement avec les dogmes de cette politique.

Cependant ces maximes produisaient un bon effet dans l'opinion. Le public était devenu, avec l'aide des temps de trouble, plus apte à la réflexion, à la logique et aux spéculations politiques. Les longues révolutions hâtent l'éducation des esprits ; mais cette position paraissait désavantageuse pour les nobles intrigans ; elle leur suggéra l'idée de changer de plan. Ils conçurent le projet singulier d'accaparer le peuple pour eux-mêmes ; en conséquence, ils feignirent de devenir tout à coup autant et même plus populaires que le roi. Il ne devaient plus s'insurger contre le trône et le monarque, dans l'intention de veiller aux intérêts de la caste nobiliaire et de ses membres en particulier ; mais ils publiaient que leur révolte désormais n'aurait plus d'autre but que la guerre sainte du bien public.

Afin que le peuple ne les confondît pas avec tout ce qui avait précédé cette époque, et qu'il reconnût, à la simple vue, ses bons amis et ses véritables défenseurs, les seigneurs révolutionnaires s'occupèrent, avant tout, de l'invention d'un signe et d'un emblème nouveau. Jusques alors les chaperons blancs, les écharpes rouges et les croix de Saint-André avaient eu leur vogue ; c'étaient de vieilles enseignes de faction qui ne remplissaient pas le but de la nouvelle. D'ailleurs, chacun doit avoir ses rubans, ses panaches, ses écharpes, ses croix, ses cordons, appropriés à ses desseins révolutionnaires. Quoique tout se ressemble dans l'ordre social, par l'intention ; néanmoins la nouveauté ne perd jamais ses charmes ; rien de ce qui date de loin n'est d'un bon usage, parce qu'on sait que les factions qui arrivent les dernières sont toujours pénétrées des meilleurs desseins, et n'ont en vue que la probité, la justice, les mœurs, la religion et le bonheur public. C'était ce que les nobles proclamaient avec assurance, afin de n'être pas contrariés dans leur projet d'ébranler le trône, d'humilier le roi et de goûter les plaisirs d'une guerre civile. Ils crurent donc avoir imaginé le plus heureux des emblèmes en évitant la ressemblance avec ceux de leurs devanciers. Ils arborèrent l'*aiguillette de soie verte* à la ceinture du haut de chausses ; quel rare présage de félicité publique !

Le roi, qui n'avait pu faire avorter la naissance de l'aiguillette, la vit en peu de temps attachée à un grand nombre de hauts de chausses de son royaume. Le Français aime la décoration. Il n'y eut pas jusqu'aux capitaines les plus renommés qui ne s'enrôlassent avec plaisir dans la faction du bien public. On vit encore le beau *Dunois*, quoiqu'avancé en âge, devenir infidèle à son serment ; il prit, à l'exemple des autres gentilshommes, l'aiguillette de soie verte, tant l'esprit de corps et l'habitude de l'indépendance décidaient impérieusement de la vertu et de la résolution des meilleures têtes du siècle. On met à la longue de la conscience à persister dans le sein d'une faction.

Le nombre de ces zélateurs qui prétendaient mettre à la réforme le roi et son administration, s'accrut encore par l'esprit de causticité qu'on reprochait au monarque. En effet, le prince, l'homme le plus fort en sagacité, et le meilleur physionomiste de son temps, n'épargna jamais les quolibets, la satire, l'ironie, la plaisanterie, aux nobles qui venaient l'importuner de leurs sollicitations. Il est vrai que la plupart ne demandaient des places et des emplois, que lorsque ces fonctions étaient promises, ou déjà occupées par de fidèles serviteurs ; c'était montrer une avidité désorganisatrice qui souvent n'est que l'apanage d'une vaniteuse ignorance. Mais l'amour-propre et l'égoïsme ne sont pas indulgens : les refus du monarque, adressés à des sots ou à des présomptueux, devinrent insensiblement une excuse ou un prétexte de trahir le trône.

D'autres gentilshommes n'obtenaient pas une meilleure réception de la part du souverain, lorsque le prince doutait, non de leurs talens et de leur capacité, mais de leur attachement et de leurs dispositions intimes. Ceux-ci se plaignaient donc comme les autres, et murmuraient de se voir écartés du conseil et des charges publiques. C'était méconnaître ce qu'on devait à leur rang, à leur fortune et à leur famille ; ils s'indignaient contre cette dépréciation honteuse pour les nobles, sans vouloir convenir qu'ils avaient tout fait pour inspirer de la défiance au gouvernement. Ainsi, bien certains qu'on les prenait pour les ennemis du trône et du roi, ils ne voulurent pas donner le démenti à l'autorité ; ils ne risquaient plus rien de se jeter dans les bras de la faction dominante.

Une troisième classe de mécontens fut celle de tous les officiers civils et militaires qu'on avait renvoyés ou destitués, uniquement parce qu'ils avaient servi sous le règne précédent. Ils s'étaient imaginé sottement que, parmi les souverains, un fils devait garder les agens et les serviteurs de son père, croyant que la reconnaissance et la justice sont, comme dans un héritage de famille, un bien de succession.

Mais ce qui, principalement, noua tous les fils de la trame du bien public, ce fut l'adhésion de deux princes du sang royal à la faction. Les ducs de *Berri* et de *Bourbon* se montrèrent en public avec l'aiguillette à leur haut de chausses. En voyant ces nobles de première ligne devenir également révolutionnaires contre la couronne, on disait, avec un air de mépris, qu'enfin il ne restait plus au roi d'autre partisan que le peuple, ressource des monarques qui affectent de faire les philosophes. Cette remarque donnait aux gentilshommes goguenards l'occasion de rire et de plaisanter aux dépens du souverain.

Le roi était instruit de tous les propos; mais, plus rusé que les seigneurs de cour et de province, il supporta patiemment leurs saillies et leurs calembours, bien convaincu que, si la bourgeoisie lui demeurait fidèle, il n'aurait pas grand'chose à craindre de la milice révolutionnaire des nobles titrés et décorés de l'aiguillette, et qu'avec les mains des roturiers il viendrait à bout de la dénouer; ne doutant pas que, lorsqu'un roi est armé de la massue plébéienne, il n'ait finalement raison contre les membres de sa famille et contre la noblesse séditieuse.

Néanmoins, quelque assurance qu'il eût du côté du peuple, le monarque se fit une règle constante de combiner sagement ses mesures d'attaque et de défense : car il apercevait, parmi les fédérés réformateurs, de puissans adversaires. Les plus redoutables et placés au premier rang, furent les ducs de *Bretagne* et de *Bourgogne*. Ces deux vassaux immédiats de la couronne, demi-souverains dans leurs duchés, ayant sous leurs ordres une nombreuse noblesse arrière-vassale, possédant de riches trésors, étaient en état de porter de rudes coups au trône et au suzerain. La guerre présente ne leur déplaisait pas, parce qu'elle les acheminait vers l'indépendance absolue. Ils étaient dégoûtés de mettre leurs mains dans celles du monarque français, de fléchir un genou en terre, et de rendre foi et hommage, lorsqu'ils revendiquaient pour eux-mêmes une semblable prestation de serment. L'enflure politique n'est pas toujours du vent.

CHAPITRE XXVI.

Divers manifestes de la révolte contre le roi *Louis* XI. Chaque chef de la faction affiche et placarde contre son souverain.

Au milieu de cette agitation générale, le frère du roi, duc de *Berri*, prince âgé de seize ans, donna le signal de la guerre civile. Il prit avec lui toutes les aiguillettes qui purent le suivre, et se retira sur les terres de la *Bretagne*. La peur qu'il eut d'être arrêté dans sa fuite, lui fit rompre les ponts derrière lui ; il se trouva bientôt loin de *Poitiers*, d'où il s'était échappé, impatient de se voir libre de mal faire.

Arrivé à *Nantes* avec ses conseillers, il leur distribua le travail révolutionnaire qui devait servir de prélude à la guerre. Ceux-ci avaient déjà minuté un manifeste contre le roi. Ils y mirent la dernière main, et le firent signer au jeune prince qui était hors d'état de corriger les termes insolens et injurieux qu'on lui faisait débiter contre son frère et son souverain. A la lecture de la pièce, le public fut fort surpris qu'un enfant de seize ans parlât si bien de tant de bonnes et belles choses qui concernaient la félicité sociale. Il se plaignait, en effet, de la mauvaise justice qu'on rendait aux plaideurs dans les parlemens du royaume ; il tombait sans ménagement sur l'avidité des procureurs et des gens de la chicane ; il censurait la vénalité des juges subalternes. Ce qui tenait surtout une place remarquable dans le manifeste du jeune réformateur, c'était l'article des mariages forcés des garçons et des filles nobles. Il reprochait amèrement au roi la politique de se mêler des alliances de la noblesse, et de contraindre les comtes et les barons à se marier d'après ses vues et son système, plutôt que selon le gré des parens et avec leur aveu, ce qui produisait souvent des mariages mal assortis et des alliances scandaleuses. Sa proclamation dénonçait encore d'autres désordres et d'autres abus, faisant, en abrégé, le tableau de la confusion et de l'anarchie générales, ayant soin de rejeter tout le mal sur le gouvernement, sans accuser d'aucune manière la noblesse d'en être la cause principale.

Au bas de son manifeste, le jeune prince zélateur jura au peuple de ne pas souffrir plus long-temps que le royaume de France devînt la fable et la risée de l'Europe. Il était honteux de voir le roi son frère mériter, par sa conduite, tous les lazzis des *Goths*, des *Welches* et des *Ostrogoths* du continent.

Après avoir ainsi fait le sermonneur impertinent, il dut naturellement prendre une conclusion. Ses précepteurs révolutionnaires lui suggérèrent celle d'appeler autour de lui la noblesse française, afin que le roi son frère restât seul de son parti, et qu'on pût courir sur lui les armes à la main.

Néanmoins, tous ces cris séditieux, sortis de la bouche du jeune prince, n'étaient jetés, comme on l'assurait, dans la France, que dans l'intention de soulager le pauvre peuple. Beaucoup de gens excusèrent son imprudence qui égalait son inexpérience : car le jeune homme ignorait encore que jamais guerre civile n'a produit du soulagement et du bonheur à une nation.

L'exemple du prince imberbe donna de l'émulation aux grands seigneurs de la faction. Chacun voulut, comme lui, faire la leçon au roi, et distiller, dans des placards et des affiches, la morale et la bonne législation. Les manifestes donc se multiplièrent de toutes parts ; jamais la France n'avait eu plus d'habiles gens pour organiser son gouvernement et ses lois. On ne pouvait pas mieux placer sa confiance qu'en ces fauteurs et complices de la rébellion. Tous ces pamphlets arrivèrent à la cour ; le roi se borna à lire un seul de ces placards. C'était, en effet, les lire tous : car l'esprit révolutionnaire n'a jamais qu'une couleur et qu'un langage. Tout se réduit à dire qu'on est plus habile et de meilleure volonté que l'autorité contre laquelle on se révolte.

CHAPITRE XXVII.

Les Nobles de la faction du bien public se rangent sous différentes bannières. Trahison à la bataille de Mont-lhéry.

Les nobles révolutionnaires sentirent l'importance de ne pas s'en tenir uniquement à des manifestes et à des proclamations. L'effervescence veut être entretenue par la fumée de la poudre à canon et par l'odeur du sang. En conséquence, on en vint aux armes; le duc de *Bourbon* entama les hostilités de la rébellion; il se jeta, à l'ouverture de la campagne, sur les recettes publiques et sur les trésoriers du roi; il enleva tout l'argent que l'imprévoyance avait laissé dans les caisses des provinces. On dit, à ce sujet, que, si le duc était le plus faible en forces militaires, il était du moins le plus rusé, en s'attachant au nerf de la guerre; mais aussi ce fut spécialement sur lui que le roi tomba de tout son poids et l'écrasa au premier choc, sans que les coalisés pussent le secourir. Une trêve, signée à *Riom*, mit, pendant quelque temps, ce prince ambitieux hors de ligne.

A la nouvelle de cette insurrection, comme si c'eût été une excellente curée qu'un royaume en proie à une guerre civile, les comtes, les barons et les chevaliers sourirent de plaisir et battirent des mains, bien que ce début ne fût pas fort favorable à la fortune de la faction. Ils avaient cousu déjà l'aiguillette à leur haut de chausses; mais ils balançaient encore à se décider sous quelles enseignes ils marcheraient, et pour quels princes ils accepteraient du service. Tous les chefs de la confédération ne pouvaient pas promettre de l'argent, des grâces, des faveurs. Il y avait donc un choix à faire entre eux, et il ne fallait pas se tromper dans ce choix ; on ne s'embarquait jamais sans prévoyance dans les risques d'une révolte contre le trône. Il était d'usage de faire son marché d'avance.

L'enrôlement une fois convenu, chacun fourbit ses armes, abandonna ses châteaux et ses donjons, et se mit en route pour s'escrimer contre son souverain. L'insurrection ne faisait plus de honte à personne ; ce n'était plus un crime en opposition avec l'honneur et le serment. Au contraire, c'était avoir de la fierté, du caractère, de la dignité, que de rivaliser avec l'autorité royale et de lui inspirer des craintes et des alarmes. On mettait de la vanité et de la gloire à devenir factieux ; cette doctrine est ordinairement le levain des troubles civils.

Après que tous ces corps révolutionnaires eurent agi isolément sur différens points du royaume, ils se formèrent en masse et composèrent une armée. Néanmoins, malgré la réunion de ces forces partielles, les insurgés n'auraient pas été les plus forts, si les troupes auxiliaires des Pays-Bas et celles du duché de Bretagne ne les avaient pas protégés sur les deux ailes du plan de campagne. En effet, les Bretons débouchèrent par la Loire, et les Flamands par la Somme.

Dans l'embarras où se trouva le roi de faire face à ces trois corps d'armée, il se vit obligé de diviser également ses propres forces. Il se chargea de tenir tête lui-même au duc de *Bourgogne*, et de le battre en personne, si l'occasion s'en présentait. Les deux partis se rencontrèrent dans la plaine de *Montlhéry*. Bientôt l'insolence et les bravades des rebelles provoquèrent le combat. On se canonna d'abord, et on se joignit ensuite corps à corps. Le roi culbuta l'aile gauche des révolutionnaires. Il paya de sa personne comme un soldat ; il eut un cheval tué sous lui.

La victoire paraissait certaine, et le roi avait raison d'y compter, quand le duc du *Maine* et l'amiral de *Montauban* se comportèrent en traîtres et en lâches sur le champ de bataille. Ils feignirent une épouvante subite, et coururent si loin du combat, que leur trahison ne fut plus douteuse aux yeux de personne. Leurs bataillons, entraînés par l'exemple, se débandèrent avec la même lâcheté. Le monarque, dans ce fâcheux accident, eut besoin de tout son génie et de tout son courage pour remédier au désordre. Il eut le bonheur d'obtenir, dans la circonstance, cette espèce de succès qui permet de chanter victoire, tout comme l'ennemi triomphant. Ce cri console quelquefois d'une défaite.

CHAPITRE XXVIII.

Siége de *Paris* pendant la guerre du *bien public*.

Louis XI, avant les hostilités, avait songé à faire de la ville de Paris sa dernière ressource. Les capitales sont le principal espoir des souverains, malgré que l'expérience leur apprenne que plusieurs fois elles ont trompé leur attente. Il la munit de vivres, d'hommes de guerre, de magasins et d'armes ; il fortifia tous les postes extérieurs qui pouvaient protéger la ville et tenir les ennemis éloignés de ses murailles.

Ces précautions militaires n'empêchèrent pas les insurgés, après la bataille de *Montlhéry*, de venir s'établir autour de la ville. On planta les tentes du duc de *Berri*, du duc de *Bretagne* et du duc de *Bourgogne* à la distance du canon des remparts. On se caserna à *Passy*, à *Saint-Cloud*, et dans les villages de la banlieue. On vit *Bourbon*, *d'Armagnac*, *Nemours*, *Dunois*, *Saint-Paul*, *Dubreuil*, *d'Albert* camper sur les bords de la Seine.

Le voisinage des rebelles n'alarma pas les habitans de la capitale. On se porta sur les remparts pour reconnaître des parens, des amis, des alliés parmi les assiégeans ; on s'habitua à leur parler ; on écouta leurs injures contre le roi, et on finit par combiner avec eux des intelligences criminelles. Les gentilshommes du dehors proposèrent aux gentilshommes du dedans de fomenter des séditions populaires, de porter les esprits à secouer le joug de l'autorité royale, et de faire prendre aux Parisiens les aiguillettes vertes. Quand les uns trouvaient trop de difficultés à exécuter ces manœuvres factieuses, les autres demandaient simplement la remise des clefs de la ville et l'ouverture des portes, promettant de se charger tous seuls de faire la révolution dans Paris. Ces menées furent découvertes ; les Parisiens traîtres et conspirateurs, cousus dans un sac de toile, furent précipités de la tour de *Billi* dans la rivière.

La noyade contint la malveillance, mais sans rompre totalement la communication de la ville avec le camp des rebelles ; car il se trouva encore des gens qui, manquant de courage pour se battre sur un champ de bataille, osèrent affronter le danger de la corde et du gibet. Ce fut par leur entremise que les assiégeans introduisirent dans Paris les pamphlets, les chansons, les satires et tous les écrits injurieux contre le roi. Tout passa, malgré la police militaire, par les portes, et par les embrasures des remparts.

Cependant, quelques efforts qu'on fît pour exciter le peuple parisien, le siége traînait en longueur, et la disette tourmentait déjà le soldat. La noblesse désespérée de voir que la bourgeoisie de Paris rendait plus de justice qu'elle au roi et à son administration, chercha à parlementer avec les autorités de la ville, sachant très-bien que, quand les fonctionnaires trahissent leurs devoirs, le peuple a toujours la bonhomie de penser comme eux, et d'agir comme on lui commande. On conféra en effet avec le gouverneur, avec le parlement, avec le clergé, l'université et le corps municipal. Ces autorités prirent sur elles de s'arranger avec les révolutionnaires, sans l'autorisation du roi, alors absent de la capitale. Il fut convenu que les princes rebelles et leurs adhérens entreraient dans Paris, et que le siége finirait par des embrassemens et des fêtes.

Cette impatience de terminer le différent entre le souverain et les sujets, n'avait pas sa cause dans le désir de réconcilier franchement les insurgés avec le roi. Cette bonne œuvre n'était pas l'objet des soucis des fonctionnaires parisiens ; mais toute leur sollicitude provenait de ce que les révolutionnaires cassaient les vitres et brisaient les portes des maisons de campagne autour de Paris. On ne respectait pas davantage les espaliers, les massifs et les parcs ; on détruisait dans un esprit de vengeance tout ce qui servait aux plaisirs et aux délassemens des honnêtes gens de la ville. Ce brigandage militaire affligeait plus l'âme de ces bons Français, que toutes les autres calamités que produit une guerre civile.

La noblesse coalisée avait déjà le pied sur la porte de la ville, lorsque le roi arriva fort heureusement pour lui et pour sa couronne : car il est d'usage que, quand une capitale est prise, on doit laisser commander l'ennemi dans tout le pays. Le même jour de son entrée, le monarque annula le traité ; les signataires se ressentirent de son courroux et de son indignation. Toutefois il se modéra dès qu'il eut le temps de réfléchir plus mûrement sur sa position. La dernière démarche des autorités parisiennes l'avertit que les esprits tendaient, malgré lui, vers un accommodement avec les rebelles. En homme habile qui sait apprécier la force des circonstances, il crut prudent de ne pas contrarier cette tendance générale vers la paix. Il remplaça sur-le-champ les armes par la politique, et ne montra plus si fort de la répugnance à traiter avec les nobles à aiguillettes.

CHAPITRE XXIX.

Les Nobles factieux traitent de la paix à *Conflans* avec le roi *Louis* XI. Argent, grâces et faveurs que coûte au roi la fin de la guerre du *bien public*.

Bien préparé, par la réflexion et la politique à subir la loi du moment, le roi *Louis* XI fit naître lui-même le prétexte de s'aboucher une seconde fois avec le camp des factieux. Une trêve, d'abord, suspendit les hostilités, et on vint ensuite à bout de la changer en un traité définitif. Ce fut à *Conflans* que la paix reparut en France, et que la guerre du bien public se termina.

Le peuple, du bonheur duquel on s'était tant entretenu dans les manifestes et les affiches, ne gagna absolument rien à cette conclusion ; il n'avait servi que de prétexte au bruit révolutionnaire qu'on voulait faire. Les chefs de la rébellion prirent, selon l'usage, tout pour eux et leurs amis. La France, en effet, devint une proie qu'on eut bien de la peine à garantir contre leur avidité. Le roi tint les mains fermées autant qu'il put s'aider de sa finesse naturelle ; il fit souvent semblant d'être sourd à leurs demandes. Il laissa solliciter à plusieurs reprises ce qu'il n'avait pas envie d'accorder.

Mais cette surdité factice ne pouvait pas durer longtemps. Les nobles devinrent plus pressans, et se firent entendre du monarque par des cris menaçans. Il fallut se décider à les récompenser d'avoir pris les armes contre le trône ; il ne lui restait plus que l'espoir de réparer, par la politique et le temps, l'abus qu'on allait faire de la fortune publique, ce qui détermina le roi à prendre son parti. Il devint alors si facile et si complaisant, que les princes et la noblesse cupide perdirent le droit de se plaindre. L'intérêt personnel une fois satisfait selon leur fantaisie, ces seigneurs cessèrent d'avoir de la mauvaise humeur.

Dès ce moment, on les vit tendre la main et recevoir tout ce qu'on avait promis de leur donner. Les uns obtinrent des gouvernemens, des titres, des dignités ; les autres furent mis en possession d'un domaine, d'une forêt, d'une châtellenie ; plusieurs préférèrent des pensions sur le trésor, de l'argent comptant, des bénéfices sur les impôts ; quelques-uns furent placés à la tête d'une compagie d'ordonnance que l'état devait entretenir à ses frais. On distribua à un grand nombre des commandemens de ville, de citadelle et de place frontière. La libéralité royale n'oublia aucun rang ni aucune prétention. Le royaume subit, par l'effet de cet arrangement pacifique, un tel pillage, et la noblesse avide butina si amplement sur le corps de l'état, que, si les clauses et les conditions du traité restaient toujours fidèlement exécutées, il en devait nécessairement résulter un squelette de royauté, un fantôme de roi.

Les nobles à aiguillettes n'avaient pas d'autre projet, en traitant de la sorte avec leur souverain; ils étaient bien déterminés à ne reconnaître au-dessus d'eux qu'un monarque sans volonté, sans force et sans autorité. Une oligarchie mixte convenait à leur fortune, à leur vanité et à leur indépendance; ils consentaient à conserver un trône, mais à condition que le noble serait, à peu de chose près, l'égal du souverain; que s'il s'agissait d'avoir un maître en France, il le fallait tel, qu'il ne fût absolu qu'à l'égard du peuple; que, dans ce cas, la noblesse se prêterait toujours volontiers à s'unir au roi pour écraser la roture. On ne pouvait pas signer d'autres conditions avec la royauté, parce que la force, l'éclat, la fortune, l'honneur de la France étaient essentiellement placés dans le cercle de la caste nobiliaire. Beaucoup de gens simples ont long-temps appuyé ce langage et cette doctrine.

CHAPITRE XXX.

Indemnités de table et de logement payés à la Noblesse aux états généraux par le tiers état.

CET orgueil, si naturel à une classe privilégiée, rendit, dans tous les temps, les gentilshommes fort sujets à des antipathies; la plus forte, comme la plus ancienne, fut celle qui ne leur permit jamais d'endurer avec patience les roturiers à côté d'eux dans les états généraux; ils se sont toujours souvenus de leur champ de mai. *Philippe-le-Bel*, qui le premier admit le tiers état aux diètes du royaume, n'a jamais obtenu grâce à leurs yeux. Cette égalité politique, chaque fois qu'elle se réalisait dans les assemblées de la nation, choquait la vanité des comtes et des barons. Ils n'étaient pas capables de comprendre combien il était juste et raisonnable de mettre le peuple à même de donner de bonne grâce l'argent qu'on ne demandait jamais qu'à lui seul ; c'est bien le moins qu'il dispose de sa libéralité.

Durant deux siècles, la noblesse avait fait tous ses efforts pour détruire cette dépendance politique ; ne pouvant y parvenir, elle chercha à s'en dédommager par un privilége tout particulier. Rien n'était plus convenable que de faire payer au tiers état l'honneur de siéger avec des comtes et des barons. On imagina donc de lui imposer l'obligation de supporter tout seul la dépense des assemblées nationales. Cette charge étant ainsi établie depuis long-temps, le noble recevait une indemnité pour son voyage ; sa table était honorablement défrayée. Il ne payait point de logement. Ses domestiques et ses chevaux étaient également nourris aux frais du peuple.

Cet impôt, d'une espèce si absurde, continua d'avoir lieu jusqu'au règne de *Charles* VIII, successeur de *Louis* XI. A cette époque, la cour, ayant besoin d'argent, convoqua les états généraux à *Tours*. On fut bien surpris d'y voir les députés des communes s'échauffer la tête contre cette indemnité. Ils prétendirent ne plus devoir acquitter les frais de table et de logement, à la décharge des nobles, des évêques et des abbés. Ils trouvèrent fort absurde que le peuple donnât quittance du foin et de l'avoine des chevaux, et payât les amusemens et les plaisirs des laquais. Pour faire rougir de honte la noblesse qui défendait son privilége, on résuma la dépense de l'assemblée, à raison de trois cents législateurs, et la somme, exactement calculée, s'éleva à deux cent trente-cinq mille deux cent quatre-vingt-quatorze livres. Ce calcul effrayant n'adoucit pas la colère de la noblesse, indignée de cette levée de boucliers. Elle persista à maintenir cette somme à la charge du peuple.

Le tiers, à son tour, mit de l'entêtement à la refuser, à moins qu'on ne consentît à la répartir sur les trois ordres de l'état. Il observa, dans cette circonstance, que les guerres civiles avaient épuisé l'ordre roturier sans cesse pillé et incendié par les bandes armées, tandis que les comtes et les barons avaient au contraire trouvé leur profit dans les troubles et l'anarchie générale.

La dispute s'engagea alors avec aigreur entre les trois ordres. D'une part, on blessa l'amour-propre ; de l'autre, on irrita l'orgueil. Les deux classes privilégiées invoquèrent l'usage et les convenances. Le tiers état réclama le droit et l'équité. On s'adressa réciproquement des députations dans les chambres ; on fit circuler quelques écrits ; on intrigua auprès des députés qui avaient le plus d'influence. Mais, les esprits ne se refroidissant pas, il devint indispensable de prendre pour arbitre le conseil du roi, et d'ouvrir devant lui une plaidoirie solennelle.

Un avocat fort en vogue dans le bailliage de *Troyes*, plaida les intérêts des communes ; sans trop réfléchir devant qui il parlait, le défenseur jeta, en débutant, quelques idées philosophiques sur le pacte naturel qui lie les sociétés humaines ; il cita comme un nœud d'alliance et de bonheur, l'amour et la générosité qui doivent en unir tous les membres. On a souvent tort de dire des choses justes et raisonnables ; il s'émancipa, en effet, jusqu'à prétendre que tous les Français indistinctement étaient égaux devant une loi de finance, parce que celle-ci était la source de toutes les autres lois ; et que si jusqu'à présent la noblesse jouissait du privilége de l'exemption, elle devait en savoir gré au désintéressement du peuple.

Le discours de l'avocat roturier n'aurait fait qu'amuser les comtes et les barons par d'étranges paradoxes, si l'orateur n'avait pas imprudemment désigné les nobles sous le titre d'amis, de concitoyens, de membres de la même famille, ce qui souleva la bile du gentilhomme *Philippe de Poitiers.*

Ce chevalier, offensé de l'incongruité de ces titres d'ami et de concitoyen, rudoya d'une forte manière l'avocat philanthrope. Il lui refusa nettement le sens commun. Il le renvoya aux écoles pour y apprendre la distinction des classes, des rangs et des qualités dans l'ordre de la société civilisée ; il voulut bien lui enseigner comment la destination des hommes était diverse dans l'état, suivant le vœu de la nature et la force des institutions sociales ; par l'effet de cette vocation, le prêtre devait prier, le noble combattre, et le roturier obéir, payer et faire croître le blé et la vigne pour les deux ordres privilégiés.

Cette virulente apostrophe ne désarçonna pas l'avocat du tiers état. Le gentilhomme, se fâchant de la sorte et injuriant en même temps son adversaire, fit croire qu'il manquait de bonnes raisons pour appuyer sa cause. On allait le réfuter victorieusement avec l'appui de l'autorité de la raison et du sens commun, lorsque le grand chancelier imposa silence aux deux orateurs. Ce magistrat, cherchant à ménager les deux partis, parce qu'il s'agissait de voter une imposition, donna des éloges à la noblesse, faisant droit à son opinion, sans pourtant disconvenir qu'il y avait de l'impudeur à boire et à manger aux dépens des malheureux roturiers. Il prit ensuite un biais si ingénieux, que personne ne sut par qui et comment le logement, le séjour et la table des nobles aux états généraux se trouveraient payés cette fois-là. Les ministres ne manquent jamais d'expédient, quand ils veulent bien éviter les disputes financières.

CHAPITRE XXXI.

La guerre dite la guerre *folle* que le duc d'*Orléans*, avec ses gentilshommes, déclare à la dame de *Beaujeu* sous *Charles* VIII.

Quelque obstination néanmoins que le tiers état eût mise dans le refus d'acquitter tout seul les dépenses des états généraux, il se serait cependant condamné volontiers à cette charge, s'il avait pu à ce prix obtenir de la noblesse qu'elle respectât mieux désormais son repos et sa lassitude dans les désordres publics. Il ne lui demandait qu'une grâce, celle de finir les éternelles guerres qu'elle faisait à nos souverains. On venait d'éprouver, sous *Louis* XI., les maux de vingt révoltes, pour lesquelles le monarque avait eu besoin de toute sa tête et des ruses de sa politique pour les pacifier. On n'avait été contenu dans l'ordre et la tranquillité, ni par sa police, ni par les oubliettes du château de Tours, ni par le redoutable *compère* qu'il mettait en œuvre.

Il était donc à désirer que, sous son successeur, les gentilshommes connussent mieux le prix de la paix, et voulussent enfin faire trêve à l'esprit révolutionnaire qui devenait en quelque sorte un titre de famille parmi eux. On leur représenta que la peste, les contagions, les épidémies n'avaient qu'un temps dans l'ordre physique ; mais qu'au contraire, l'ambition des nobles, leur turbulence, leur avarice, aussi funestes que les calamités de la nature, avaient la triste prérogative d'une durée indéfinie dans l'ordre politique.

Ces vœux et les représentations ne produisirent aucun effet. Un prince du sang, le duc d'*Orléans*, vint de nouveau exciter le goût du spadassinage parmi la noblesse. Il ne dut pas secouer long-temps celle-ci pour la réveiller. Elle était toujours aux aguets pour profiter des occasions. L'enrôlement fournit bientôt autant de comtes, de barons et de chevaliers qu'on désirait en rassembler. C'était leur plaire que de les armer, non contre des Allemands ou des Anglais, mais contre le trône et leur souverain.

L'instigateur de ces nouveaux troubles était pourtant le beau-frère du roi *Charles* VIII. Ce titre contribua précisément à lui donner la fantaisie de devenir le Mentor du jeune monarque. Il n'avait pas assez d'occupations avec ses grands biens et son immense fortune, il voulait encore gouverner le roi et l'état. Ce ne sont jamais nos propres affaires qui flattent notre ambition. Mais le duc avait un concurrent qui lui en disputait l'honneur ; c'était sa belle-sœur, la dame de *Beaujeu*, princesse qui avait mérité l'éloge de *Louis* XI, et qui avait été par lui choisie pour être le conseil de son fils.

Malgré cette considération, le duc d'*Orléans* eut l'impolitesse d'envier la place et le pouvoir à une jolie femme. Le public blâma en lui l'oubli de la galanterie française. On le trouva d'autant plus inexcusable dans sa rivalité à l'égard de la princesse, que celle-ci, qui se connaissait en esprit, en talens, en amabilité, applaudissait à ces mêmes qualités dans son ennemi. Elle méritait des égards de la part de l'ambitieux, puisqu'elle avait le mérite si rare de rendre justice à celui qui lui disputait le plaisir de commander.

Plusieurs personnes travaillèrent à les rapprocher ; on essaya même la plaisanterie et le ridicule pour neutraliser l'ambitieuse jalousie du duc ; mais la guerre, qu'on appela *la guerre folle*, n'eut pas moins lieu ; bizarre surnom qui pourrait convenir à toutes celles qui tuent les hommes et ravagent la terre. Cependant ce titre de *guerre folle* empêcha la frayeur d'agir sur les esprits ; on n'en redouta pas les suites, parce que le gant était jeté par un prince aimable, et qu'il avait été ramassé par une princesse jolie. Il n'y a jamais rien de bien meurtrier dans les querelles de deux cœurs sensibles. On soupçonnait, en effet, que le dépit de l'amour n'était pas étranger à cette mésintelligence.

Toutefois le duc d'*Orléans* ne croyait pas faire une folie en prenant les armes. Cette persuasion n'était pas non plus dans l'esprit du connétable de *Dunois* et des autres seigneurs qui favorisaient les nouveaux troubles. Ils regardaient au contraire comme un acte de haute sagesse, le dessein d'enlever le pouvoir et le crédit à la dame de *Beaujeu*. Ne voulant pas que personne se trompât sur ses intentions, le duc révolutionnaire vint faire une harangue au parlement. Cette magistrature commençait alors à accueillir et à écouter avec bonté les brouillons et les mécontens. Elle en donna une preuve au peuple dans cette occasion ; car elle ne parut pas fort indignée d'entendre le prince débiter un discours séditieux contre la cour.

Lorsque le duc d'*Orléans* eut échauffé les têtes parlementaires, il employa le reste de la journée à haranguer l'université garnie de nombreux docteurs et de vingt-cinq mille étudians. C'était savoir choisir son théâtre pour le débit de son phlogistique révolutionnaire ; car il ne pouvait s'adresser, dans cette pédagogie, qu'à des têtes subtiles et théologiques, ainsi qu'à de jeunes imaginations ardentes et audacieuses. Dans son discours, il eut l'adresse de varier ses promesses et ses marques de bienveillance. Il entretint les docteurs de la pragmatique-sanction qui, alors faisait l'objet des regrets et des plaintes de toutes les facultés sorboniques. Il garantit aux écoliers la confirmation de leurs priviléges, pour le maintien desquels les étudians s'étaient souvent battus avec le guet de la ville et les recors du parlement.

Après les travaux préparatoires de la révolte, le beau-frère du roi s'occupa du soin de divertir les Parisiens. Il chercha surtout à intéresser à sa cause la classe nombreuse des marchands. Il fit faire beaucoup de frais de toilette aux personnes qui étaient appelées à ses fêtes, à ses bals ; à sa table ; il affectait le luxe et la magnificence, afin que son nom acquît de la réputation dans les magasins et les boutiques. La force de toutes les factions vient d'en-bas ; on la cherche toujours dans le peuple. En effet, les gentilshommes du duc la cherchaient dans tous les rangs de la bourgeoisie ; ils faisaient soigneusement circuler parmi les habitans de la capitale son éloge et la satire du gouvernement ; ils provoquaient de vives acclamations partout où le prince factieux daignait se montrer.

Cette popularité, qui dévoilait le but vers lequel on marchait, attira à la fin l'attention des ministres et du conseil du roi. Tous les délibérans se trouvèrent d'accord ; aucun d'eux ne rejeta la maxime qui commande de compter les heures, les minutes et les secondes, quand il s'agit du jeu d'un chef de faction. On sait trop bien les mettre à profit contre l'indolence ou la maladresse de l'autorité. Il fut donc convenu qu'on enlèverait au peuple son idole du moment, et qu'on l'enfermerait dans une citadelle.

Mais le secret, qui est l'âme des coups d'état, ne fut pas exactement gardé. Il y avait des traîtres dans le conseil du roi ; ils avertirent le duc conspirateur, qui échappa à l'arrestation de sa personne, et courut demander un asile à un autre duc aussi peu fidèle que lui.

La dame de *Beaujeu*, apprenant que le fugitif s'était retiré en *Bretagne*, changea de dispositions envers lui. Elle crut que la peur de la prison l'avait assez vengée ; elle borna là tout le châtiment qu'elle avait droit d'infliger à un beau-frère dont elle avait à se plaindre. Son cœur oublia les torts de l'ambition, et devint généreux et sensible jusqu'à soupirer après la grâce et le retour d'un ennemi. Le public, toujours enthousiaste du pardon des offenses politiques, prôna la générosité de la princesse qui apprenait aux hommes comment on peut sacrifier le plaisir de la vengeance.

Le duc d'*Orléans* reparut donc à la cour où il fut reçu sans mauvaise humeur. On se borna seulement à le punir par des privations ; il n'obtint ni argent, ni dignités, ni crédit, ni honneurs. Ce n'était pas oublier tout-à-fait la faute qu'on pardonnait ; on le savait fort bien, car on n'avait voulu que le retirer des mains du duc de *Bretagne*, et surtout des liens d'une passion coupable qui l'enchaînait aux pieds de l'épouse du seigneur breton.

Cette conduite sévère à son égard fit prévoir bientôt une rechute. On ne consent pas volontiers à vivre nul près du trône, quand l'orgueil nous parle de nos prétentions. Le duc d'*Orléans*, ainsi que ses partisans, furent sensibles à ce traitement. L'humiliation servit de motif pour reprendre l'esprit révolutionnaire et se remettre dans les intrigues de la révolte. Mais on tendit mieux cette fois les fils du complot; de nouveaux adhérens furent ajoutés aux anciens. On fouilla partout pour trouver des gentilshommes qui fussent propres à la circonstance. Ce n'était ici qu'une guerre indirecte contre le souverain, ce qui pouvait ne pas plaire à beaucoup de nobles. Il s'agissait donc de deviner ceux qui n'auraient pas honte de chagriner une aimable et spirituelle princesse, telle que la dame de *Beaujeu*. Le gouvernail qu'elle tenait dans ses mains était toujours paré de roses; comment oser les flétrir!

Lorsqu'on eut achevé les préparatifs, les factieux se rendirent en *Bretagne* une seconde fois, et de ce pays, semant la discorde au loin, soulevèrent la *Guyenne*, le comté de *Foix*, le *Midi* et le centre du royaume. L'insurrection déclarée partout, il fallut armer des deux côtés. La cour chercha dans les provinces le parti révolutionnaire; celui-ci n'avait pas moins envie de rencontrer l'armée royale. Une victoire était nécessaire à l'un et à l'autre. Il n'y a rien qui coûte moins à l'ambition que la consommation d'hommes de guerre. Ce fut à *Saint-Aubin* que les deux armées se trouvèrent face à face. La journée devint désastreuse pour les gentilshommes rebelles; la plupart périrent dans le combat. Comme les chefs de parti meurent rarement sur un champ de bataille, le duc d'*Orléans* fut fait simplement prisonnier de guerre.

La dame de *Beaujeu*, assurément bien autorisée à prendre une juste vengeance, se montra au contraire inépuisable en générosité. Elle séquestra simplement le prince rebelle dans la tour de *Bourges*. Il fut même permis au prisonnier de se procurer tous les agrémens et toutes les jouissances compatibles avec une citadelle, ce qui ne dédommage pas toujours de la perte de la liberté. La princesse n'usait d'une si grande modération, que parce qu'elle se flattait de relever, dans l'âme du duc, l'honneur et les sentimens flétris par la révolte et par le crime d'avoir vendu aux Anglais des provinces françaises.

Ce traitement, ordonné par l'indulgence plutôt que par la colère, ne disposa néanmoins personne à solliciter son entier pardon. Chacun le croyait heureux de payer d'énormes torts par une détention aussi douce. Il n'y eut pas jusqu'à sa femme, *Jeanne de France* qui ne se refusât de plaindre son sort et sa captivité. Cette princesse le condamnait comme traître envers son roi et infidèle envers elle-même. Elle l'avait vu secouer publiquement l'un et l'autre joug qu'une âme honnête trouve toujours si supportables.

Le duc, qui aimait à justifier toutes ses actions, excusa son infidélité envers son épouse, en alléguant l'empire de la beauté d'*Anne de Bretagne* sur son âme. Il pensait que l'amour est une passion qui n'a rien de volontaire, que le cœur est soumis à l'attraction d'une force qui se dérobe à nos yeux sous les traits gracieux d'une femme. Il ne comptait pour rien la bonté et l'esprit qui compensent si bien les défauts de la figure et du corps. On n'a pas toujours le bon sens en partage dans une prison. Il osa faire le parallèle de sa femme avec la rivale qu'il lui préférait. Il ne rougit pas d'énumérer les grâces et les charmes de l'une et les difformités naturelles de l'autre. Aussi personne ne blâma *Jeanne de France* de refuser des consolations à son mari captif ; légère vengeance pour une femme qu'on trahit et qu'on offense dans son amour-propre.

CHAPITRE XXXII.

Menaces de sédition sous *Louis* XII. Opposition des Nobles à la création de l'infanterie de ligne dans l'armée.

Le duc d'*Orléans*, sorti de la tour de *Bourges*, ne voulut pas accepter le commandement de l'armée d'Italie. Il s'aperçut sans peine que le parti qui lui était opposé cherchait une voie honnête de l'éloigner de la France, pour le temps où le roi *Charles* VIII laisserait le trône vacant. Comme on ne voyait point de postérité directe au monarque, la couronne tombait légitimement dans les mains du duc, et cet événement n'entrait pas dans la politique de ses ennemis : beaucoup de nobles ne prenaient pas la peine de cacher leurs mauvaises dispositions ; et fort sérieusement ils travaillaient à l'écarter du trône.

Il n'avait pas moins à craindre une partie de ceux qui avaient fait les révolutionnaires avec lui ; la jalousie et l'envie les avaient jetés dans la faction contraire : ce furent ceux-ci principalement qui réclamèrent contre lui des principes de morale et de sagesse ; c'est toujours le moyen qu'on prend pour se procurer le prétexte de nuire. On récapitula toute sa conduite publique et privée ; on rappela au public que le duc avait été agitateur, rebelle, ingrat et mauvais mari ; on semblait croire, de bonne foi, que le scandale de sa vie passée ne pouvait promettre que la répétition des mêmes goûts et des mêmes penchans pour l'avenir.

Le duc d'*Orléans* s'était attendu à toutes ces intrigues. Comme il en avait fait lui-même une longue pratique, il n'en conçut ni haine ni colère ; il redoubla seulement d'attention et de prudence, afin d'en éviter les fâcheux résultats. Ainsi, plus on abusait contre lui des sottises et des écarts qui avaient marqué sa jeunesse ambitieuse, plus il se cramponnait, pour ainsi dire, au trône qui allait lui échoir, et ne désemparait pas de ses alentours, n'ignorant pas que l'absence ne fit jamais les affaires de personne. Il renvoya donc la gloire militaire après la possession tranquille de la couronne. Cette prudence, en effet, n'était pas de trop dans la position où il se trouvait. Ses ennemis anciens et nouveaux avaient bonne envie de lui rendre les craintes et les inquiétudes qu'il avait lui-même causées au règne précédent.

Cependant, quelle que fût l'intention des comtes et des barons de lui fermer le chemin du trône, le passage restait toujours libre, parce que la cabale n'était pas parvenue à le boucher par le moyen du peuple. Celui-ci conserva, au contraire, une grande immobilité ; ce calme populaire qui protége si bien les rois faits et les rois à faire, remit en partie le sceptre de la France dans ses mains. Sa politique et ses amis fidèles firent le reste ; toutes les oppositions s'évanouirent, ne laissant dans les cœurs qu'un ressentiment impuissant.

Reconnu roi de France, à la mort de Charles VIII, le duc d'*Orléans* démentit tous les fâcheux pronostics des jaloux et des envieux. Il s'opéra en lui une subite métamorphose. Louis XII fit oublier le prince révolutionnaire. En éprouvant le besoin de changer de principes et de conduite, il fit sa propre censure et celle des gentilshommes qui avaient été long-temps ses complices. Cette mue morale émerveilla le public qui a toujours pensé que les princes avaient quelque chose de plus à lui montrer que les titres, les décorations et la fortune, c'est-à-dire, un esprit sain, un bon cœur et des vertus utiles à l'ordre social.

Le nouveau monarque pratiqua depuis lors toutes les bonnes œuvres royales d'une sincère conversion. Il fit le bien qu'il avait promis et celui qu'il voulait ajouter à ses promesses. Il ne distribua pas du superflu aux deux ordres privilégiés ; il embrassa dans son système de bonheur public, indistinctement toutes les classes de ses sujets ; il ne donna pas simplement deux étançons à son trône, l'épée des nobles et la crosse des évêques ; mais il l'appuya tout entier et plus directement sur la tête et les épaules du peuple. Cette sage construction de l'édifice social lui valut de nombreuses bénédictions et lui obtint le titre de *père du peuple*. C'était beaucoup pour le siècle que d'avoir su deviner que ce surnom fait la plus grande gloire d'un souverain.

Les nobles furent les seuls qui n'approuvèrent pas ce genre de paternité. Ils se moquèrent, dans différentes occasions, de cette inclination bizarre et commune, qui l'entraînait vers la roture. Ils s'appliquèrent à en ralentir les effets, autant par des maximes que par des résistances sourdes et constantes. La cour ne put plus se dissimuler cette mauvaise humeur, lorsque *Louis* imagina le projet d'utiliser le courage et les talens de la classe plébéienne.

L'expérience avait appris à tous les bons tacticiens du temps, que la France était dépourvue d'une infanterie de ligne. On avait l'exemple des Allemands, des Italiens, des Espagnols, qui jusqu'alors avaient employé, à nos dépens, cette institution militaire. Il était évident que nos compagnies d'ordonnance ne pouvaient plus se passer de cette base fondamentale de l'art militaire ; dans toutes les guerres précédentes, elles s'étaient trouvées sur un champ de bataille, livrées à elles-mêmes, agissant à la manière d'un camp volant, privées souvent de concours et d'appui dans les momens difficiles et périlleux. On soutenait que, si la routine et le préjugé nobiliaire repoussaient imprudemment la création de l'infanterie de ligne, on se condamnait à céder encore à nos ennemis l'avantage de la tactique et la satisfaction de nous battre. On devenait des victimes, malgré notre bravoure naturelle ; on engraissait inutilement les champs de bataille en se refusant de marcher de front avec nos voisins dans l'art, la science et les instrumens de la victoire. Il n'y a pas plus de honte d'emprunter à son ennemi le secret de le vaincre, que de lui arracher ses canons et de les tourner contre lui.

Ces raisons avaient déjà convaincu le roi. Il désirait instituer au plus tôt dans l'armée française cette force d'activité et de puissance. D'après ses ordres, le maréchal de *Gié*, rédacteur du projet, proposa au conseil la formation de l'infanterie de ligne. D'abord il fit sentir l'inconvénient qu'on éprouvait avec ces levées qu'on composait de vagabonds et de gens sans aveu qu'on dressait à la hâte et qu'on licenciait à l'entrée de chaque hiver. Cette milice pédestre mettait en défaut toute la prévoyance du gouvernement, et contrariait sans cesse l'emploi qu'on désirait d'en faire. Elle repoussait essentiellement l'ordre et la discipline, parce qu'elle ne recevait ni solde ni rations régulières et permanentes. Elle comptait sur le butin qui lui servait de paie militaire. C'est pourquoi cette troupe devenait rarement utile, et était au contraire toujours nuisible à la guerre.

Ces motifs puissans ne firent qu'effleurer la conception de la noblesse délibérante ; ils furent même pris en mauvaise part, comme tendant à faire croire qu'on avait besoin d'autres secours sur un champ de bataille, quand on avait les compagnies d'ordonnance. Voulait-on créer un émule à côté de l'ancienne gendarmerie ? irait-on associer à la guerre, des hommes obscurs aux gentilshommes ? leur donnerait-on, pour compagnons d'armes, des gens sortis de toutes les professions viles de la société ? que deviendra, pour lors, le noble, s'il doit partager avec des roturiers, les grades et les distinctions militaires ? Quelle idée se faire désormais du rang et de la naissance, qui seuls donnent le droit de porter les armes ? Personne des opposans ne voulut avouer que défendre sa patrie, que concourir à la gloire nationale, était un devoir que toutes les classes de la société devaient remplir.

Ce fut donc en vain que le maréchal de *Gié* invoqua le bien public et la sûreté de l'état. Il ne persuada pas d'avantage les esprits, en s'appuyant de la volonté expresse du souverain ; ce fut même une mauvaise recommandation pour le projet. Les seigneurs du conseil firent soutenir leur opposition par toute la haute noblesse, et redoublèrent d'efforts pour renforcer leur résistance. Aucun d'eux ne consentit à réformer sa compagnie d'ordonnance, sacrifice nécessaire et exigé par le projet, afin d'établir un fond de caisse pour la solde régulière de la nouvelle infanterie.

Le maréchal, rebuté par ces intrigues, et craignant de devenir victime de la cabale, céda à la vanité et au crédit des ennemis de son établissement militaire. Le roi lui-même manqua de fermeté ou de pouvoir pour briser cette obstination oligarchique. La création de l'infanterie de ligne fut donc renvoyée à un temps plus opportun et au règne d'un monarque plus maître chez lui. C'était se résoudre à perdre encore quelques batailles, pour le plaisir de n'avoir que des nobles dans l'armée.

CHAPITRE XXXIII.

Projet de faire prisonnier le roi François 1er., et de le livrer à l'Espagne et à l'Angleterre.

Quand l'événement eut justifié les prédictions du maréchal de *Gié*, on reconnut alors que si, en effet, on avait eu à Pavie une infanterie de ligne à faire manœuvrer, *François* 1er., successeur de *Louis* xii, n'aurait pas été battu, ni obligé de rendre son épée au seigneur belge de *Lanoy*. Tout l'avantage de cette journée malheureuse se trouva du côté où il y avait de l'infanterie. Celle des Allemands, des Espagnols et des Italiens résista avec succès à la valeur du monarque et à la bravoure française. Ainsi, disait-on, avec un peu moins d'orgueil et un peu plus d'amour pour la patrie, le roi n'aurait pas été s'ennuyer à Madrid, et la France n'aurait pas essuyé ses longs malheurs.

Les gens raisonnables et tranquilles se plaignirent de ce que le mot *patrie*, ne pouvant prendre racine dans la tête des nobles de leur temps, était toujours confondu par eux avec celui de roi ou d'empereur ; de sorte que dès l'instant que la noblesse se brouillait avec le monarque, elle ne savait jamais lui pardonner, en considération de la patrie. Sa haine et sa vengeance révolutionnaires avaient jusqu'à ce jour frappé indistinctement sur l'un et sur l'autre ; cependant un souverain peut avoir des torts, sans que la patrie ait le même reproche à se faire.

Cette erreur blâmable fut toujours celle du connétable de *Bourbon*, qui, dans son dépit contre *François* Ier., ne sépara jamais la cause de la patrie de celle du roi, son maître. Il l'accusa d'être injuste, ingrat, cruel envers lui, et, afin de le ramener à des procédés plus doux à son égard, il jura sans honte et sans pitié la ruine de la France. C'était submerger le vaisseau pour se venger du pilote.

Ainsi, sans s'attacher à des considérations qui naissent d'elles-mêmes dans les grandes âmes, il ne voulut absolument consulter que son humeur vindicative ; il trouva même de la satisfaction à devenir traître à son pays. Il ne put se défendre de la honte de vendre la France aux Espagnols et aux Anglais, et de la baigner dans le sang de ceux qui la protégeaient contre sa frénésie.

Il s'était retiré dans son château de *Moulins*. Cette solitude favorisa long-temps ses méditations conspiratrices. Il y appela la noblesse de son duché, de ses comtés, de ses seigneuries. Dans leurs conciliabules, ils trouvèrent aisément ensemble des griefs et des torts à la charge du monarque. Ses lâches amis approuvèrent sa colère séditieuse, et lui fournirent de nouveaux argumens pour la fortifier. On lui insinua qu'il ne pouvait pas, sans déroger au privilége de sa dignité de connétable, excuser le refus que le roi lui avait fait du commandement de l'avant-garde, dans l'armée des Pays-Bas. On convint surtout avec lui que la reine-mère lui avait, dans le parlement, intenté un procès souverainement injuste ; que ce procès pouvait le rendre victime d'une cupidité indigne d'une princesse ; que dans cette instance judiciaire, beaucoup de gens étaient prévenus contre son droit et ses moyens de défense; que le roi lui-même, d'accord avec la reine-mère, avait en quelque sorte dicté le réquisitoire du procureur général *Liset*. On eut l'adresse de l'alarmer sur la justice de ses juges, et de lui faire craindre que, vendus à la cour, ils n'ordonnassent la réunion de tous ses domaines à la couronne, sans épargner les comtés et les principautés qu'on oserait confondre dans la même condamnation.

Le connétable, qui n'aimait pas plus qu'un autre particulier éprouver la perte de sa fortune, ne vit dans ce procès qu'une persécution intolérable ; ce qui donna du ton et de la chaleur à sa bile révolutionnaire. Le prétexte de notre intérêt nous rend bientôt factieux. Il se dégoûta de payer les mémoires et les consultations de l'avocat *Monthélon*. Il crut au-dessous de son rang et de ses titres de dépendre des tribunaux. Il ne devait pas attendre, comme un simple bourgeois, une justice qu'il pouvait se rendre à lui-même. Il en appela donc à son épée, c'est-à-dire, à celle qu'il allait tirer pour la révolte et la trahison. Les armes n'empruntent leur honneur que de l'emploi qu'on en fait.

Sa résolution une fois prise, il eut la prudence de vérifier quelles étaient ses forces d'attaque. Il les trouva, sans un long examen, plus faibles que celles de son souverain ; mais ce résultat ne l'intimida point. Il avait l'exemple de tant de personnages de son temps qui avaient joint autrefois leur cause personnelle à celle des rois ennemis de la France. Il connaissait l'histoire de tous les règnes antérieurs : il apercevait des traces à suivre et des leçons à prendre. Il ne balança donc pas à chercher des secours hors du royaume, tant la haine et l'ambition le poussaient vers l'infamie. Ayant pris en peu de temps toutes ses mesures, il conclut un double traité avec *Charles-Quint* et le roi d'*Angleterre* Ces deux monarques lui promirent une puissante protection contre le roi et le parlement.

On décida diplomatiquement avec le traître que la France serait partagée, et que chacune des deux hautes puissances contractantes y prendait ce qui paraîtrait être à sa convenance. Quant au conspirateur, on devait lui arranger un royaume au midi de la monarchie. Son trône dominerait sur la Provence et le Dauphiné. Cette condition est toujours facile à stipuler ; car rien n'embarrasse moins que l'érection d'un royaume et la création d'un nouveau roi. Tous les diplomates sont habiles dans ces sortes d'accouchemens.

En donnant une couronne au révolutionnaire *Bourbon*, on lui accorda en même temps une épouse. L'empereur *Charles-Quint* lui fit le don de la main de sa sœur *Éléonor*. La princesse devint ainsi les arrhes du marché qu'on venait de conclure. On doutait néanmoins qu'elle pût venir jusqu'à *Moulins* pour consommer le mariage ; mais la police n'était pas alors stationnée sur toutes les routes. La fiancée arriva tranquillement chez son mari sans que la cour de France soupçonnât qu'il y eût une princesse de plus sur ses terres. La cérémonie du mariage s'accomplit, avec la même précaution et le même mystère, au château de *Moulins*. L'évêque d'Autun, aussi factieux que le futur époux, bénit cette alliance criminelle.

Mais cet hymen clandestin était plus facile à célébrer qu'il n'était aisé de partager la France avec le sabre et l'épée. Les deux monarques étrangers avaient eu déjà occassion d'apprécier le caractère et les moyens de *François* 1er. Ce prince n'était pas de la classe de ceux qui baignent de larmes la couronne qu'on veut leur enlever; Il fallait s'attendre, au contraire, qu'il la tremperait, avant de la perdre, dans le sang de ses ennemis, et qu'il briserait son sceptre sur le crâne de ses rivaux. Ce fut là la première objection qu'on fit au connétable de *Bourbon*.

Ce prince n'avait pas attendu qu'on lui en fît la réflexion ; il avait aperçu lui-même toutes les difficultés que ferait naître la valeur chevaleresque du roi. Il y avait songé plus d'une fois, pendant les dix-huit mois de retraite qu'il s'obstinait à passer dans son château de Moulins. Il avait long-temps torturé son esprit pour imaginer un moyen de lever cet obstacle ; mais il se trouvait toujours embarrassé du courage et de la résolution du monarque. Il ne savait comment résoudre ce problème militaire : car il était évident à ses yeux que cet homme de cœur paraissait un Hercule sur un trône.

Il ne vit donc d'autre expédient pour réussir dans ses projets, que le plan de la surprise d'un guet-apens, qui le rendît maître de la personne royale. S'il parvenait à faire cette capture, du même moment le roi serait livré à la garde de l'Anglais et de l'Espagnol, et par ce moyen le champ deviendrait libre pour effectuer le partage de la France.

Précisément à l'époque où l'infidèle Bourbon tramait avec autant de lâcheté le détrônement de son souverain et sa captivité, *François* 1er. se disposait à partir pour l'Italie; il avait fixé à Lyon le rendez-vous général de ses troupes. Comme il avait le pied à l'étrier, il apprit les secrètes menées des agens de l'Espagne et de l'Angleterre. Cette découverte jeta du jour sur la conduite ténébreuse du connétable.

Le premier moment des informations excite toujours une violente colère ; mais, après avoir satisfait sa subite indignation, le monarque réfléchit qu'il était prudent de cacher tous les signes de sa défiance et de ses soupçons. La politique du moment exigeait qu'on différât l'arrestation du traître. Il dissimula donc, ce qui n'était pas trop conforme à son naturel. Il crut même devoir employer l'adresse pour le conduire avec lui en Italie. Son absence ralentirait ses liaisons avec les ennemis de la France. Ce fut à cette idée qu'il s'arrêta principalement ; c'est pourquoi, en se rendant à Lyon, il dirigea sa route par *Moulins*. Durant le voyage, sa politique changea de plan. Il était d'un caractère trop ouvert pour mûrir un coup d'état. Il résolut d'avoir, en arrivant au château, une conversation franche et loyale avec le conspirateur, se persuadant qu'on peut, avec de la bonne foi, convertir un chef de parti. Il ignorait encore à cette époque le mariage du prince, son traité avec les ennemis, et les conditions de cette alliance.

Bourbon était alors occupé à presser vivement l'exécution de ses mesures pour capturer le monarque. Les rôles étaient distribués ; mille gentilshommes se disposaient à agir. Ce corps de gendarmes devait être soutenu par six mille Français. On attendait encore du côté de l'Allemagne douze mille lansquenets à la solde des étrangers.

Mais, avant de mettre la main sur la personne du roi, le connétable préluda dans son plan par une nuée de brigands et de coupe-jarrets. Il voulait commencer l'annonce de l'orage politique par le pillage et la dévastation des provinces. Cette opération préliminaire lui coûta de l'argent : car il fallut, indépendamment du butin qu'elles amassaient dans leurs courses, faire un traitement militaire à ces bandes de voleurs et d'incendiaires. Les unes avaient été réglées à la somme fixe de cent écus ; les autres ne devaient en recevoir que cinquante. Ces honoraires correspondaient à l'étendue des dégâts et des pillages à faire sur les différentes localités. Il y a toujours plus ou moins de hauts faits à entreprendre dans le brigandage.

Mais la mission spéciale de ces dévastateurs consistait à pousser à bout le peuple par de continuelles souffrances, et à obtenir de lui un soulèvement majeur contre le gouvernement.

Comme le connétable agitait ainsi les premiers feux de l'insurrection, on lui annonça, à sa grande surprise, que le roi arrivait à *Moulins*. Aussitôt son imagination lui grossit les dangers qu'il croyait courir. Il attribua au prétexte de prendre la route la plus courte, le dessein de l'entourer de la maison du roi, de s'assurer de sa personne et de l'embastiller avant d'arriver à Lyon. Il prit la troupe qui escortait le monarque pour une légion d'archers qui devait lui couper la retraite. Cependant il revint de sa première frayeur, ne pouvant pas refuser à *François* 1er. de la générosité et de la franchise, étant persuadé au surplus que sa trahison était encore un mystère à la cour.

Mais une autre crainte troublait son esprit. Il prévoyait que le roi l'engagerait à rejoindre l'armée d'Italie. Il ne doutait même pas qu'on ne lui assignât le commandement particulier, réservé au connétable du royaume. Ce coup de politique allait inévitablement l'arracher pour longtemps à ses intrigues et à ses travaux révolutionnaires. Dans cet embarras, et afin de se maintenir toujours présent à la révolte, il s'avisa d'un stratagème qui devait lui servir d'excuse pour refuser l'invitation du roi.

Comme le goût des factions exerce en nous l'esprit de

fausseté, il contrefit le malade, se jeta sur un lit, au fond d'une alcove, se fit entourer de médecins, et manifesta très-habilement tous les signes d'une maladie sérieuse et grave. Ce fut dans cet appareil, enveloppé dans ses draps, derrière de doubles rideaux, flanqué d'énormes oreillers, qu'il reçut la visite imprévue du roi *François* 1er.

Le monarque fit peu d'attention à une maladie qui se trahissait dans l'ombre même du lit. Peut-être rit-il en lui-même de la comédie que son connétable jouait en sa présence. Mais il employa son temps à lui faire toutes les remontrances que méritait une conduite plus qu'équivoque.

Le traître, exercé depuis dix-huit mois à la feinte et à l'hypocrisie, jura de rester fidèle à ses devoirs et à ses sermens. Il promit, comme le roi l'exigeait, d'éloigner de sa personne les nobles qui lui donnaient de perfides conseils. Il accepta même la proposition de suivre le souverain à l'armée ; il eut l'impudence d'ajouter qu'il irait avec lui jusqu'au bout du monde. On exagère souvent ses protestations, en raison du dessein que l'on a d'y manquer. Cependant, quelque art qu'il eût de dérober son secret à la pénétration du prince, il aurait été totalement démasqué aux yeux du monarque, si les rois avaient plus d'habitude d'observer les hommes.

En le quittant, *François* 1er. eut la bonté de lui dire qu'il allait l'attendre à *Lyon*, où il devait lui confier l'avant-garde de l'armée d'Italie. Le faux malade s'inclina et assura son souverain que sa guérison n'exigerait pas un long délai ; qu'il serait bientôt auprès de sa personne, que son rétablissement ne pouvait pas être douteux, puisque les bontés de sa majesté avaient opéré sur sa santé plus efficacement que tous les remèdes de la faculté. Il n'oublia pas d'être courtisan ; la flatterie ne nuisit jamais à la trahison.

CHAPITRE XXXIV.

Fuite du connétable de *Bourbon* et de plusieurs de ses partisans chez les ennemis de la France.

Au départ du roi pour *Lyon*, le seigneur de *Warti* resta par ses ordres auprès du connétable. Celui-ci ne douta pas que ce gentilhomme ne fût placé chez lui comme un honnête espion. Sa présence lui devint fort incommode, dans la multiplicité des affaires qu'il avait à traiter pour la conspiration : car le passage du roi par *Moulins* n'en avait pas interrompu le cours. Il fut donc obligé pour tenir à l'écart son importun surveillant, de prolonger la scène de ses supercheries et de ses contorsions simulées.

Toutefois, dans la crainte de compromettre son secret, il fit d'un jour à l'autre disparaître quelques-unes de ses feintes douleurs. Il prit même un air de convalescence ; mais à la fin le gentilhomme *Warti* le pressa de déclarer s'il était dans l'intention d'effectuer son départ pour Lyon. Le temps de se décider était arrivé, et il n'y avait plus de prétexte à alléguer ; il fallut donc que le traître *Bourbon* se mît en route.

Placé dans une litière, enveloppé de fourrures, il marcha à petites journées jusqu'au village de la *Palice*. Arrivé dans cet endroit, il reçut de ses amis l'avis que le roi connaissait presque tous les détails de sa conspiration, et qu'il n'ignorait ni ses relations avec les puissances étrangères, ni les intrigues dans l'intérieur du royaume. On l'avertissait de se tenir sur ses gardes, parce que son sort allait être décidé dans le conseil des ministres, si toutefois il ne l'était pas déjà dans l'esprit du monarque.

A cette nouvelle, que les traîtres ne prévoient pas toujours, il fit halte, ne jugeant pas à propos d'aller se faire emprisonner à Lyon. Il se trouva de nouveau embarrassé de savoir quel moyen il emploierait pour cacher son trouble et le plan qu'il avait à suivre dans la circonstance. Son surveillant voyageait avec lui et ne le perdait pas de vue. Il se détermina à appeler une seconde fois à son secours, les douleurs, la fièvre et les attaques nerveuses. La maladie le surprit donc aussitôt, lui faisant même éprouver un redoublement alarmant. Ce fut une agonie dans toutes les règles. Ses gentilshommes, ses pages, ses écuyers eurent ordre de se lamenter autour de lui, et d'avoir l'air de désespérer de sa vie.

Cette nouvelle crise fit grand bruit dans le village. Le seigneur de *Warti*, le premier dupé, voulant tout voir par ses yeux, accourut aussitôt au lit du moribond bien portant. Il entendit, en effet, une voix altérée, sombre et inarticulée; il ne put douter de l'agonie au râle du malade. Il fut attendri jusqu'aux larmes au bruit des cris que poussaient les assistans. Il ne soupçonna pas qu'on riait intérieurement de cette comédie. Convaincu donc de la mort inévitable et prochaine du connétable, il partit sur-le-champ de la *Palice*, et hâta sa marche pour être le premier à apprendre au roi ce triste événement.

Mais pendant que celui-ci s'empressait d'arriver à Lyon, le prétendu mort, frais, dispos et vermeil, brûla le pavé de la route par la rapidité de sa course. Il ne s'arrêta pas qu'il ne se fût enfermé dans *Chanterelle* où il se proposait de soutenir un siége.

L'imposture qu'il pratiquait depuis un mois, sa fuite de la *Palice* et les renseignemens qui, chaque jour, grossissaient à sa charge, éclaircirent tout-à-fait le mystère de son infâme complot. Le roi, voyant la personne du traître principal en sûreté, se tourna du côté des complices. Il fut cependant forcé de faire un choix ; leur nombre était trop grand pour les attacher tous à la justice des tribunaux.

Quelques exemples eurent d'abord lieu les premiers jours de la découverte. On a besoin de satisfaire sa première indignation. On prépara ensuite le procès des autres coupables ; mais les femmes, toujours les intermédiaires dans les grandes catastrophes, se hâtèrent d'intercéder pour les rebelles ; elles cherchèrent à faire naître dans l'âme du roi des sentimens de clémence. La *belle Diane de Poitiers* parut pour la première fois à l'audience du monarque, et obtint, par ses larmes et ses attraits, le pardon de Saint-Vallier, son père, ce qui fit dire que la jeune beauté avait, en un jour, remporté deux triomphes à la fois : sauvé une tête qui lui était bien chère, et blessé le cœur du souverain. Ce dernier succès ne peut flatter que la vanité.

En terminant si promptement sa juste vengeance, le roi s'attira les reproches de quelques seigneurs de la cour. Ceux-ci, selon l'usage, comptaient sur la confiscation des biens des suppliciés. On distribuait aux nobles cette sanglante dépouille qu'ils ne rougissaient pas d'accepter. Plus le glaive de la justice frappait des têtes opulentes, plus il augmentait la fortune et les domaines des familles solliciteuses. Plusieurs châteaux ont conservé long-temps, sur leurs murailles, les taches de sang qui annonçaient l'origine et la main d'où ils étaient sortis. C'était moins pour le salut de l'état, que pour le profit du rang et de la naissance, qu'on grossissait parfois la liste des condamnés.

Au milieu des intrigues qu'occasiona cet événement, la cour néanmoins ne perdit pas de vue le connétable de *Bourbon*, toujours enfermé et bien clos dans son fort de *Chanterelle*. Néanmoins, la position du révolutionnaire n'était pas très-rassurante. Entièrement démasqué, il ne pouvait plus se maintenir long-temps dans le centre du royaume ; car on l'enveloppait déjà de toutes parts : les issues devenaient, d'un moment à l'autre, rares et difficiles. Comme il n'y avait pas lieu d'espérer que les Anglais et les Espagnols fissent des miracles pour le délivrer, il conclut que son salut personnel dépendait uniquement de sa sortie du royaume. Les heures sont précieuses quand la tête est menacée.

Il ne balança donc pas à vêtir un habit de paysan, à coiffer sa tête d'un bonnet de laine et d'une grande toque, et à prendre un bâton blanc à la main. L'amour-propre s'accommode difficilement de cette métamorphose ; mais on ne compose pas avec la crainte de la mort. Le duc fit bonne mine à son déguisement, et prit la route de *Lyon*. C'était aller se jeter au-devant des troupes qui battaient les campagnes autour de lui ; mais il imagina, avec raison, qu'on ne lui soupçonnerait pas la hardiesse de fuir par le chemin qui lui était le mieux fermé. Cette ruse attira au traître des éloges de la part de tous ceux qui lui souhaitaient encore du bonheur.

Le connétable, travesti de la sorte, arriva sans danger dans les environs de *Lyon*. Le Rhône s'opposait à sa marche; ses bords étaient gardés par des détachemens et des patrouilles. Malgré cette police militaire, le duc se présenta à un des bacs construits sur la rivière, et se confondit parmi des soldats et des gens de la campagne. Bientôt le bateau se détacha du rivage. Pendant la traversée, les passagers s'entretinrent de sa trahison et de sa fuite; il était devenu, depuis quelque temps, le sujet de toutes les conversations. On ne fait pas ordinairement le panégyrique de celui qui est vaincu. Il lui fallut entendre des vérités naïves qu'il ne s'était jamais dites à lui-même, quoiqu'il connût, mieux que personne, combien il était coupable.

Enfin, il fut déposé à l'autre bord du fleuve, ayant heureusement échappé à l'observation et à tous les hasards qui souvent nous trahissent comme ils nous protégent dans des circonstances semblables. Il ne tarda pas à pénétrer dans la *Franche-Comté*, où l'attendaient les douze mille lansquenets promis par les puissances étrangères.

CHAPITRE XXXV.

Ravages de la *Provence*. Agitation des Nobles factieux dans le royaume pendant la prison de *François* Ier.

Pendant que le roi faisait citer son connétable à *Moulins* et à *Paris*, pour l'obliger à venir rendre compte de sa conduite, lui annonçant qu'à défaut de se représenter, on poursuivrait contre lui une condamnation capitale, le rebelle *Bourbon*, à la tête de ses Allemands et de ses gentilshommes français, descendait les *Alpes*, combinant aussi mal son plan de guerre que son plan de conspiration.

Parvenu en *Italie*, l'empereur *Charles-Quint* le nomma lieutenant général. Sous ce titre, il attaqua les troupes françaises, versa le sang de ses compatriotes, et cueillit des lauriers aux dépens de sa patrie. C'est dans un de ces combats qu'il entendit, pour la première fois, censurer sa déloyauté et sa fureur révolutionnaire. Ce reproche, si bien mérité, sortit de la bouche du chevalier *Bayard*, mortellement blessé et expirant au pied d'un arbre. Le traître voulut, en s'approchant du gentilhomme, lui témoigner quelques regrets sur son état ; mais *Bayard*, offensé de se voir l'objet de la condoléance d'un prince si insensible aux maux qu'il causait à la France, dédaigna sa compassion et repoussa sa pitié. *Bourbon* s'éloigna du guerrier agonisant, sans avoir la générosité de lui prodiguer les soins que son état exigeait. Il laissa au général *Pescaire* cet auguste devoir à remplir. En effet, *Bayard* fut transporté dans la tente du héros étranger, et expira dans les bras des chirurgiens de son généreux ennemi.

La France ne put donner que quelques pleurs à la mort du chevalier. Elle était alors occupée à défendre son territoire contre la rébellion armée. On avait tout à craindre du plan d'attaque que les ennemis avaient formé contre nous. L'Anglais devait nous harceler du côté de la Picardie ; l'Espagnol s'était chargé de nous entamer par la Guyenne. Leur associé, *Charles de Bourbon*, avait pris pour lui la tâche de conquérir la Provence. La noblesse et la plupart des chefs administratifs des villes principales avaient promis de faire cause commune, et de se soulever en faveur de la coalition.

Le plus actif de nos adversaires était celui qui avait vendu la France. Il commença le mouvement offensif par l'invasion des villes d'*Antibes*, de *Fréjus* et de *Draguignan*. Il eut bientôt rangé sous son pouvoir ces malheureux arrondissemens, dépourvus de garnison et de fortifications. Il lui fut donc facile de les livrer au pillage et à la dévastation. Il ne traita pas avec plus de ménagement la province entière. On lui observa, mais inutilement, qu'il dressait sur des ruines le trône qu'on avait promis de lui élever en Provence. Le bois dont on construit un pareil siége royal, prend racine partout, et même dans le sang humain.

Quand le duc de *Bourbon* se fut emparé de tout ce qu'on ne défendait pas, il s'approcha de *Marseille*, la seule ville qui pût lui opposer des remparts, des habitans fidèles et des soldats aguerris. Il essaya, par la ruse et par la force, de la soumettre à la coalition ; mais l'adresse des Marseillais déconcerta toutes les pratiques du traître, et leur courage repoussa ses assauts. Le siége traîna en longueur, ce qui produisit la mortalité parmi les assiégeans, la misère et le découragement dans le camp. La retraite devint donc indispensable ; il la fit, en laissant beaucoup de monde derrière lui. Alors, les paysans provençaux se firent justice des traînards et des maraudeurs. On les massacra dans les champs, sur les routes et au passage du Var. C'est une vieille habitude de se venger sur les soldats de la férocité des chefs.

Cet affront lui fit désirer un dédommagement ; *Bourbon* se hâta d'aller le chercher en Italie. On préparait alors la fameuse bataille de *Pavie*. Il courut prendre sa part de cette journée si malheureuse pour la France. Ses vœux furent accomplis ; il vit le champ de bataille jonché de cadavres français. Il avait droit de réclamer une portion du sang qui rougissait la plaine. Son bras, en effet, se signala dans l'action. Sa main attacha elle-même les lauriers de la victoire au front de nos ennemis. Il s'applaudit de son courage. Tout est honneur et gloire dans une bataille, n'importe pour quelle cause ou pour quel parti on se bat. Les traîtres s'appellent des héros comme les autres.

Après ce triomphe, il ne manquait plus à *Charles de Bourbon* que le plaisir d'humilier son roi, prisonnier de guerre. Sa présence en effet ne pouvait être, aux yeux de *François* 1er., qu'une seconde défaite plus douloureuse que celle où il venait de tout perdre, fors l'*honneur*. Un rebelle heureux a-t-il une autre contenance que celle de l'insulte ? Moins préoccupé par sa vengeance, le duc de *Bourbon* aurait fait cette réflexion ; il se serait refusé la cruelle jouissance de contempler sa victime : mais, oubliant d'être délicat et généreux dans la prospérité, il sollicita la permission de se montrer dans l'appartement de son souverain qui lui devait une partie de ses malheurs.

Le roi prisonnier, toujours grand dans ses infortunes, accabla le traître de tout le poids de son brillant caractère. Il n'hésita pas de souscrire à cette vanité ; il permit qu'on lui ouvrît les portes de sa prison. Cette condescendance fut applaudie dans l'armée ennemie, et honora le monarque qui sut vaincre sa juste aversion, en versant la honte et le mépris sur son insolent sujet.

François 1er., en recevant dans son appartement *Charles de Bourbon* et le marquis de *Pescaire,* crut ne pouvoir mieux se venger de l'un qu'en accablant l'autre de ses attentions et de ses marques d'estime. Il n'adressa jamais la parole à celui qui était son ennemi personnel et le fléau de la France. Le silence est d'une grande ressource, quand on veut faire parler toute son indignation.

On blâma, dans cette occasion, *Charles de Bourbon*, d'avoir poussé l'oubli des convenances au point de se présenter, en costume de bataille, devant le monarque vaincu et dépouillé de son épée. C'était lui rappeler qu'il avait employé la sienne à le combattre. Ce ne fut pas avec cette impudence que le général *Pescaire* aborda son prisonnier. Il estimait trop sa valeur et ses qualités personnelles, pour ne pas observer avec lui les égards et la politesse qu'exigent les revers de la fortune. Il se couvrit donc de tous les signes de la modestie qui relèvent si haut le mérite de la victoire. Il parut devant le monarque en habit de deuil. Son air, son maintien, ses paroles, tout semblait en lui se plaindre des trop grandes faveurs de la journée de Pavie. Ainsi, pour la seconde fois, le général impérial avait su s'élever au-dessus du prince français par la sensibilité de son âme.

Charles de Bourbon n'était pas d'un naturel propre à profiter des ces leçons. Il regarda d'un œil froid et indifférent le tableau qu'offrait le roi de France dans sa prison. Les maux publics, dont il fut en partie la cause, n'affectèrent jamais profondément son âme. Entraîné par sa fatale étoile, il se créa sans cesse des intérêts opposés à ceux de son pays. Il consacra ses talens et ses services à l'ambition, à la vengeance et à la gloire de nos ennemis.

Ce caractère démoralisé fut parfaitement apprécié par ceux qui l'utilisaient à leur profit. En effet, l'empereur *Charles-Quint* ne se servit du prince transfuge que pour les commandemens hasardeux, et dans les expéditions qui auraient répugné à la fierté espagnole. Quelque confiance qu'il eût prise dans la personne de *Charles de Bourbon*, il ne lui livra jamais les vieux et honorables soldats de la phalange invincible. Il lui abandonna seulement les brigands, les vagabonds, les pillards que sa politique voulait détruire à force de combats, de marches, d'escalades et de coups de main. C'était faire cas de la bravoure, sans trop estimer la personne. Au reste, le révolutionnaire fugitif avait perdu le droit d'être scrupuleux et délicat, en vendant son roi et son pays.

Ce fut avec cette milice de rebut que *Charles de Bourbon*, d'après les ordres qu'il en reçut, alla attaquer le pape et sa capitale. La commission était difficile à remplir, non à cause des dangers qu'elle pouvait faire craindre; mais parce qu'on devait l'exécuter avec des troupes que la misère accablait. Il fallut les encourager par de belles promesses, pour leur inspirer la volonté de marcher. C'était au Capitole, au siége de l'église romaine, qu'on leur assigna le terme de leurs souffrances et de leurs privations; le duc de *Bourbon* leur fit espérer des vivres, des trésors, de brutales jouissances dans Rome; c'est la meilleure des harangues pour de pareils soldats.

Dès qu'on eut atteint les bords du Tibre, le général de ces pandours ordonna de planter les échelles contre les murailles de Rome. La bande effrénée se précipita à l'escalade. On saisissait déjà le sommet des remparts ; on croyait déjà la ville prise ; mais les Romains, défendant leurs personnes, leurs femmes et leurs fortunes, firent des efforts incroyables de courage et de résistance. Ils parvinrent à repousser l'essaim des brigands.

Dans ce fâcheux contre-temps, *Charles de Bourbon*, persuadé qu'il y a obligation de vaincre ou de mourir, lorsqu'on a promis le pillage, se détermina à faire lui-même le soldat pour ranimer l'ardeur de sa troupe. Il la ramena à l'assaut ; il s'élança lui-même sur une échelle, et parvint en un instant au couronnement du rempart. Il portait l'épouvante sur toute la muraille, quand une balle, qui lui fracassa les reins, interrompit le cours de ses hauts faits ; ne pouvant plus se soutenir sur l'échelle et n'étant pas secouru à temps, il tomba dans les fossés et expira. Tous les traîtres ne meurent pas ainsi au pied d'un rempart. Il perdit la vie aux portes de Rome qu'il avait froidement condamnée au sac, au viol, au carnage. Méritait-il, après cela, d'y trouver un tombeau et un mausolée ? on pardonne tout à ceux qui, par leur mort, nous dédommagent des maux de leur existence.

CHAPITRE XXXVI.

Cinq cents actes d'accusation jugés contre les Nobles par des commissions spéciales.

La mort du principal conspirateur, *Charles de Bourbon*, n'apporta pas un grand soulagement aux maux qui désolaient le royaume. Son esprit vivait toujours parmi les gentilshommes qu'il avait laissés dans le sein de la France pour entretenir la faction. Seulement, on remarqua cette différence dans le plan des révolutionnaires, que, ne se sentant pas assez forts depuis la perte de leur chef, les nobles des provinces se bornèrent à se cantonner particulièrement dans leurs châteaux.

Du fond de leurs retraites on vit plusieurs d'entre eux s'échapper, le jour, la nuit, pour la désolation des lieux circonvoisins. Le paysan fut assailli sur les routes. Les villages et les hameaux devinrent le théâtre du plus affreux brigandage. On n'attendait ni secours ni protection de l'administration et de la police ; l'anarchie brave toujours l'une et l'autre. Ces deux autorités faisaient de vains efforts pour remédier à la tyrannie et à la barbarie de la noblesse factieuse. Si quelquefois elles encourageoient les particuliers à hasarder des assignations en justice, des plaintes et des dénonciations, les gentilshommes assommaient les huissiers et les sergens ; ils les faisaient jeter dans les fossés de leurs châteaux, et s'amusaient à les voir se débattre dans l'eau, l'exploit à la main.

Cette continuation d'excès et d'attentats de tout genre, provoqua la colère de beaucoup de bourgeois, amis de l'ordre et des lois. Ils adressèrent des plaintes aux nobles, leur reprochant les violences et le brigandage dont ils faisaient un si honteux métier. Ils se réunirent même contre eux en corps de résistance dans quelques provinces. L'Anjou, le Maine, le Poitou, l'Auvergne, se mirent en défense. Mais l'audace et la licence triomphèrent de cette généreuse insurrection. Elle ne fit qu'aggraver le sort des campagnes.

Au milieu de ces calamités publiques, le roi *François* 1er., racheté au poids d'une forte rançon, quitta sa prison d'Espagne et reparut sur son trône. Son premier soin fut d'examiner si la noblesse de son royaume avait montré quelque modération pendant son absence. Il savait bien que la paix et la prospérité seraient inaltérables dans l'état, si la classe des privilégiés pouvait se croire heureuse du bonheur de tout le monde. Il ne tarda pas à connaître jusqu'à quel point on avait poussé les excès de la cruauté et du despotisme nobiliaire. Profondément indigné de voir des ennemis de leur pays dans ceux qui se glorifiaient d'une brillante généalogie, il expédia dans différens districts un président et douze conseillers du parlement. Cette justice moins timide, moins patiente que celle des tribunaux des villes et des comtés, vida, dans l'espace de deux mois, cinq cents causes criminelles. Un certain nombre de gentilhommes subit la peine capitale; les autres n'échappèrent au supplice que par la fuite. Ces exécutions établirent autour des châteaux et dans le voisinage des seigneurs, la sûreté personnelle et la confiance publique.

CHAPITRE XXXVII.

Les enfans perdus du maréchal de *Brissac*, ou sa fameuse garde d'ordonnance.

Plusieurs de ces chevaliers pillards et incendiaires qui s'étaient soustraits à la commission prévôtale des douze conseillers du parlement, se réfugièrent dans l'armée du maréchal de *Brissac*. Ce général avait adopté le système d'accueillir auprès de lui tous les mauvais sujets que le corps de la noblesse fournissait dans le royaume. Il en composait sa garde particulière. C'était, selon lui, une institution propre à épurer la société civile. Il fallait avoir l'honneur d'être noble pour y être admis. La préférence était accordée aux gentilshommes bannis de leur province, condamnés par la justice ou exécutés en effigie. Tout chevalier poursuivi pour meurtre, violence et brigandage, était reçu sans examen.

Néanmoins, quelque prévention défavorable que cette étrange milice dût inspirer aux gens d'honneur, on convenait qu'elle formait une élite de braves, et une légion de soldats intrépides et d'enfans perdus, toujours prêts à franchir les palissades, à sauter les premiers dans un retranchement, à sonder les fossés, les gués et les marais, à éventer une mine, à enlever une batterie, se jouant des dangers et de la mort, et sacrifiant tout au courage. Ni la vertu ni une belle âme ne sont pas toujours le foyer de la valeur et de l'héroïsme.

Le maréchal de *Brissac* ne considérait ces gentilshommes que comme des victimes qu'on devait sacrifier au salut de l'armée. Leur sang épargnait celui des militaires plus honnêtes ; on pouvait le prodiguer sans scrupule dans les commissions périlleuses. Si ces garnemens périssaient par les aventures de la guerre, leurs familles n'éprouvaient aucun regret de leur perte. On ne pleure pas ordinairement celui qui fait notre honte. Si, au contraire, ils survivaient à tous les périls, ils vieillissaient dans la gloire des armes, qui, avec le temps, rend un soldat respectable et efface les torts d'une imprudente jeunesse. Ce fut en se pénétrant de ce dilemme politique, que le maréchal renouvela sans cesse sa fameuse garde, à mesure que les hasards de la guerre en éclaircissaient les rangs. Il ne repoussa jamais aucun aspirant, quelque tache morale qu'il eût à lui reprocher, bien certain des succès de son école.

Toutefois il ne fut pas ingrat envers cette troupe. Il sut estimer les services qu'elle rendait à l'armée, à sa propre gloire et à l'état ; il lui distribuait avec plaisir les éloges et les récompenses. Mais la considération personnelle qu'il portait à ces enfans perdus, n'affaiblit jamais la soumission qu'il exigeait d'eux, ni la discipline qu'il leur faisait observer. Des règles austères, une surveillance invariable, la promptitude des châtimens, la ponctualité des devoirs et du service, tout mettait à l'abri du retour de leurs mauvais penchans et de leurs fâcheuses inclinations. Rien n'était dans cette milice ni toléré, ni pardonné. C'est ainsi que ce général résolvait le problème des supplices du gibet et de la corde ; il avait pensé que les plus méchans cœurs peuvent être encore bons à quelque chose dans la société où il y a tant d'aventures à courir. Il blâmait la précipitation qu'on mettait à pendre les vauriens, quand tout le secret consistait à avoir la patience de les rendre utiles à la chose publique.

CHAPITRE XXXVIII.

Les quatre factions, sous *Henri* II, réduites ensuite à deux, sous les noms de *catholique* et d'*huguenot*.

Sans contredit, la méthode du maréchal de *Brissac* aurait été merveilleuse, si elle avait pu être appliquée à toute la noblesse révolutionnaire du royaume. Le peuple aurait vu avec plaisir enrégimenter nos gentilshommes et les soumettre à des lois sévères et à une surveillance active. Cette organisation aurait répondu de leur conduite ; on se serait insensiblement délivré de la licence des convulsions, des révoltes et de tous les maux que produit l'indépendance d'une classe toujours placée hors de la ligne commune et formant un état dans l'état.

Ce triste tableau de nos misères publiques ne changea pas de couleurs avec le nouveau roi. *Henri* II, successeur de *François* Ier., éprouva le même sort que ses prédécesseurs. Il ne put tirer aucun parti avantageux pour lui et pour le trône, de tous ces seigneurs, comtes, barons et chevaliers qui continuèrent à se maintenir dans un esprit oligarchique contre la couronne. Cependant la lumière des lettres avait percé à la fin la croûte des siècles de barbarie et d'ignorance. Lors de leur résurrection en Italie, elles avaient suivi nos armées en France, et semblaient se plaire à la cour de *François* Ier. Mais leur apparition n'avait rectifié que très-peu d'idées dans la politique et dans l'administration. Leur influence, au contraire, devint extrêmement dangereuse dans les matières théologiques et dans la science des dogmes religieux. On se livra au goût pernicieux de la dispute ; on abusa de l'esprit qu'on venait de recevoir ; on n'avait acquis une nouvelle instruction que pour s'éloigner avec plus de succès des maximes simples, naturelles et salutaires que la renaissance des lettres aurait pu répandre sur les devoirs de l'honnête homme et du bon citoyen.

Ces maximes restèrent ignorées, ou elles furent bravées par la licence des mœurs générales. L'habitude révolutionnaire l'emporta sur les conseils et les leçons de la nouvelle philosophie. On vit quatre factions se former tout à coup, toutes engendrées pour la ruine de l'autorité royale, et pour l'ébranlement des bases de l'ordre social. *Catherine de Médicis* habilla ses partisans de la livrée de la cour ; la maison des *Guises* donna aux siens l'écusson de la famille de *Lorraine*. *Condé* et le roi de *Navarre* bariolèrent leurs amis des couleurs de leurs armes. Enfin, *Montmorenci* et le maréchal de *Saint-André* firent prendre leurs enseignes à la bande de leurs adhérens. Dans chacun de ces partis on remarquait des gens de bonne mine et de belle race, la plupart fort riches et tous ensemble indépendans, très-disposés à se maintenir tels aux dépens du roi et du repos de la France.

Toutefois ces quatre factions ne pouvaient pas vivre conjointement sur le même terrain. Aucun pays n'est assez robuste pour servir de pâture à une pareille carie politique. Or la force des choses, qui est toujours une puissance absolue, vint elle-même les réduire à deux partis principaux. *Catherine* et le maréchal de *Saint-André* cédèrent la place aux *Guises* et aux princes du sang. Ils se bornèrent modestement à voltiger autour de ces deux factions, se proposant de s'unir tantôt à l'une, et tantôt à l'autre, selon l'intrigue du jour. Cette manœuvre qui fut toujours un malheur de plus dans les temps de troubles, ne servit qu'à perpétuer les haines et les afflictions publiques.

Par l'effet de cet arrangement entre les partis, on n'aperçut plus d'une manière ostensible que deux classes de révolutionnaires, tant à la cour que dans les provinces, les catholiques d'une part, et les huguenots de l'autre. Chacune des deux factions prétendit au droit exclusif de gouverner l'état et le monarque. C'est toujours le prélude invariable de toutes les révolutions sociales. On les entendit par conséquent parler réciproquement de leur zèle, de leur dévouement, de leur fidélité envers le trône et le souverain; mais ce langage ne dura qu'autant de temps qu'il en fallait à chacune d'elles pour prendre une consistance imposante. Avant tout, il est nécessaire d'essayer le jeu des ressorts qu'on veut faire agir. Sitôt qu'on eut la conscience de sa force révolutionnaire, on négligea la cause de la royauté l'on ne travailla que pour soi. Le bien public, l'honneur des princes, les intérêts de la France ne consistèrent plus qu'à procurer la victoire à la faction qu'on servait. On n'a pas alors d'autre enseigne pour distinguer les bons citoyens, que la bannière sous laquelle on marche soi-même.

Cette conviction était profonde dans l'esprit des huguenots. C'est pour cette raison qu'ils craignirent, autant que leurs adversaires, de compromettre le sort du royaume, s'ils laissaient un roi catholique dans les mains de leurs ennemis catholiques. Il s'évertuèrent donc à imaginer des ruses, des pratiques, des moyens et des prétextes de se rendre maîtres eux-mêmes de la personne du roi *Henri* II. D'abord ils représentèrent les *Guises* comme des étrangers ambitieux et accapareurs du pouvoir royal et national. Cette imputation parut trop faible et trop vague pour produire l'effet qu'on désirait faire sur les esprits. Ils les dénoncèrent donc comme des ennemis secrets du trône, comme les tyrans journaliers du souverain ; enfin, comme les persécuteurs implacables de tous les princes qui tenaient au sang des *Valois*.

En les entendant exagérer si fort, en débutant, leur acte d'accusation, la faction des *Guises* se moqua d'eux, les brava, et continua de garder à sa tête le jeune monarque. Plus heureuse ou plus adroite que sa rivale, elle cacha, comme on doit le faire, derrière la personne du roi, son ambition et ses projets, bien persuadée qu'en conservant ce poste, elle ferait toujours pencher la balance de son côté.

Les *Guises* s'adossèrent donc autant qu'il fut possible contre le trône, et cherchèrent à avoir l'air de ne faire qu'un même corps avec lui. Ils eurent, en effet, l'apparence d'être les véritables champions de la couronne et de la monarchie française. De cette hauteur, ils repoussaient leurs ennemis quand ils osaient venir les attaquer.

Dans cette position, qui double souvent les forces d'opinion et les moyens pour combattre, les factieux catholiques lancèrent des édits, des ordonnances, des proclamations, artillerie puissante dans les mains d'une faction. Leur dessein fut de tout sacrifier à l'avantage du terrain qui leur servait si bien. Ce fut au nom du roi qu'ils chargèrent leurs adversaires de tous les crimes et de tous les attentats qu'il convenait de leur prêter. Voulaient-ils les atteindre par les tribunaux ou corrompre l'opinion publique sur leur compte, soit comme corps, soit comme individus et sous le rapport de la croyance religieuse ; ils se permettaient au nom du roi, de tout faire, de tout dire et de tout faire croire. Leur imprudence à cet égard les compromettant avec les nations étrangères qui se plaignaient de plusieurs actes d'intolérance envers les huguenots ; alors encore, avec l'appui du roi, ils se justifiaient et n'étaient point embarrassés pour se désigner commes les honnêtes gens du royaume, comme les bons Français qui ne désirent que la paix, comme les vrais amis du trône qu'on voulait ébranler. Ils faisaient ainsi, à peu de frais, leur apologie : car, que coûte à une faction la politique de débiter des mensonges et des impostures ?

Parvenus donc à suivre ce plan de conduite révolutionnaire, les Guises et les nobles leurs adhérens publièrent que les huguenots ne pouvaient être que des hérétiques, des perturbateurs, des démolisseurs de trônes et d'autels : que leurs principes les conduisaient directement au régime odieux des républiques ; qu'au mépris pour la religion catholique, apostolique et romaine, ils ajoutaient le scandale de mœurs impures ; que dans la pratique de leur cène, au bruit de leurs cantiques en langue vulgaire, au sein de leurs prêches, les sectaires sacrifiaient la virginité de leurs filles et la pudicité de leurs femmes.

Tant d'acharnement et de violence monta la tête des écrivains des deux partis. Les gens d'esprit ne savent jamais être neutres durant les troubles publics. Ils sont encore moins disposés à devenir conciliateurs. L'esprit tout pur est rarement sensible aux maux de la patrie et de l'humanité. On vit donc *Jean du Tillet*, greffier du parlement, faire relier une brochure catholique. Le président de l'*Hôpital*, qui devint ensuite chancelier de France, composa des stances latines. Il y eut d'autres plumes factieuses qui se distinguèrent par l'audace et la virulence de leurs compositions. Une des plus remarquables fut celle qui, sous le titre de *Réponse du Tigre*, ne ménagea ni la probité, ni la chasteté cléricale du cardinal de Lorraine. On ne négligea point les chansons, les satires, les épigrammes qui sont communément le premier feu précurseur des guerres civiles. Comme on n'avait point encore de gazettes quotidiennes, on y suppléa par des nouvelles à la main, par des courriers et des estafettes, qui semaient sur les routes les médisances et les calomnies du jour. Dans les provinces, même les plus éloignées, personne, respectivement dans son parti, ne chômait de mots d'ordre, d'avis, de renseignemens et de règles de direction.

Au milieu de ces causes de fermentation dans l'état et au sein des familles, les haines publiques et l'esprit particulier de vengeance auraient pu néanmoins être apaisés ; c'est ce qu'on se disait alors entre gens raisonnables et amis de la patrie. On suggéra plus d'une fois à la noblesse l'idée d'opérer ce prodige patriotique. Il dépendait d'une majorité sage et désintéressée de tromper les coupables espérances des chefs des deux factions. En leur ôtant leurs forces, on leur ôtait leur venin ; on aurait d'abord produit un équilibre de faiblesse entre les deux partis, et ensuite, tout se serait tourné du côté du trône, de l'ordre et des lois.

Les nobles écoutèrent froidement les gens de bien former de semblables souhaits. Ils ne furent point jaloux de rendre cet important service à l'état, au roi et à la raison humaine. Tout en s'apercevant que chaque partie de l'édifice social s'ébranlait et menaçait d'une chute prochaine, leurs yeux se fixèrent sur les profits à faire dans la confusion générale. Ils ne pouvaient pas se tromper à cet égard : car *Catherine de Médicis*, les *Guises*, *Montmorenci*, le maréchal de *Saint-André*, montraient de la main les pensions, les grâces, les grades militaires ; ils mettaient en perspective les ambassades, les évêchés, les emplois, les dignités. La lice étalait tous les prix de la course révolutionnaire. Il était donc naturel que chaque gentilhomme s'élevât sur la pointe de ses pieds pour se faire remarquer des distributeurs. En effet, il exagéra sa voix, ses gestes, ses promesses, ses sentimens, afin d'être plus promptement payé de son zèle hypocrite. Le serment qu'il prêta avec plus de franchise fut celui de ballotter le monarque sur son trône, et de saigner la France jusqu'au blanc. Les malheurs publics se peignent quelquefois mieux à l'esprit par des expressions triviales.

Cette chaleur de cupidité et d'ambition échauffa l'âme des comtes et des barons. Ils se groupèrent exclusivement autour des chefs des deux factions. Ils formèrent une cour brillante aux *Guises* et aux *Montmorency*, tandis qu'ils laissèrent les alentours du trône tristes et déserts. Qu'aller faire auprès d'un roi qui n'avait ni grâces ni faveurs à distribuer ? Aussi le monarque passait-il ses soirées tout seul dans ses appartemens. Il se consumait d'ennui et de mélancolie, pendant qu'on riait et qu'on dansait chez les révolutionnaires ; personne n'aurait trouvé son avantage à le distraire. On ne risquait rien de le sacrifier aux meneurs de la faction. Ainsi, à côté de ces personnages puissans, le roi disparaissait et son éclipse favorisait l'ardeur de toutes les âmes ambitieuses.

Cette fortune, en perspective, ne tenta pas néanmoins un certain nombre de gentilshommes. Plusieurs seigneurs et chevaliers se laissèrent séduire au goût de la réforme calviniste. Ils abjurèrent le catholicisme pour embrasser un culte opprimé et ensanglanté par la persécution.

Tout était encore nouveau dans la réforme ; il n'y avait pas trente ans qu'elle avait commencé d'exciter les âmes fortes, les têtes ardentes ; à peine avait-on osé déclarer la guerre au pape, à la messe, aux images et aux indulgences.

Cependant la secte était déja nombreuse. Elle ne formait plus une poignée d'initiés et de zélateurs. Son attitude commençait à devenir imposante ; on ne pouvait plus, sous le règne du roi *Henri* ii, la livrer impunément à la risée et aux insultes des femmes et des enfans, et moins encore en assassiner les membres par des tribunaux intolérans. Elle se garantissait des potences et des gibets, autant que l'état de ses forces le permettait ; elle avait besoin surtout de se tenir en garde contre l'intolérance du cardinal *Guise de Lorraine* : car ce prélat se montrait partout la torche à la main pour brûler les ennemis du pape. En vain lui avait-on représenté plusieurs fois qu'il dépeuplait impolitiquement la France, en pendant, grillant, et forçant des Français à s'expatrier et à porter chez l'étranger leur fortune et leur industrie ; le prêtre cardinal, toujours sourd aux remontrances, comme le sont tous les étrangers qui exercent quelque pouvoir parmi nous, ne cessa pas d'être prodigue du sang des huguenots français.

CHAPITRE XXXIX.

Conspiration d'*Amboise*. Les Catholiques pendent les Huguenots sous les yeux des dames de la cour. Discours véhément contre les Nobles aux états généraux, sous *Charles* IX.

Enfin les flammes des bûchers élevés par les mains du cardinal de *Lorraine*, échauffèrent tellement les têtes et les âmes, qu'on ne se regarda plus qu'avec des yeux de rage et de colère. La vengeance fut dans tous les cœurs. Las de se menacer et de se provoquer de la voix et du geste, on se décida à frapper avec l'épée.

Les huguenots, grillés ou pendus, conclurent en effet à la guerre, et se mirent en campagne contre leurs ennemis, les *Guises*. Cinq cents gentilshommes bons évangelistes, et douze cents soldats plébéiens de la même religion, entreprirent le succès de la conspiration d'Amboise. Le plan de l'attaque était de s'approcher secrètement des remparts de la ville d'Amboise, et de surprendre les *Guises* qui y intriguaient et le jeune roi qui y rétablissait sa santé

Mais verser le sang d'un ennemi, mais s'insurger contre l'autorité lors même que l'insurrection leur paraissait nécessaire pour leur défense, devint tout à coup un cas de conscience aux yeux du parti huguenot. Il fallut en conséquence tout suspendre et attendre, avant d'agir offensivement, qu'on eût obtenu la décision des docteurs de la secte. Les théologiens n'ont jamais été oubliés dans les guerres de religion. Déterminés à s'en remettre à leur jugement, les huguenots envoyèrent consulter toutes les têtes doctorales de l'Allemagne luthérienne. L'avis motivé, qui sortit du consistoire protestant, fut conforme à l'esprit révolutionnaire du siècle. On approuva pieusement en Allemagne la révolte. Elle devait éclater en France sous le nom modeste de défense naturelle et légitime. Les docteurs ne comptèrent pour rien les flots de sang qu'on allait répandre, les atrocités innombrables qu'on devait commettre, la perte de deux millions de Français, la démolition de deux mille cinq cents églises, l'incendie des maisons, le ravage des champs, et enfin l'ébranlement fatal qu'en souffriraient les colonnes du trône et la personne même du roi.

Malgré le retard qu'occasiona cette bizarre consultation ; malgré la vigilance et la police qu'exerçaient, pour leur parti, les *Guises* et leurs adhérens, la faction catholique aurait été prise au dépourvu, si le gentilhomme huguenot de la *Renaudie*, directeur de la conspiration d'Amboise, n'eût pas été un indiscret. Il parla trop dans la maison d'un avocat de Paris. Mauvais physionomiste, il prit celui-ci pour un vrai fidèle. Il ne se défia pas de sa pauvreté, et lui livra imprudemment le secret et le plan du complot.

L'avocat en parlement mourait de faim dans son étude, faute de cliens. En conséquence, il regarda le secret qu'on lui avait confié comme une marchandise avec laquelle il pouvait faire de l'argent. Il savait que les *Guises* l'achèteraient fort cher. Il alla donc sans remords et sans pudeur conclure le marché avec eux.

Comme il racontait à la faction catholique tout le plan de la conspiration d'Amboise, les religionnaires ne se doutant pas de la lâcheté du faux frère, se réjouissaient d'avance de la capture des *Guises*. Ils s'avancèrent pour cela jusque sous les murs de la ville ; mais leur embuscade fut aussi mal concertée que mal exécutée. Chaque peloton arriva à son poste sans ordre comme sans précautions. Les *Guises* qui étaient si bien instruits par l'avocat *Avenelles*, disposèrent des troupes dans différens endroits, pour accueillir leurs ennemis. Ceux-ci ne tardèrent pas à être enveloppés de toutes parts. On les obligea à mettre bas les armes. Cependant on employa plus la ruse que la force pour se rendre maître de leurs personnes. Une capitulation fut proposée au capitaine de *Castelnau*; elle ne devait servir qu'à lui inspirer une fausse confiance.

Quand la troupe calviniste eut été désarmée, on interpréta la convention dans le sens qu'on voulut lui donner. Cette mauvaise foi n'alarma pas d'abord les conjurés. Ils se flattèrent que de leur prison ils pourraient parler au jeune roi et lui adresser les plaintes de la secte réformée ; mais ils n'eurent ni le temps ni l'occasion de se faire entendre du monarque, car les potences étaient déjà dressées dans Amboise.

Pour mettre le bourreau en activité, il convenait de donner à la tentative des huguenots la couleur qu'emploient ordinairement les ministres détestés par un parti persécuté, et qui, s'identifiant adroitement avec le souverain, traitent toute entreprise contre eux de crime de lèse-majesté. Ce n'était donc pas à eux que les religionnaires en voulaient ; mais au roi et à sa couronne. On feignit de le croire pour avoir le droit de les accrocher prévôtalement, soit nobles soit roturiers, à des potences et à des gibets. On disposa à cet effet les instrumens du supplice dans les rues et sur les places de la ville d'*Amboise*; le bras du bourreau circula comme l'aiguille d'un cadran. Chaque porte presque eut son pendu.

Ce spectacle affreux vint distraire l'ennui des dames de la cour. Depuis plusieurs jours elles n'avaient pu prendre l'air de la campagne. Les consignes étaient rigoureuses. Si long-temps renfermées, ces dévotes catholiques éprouvaient de la tristesse et de la mélancolie. Elles furent donc bien aises de se livrer aux sensations de la vengeance. Elles assiégèrent les fenêtres et les balcons pour jouir du jeu des potences et de la mobilité des cadavres suspendus. Elles se permirent des remarques sur les contorsions des figures hérétiques. Le fanatisme et l'esprit de faction non moins redoutable avaient éteint en elles la sensibilité naturelle. Le sexe n'est jamais à dédaigner dans les troubles civils. S'il perd le dernier les sentimens d'humanité, en revanche il n'est pas toujours le premier à déposer l'énergie fanatique.

Ce fut au milieu de ces scènes d'horreurs et de férocité sauvage, qu'on vit s'écouler successivement deux règnes, celui de *Henri* II et celui de *François* II. Ces monarques moururent l'un et l'autre dans les bras des deux factions, ne laissant à la France, pour héritage, qu'un avenir épouvantable. Au reste, il était au-dessus de leurs forces et de leur capacité d'éteindre les premiers feux de la guerre de religion ; ils avaient été allumés par la noblesse qui les aurait empêchés de s'assoupir. Ils étaient devenus nécessaires à celle-ci, parce qu'elle ne réussissait plus aussi bien auprès du peuple avec les prétextes anciens de révolte contre le trône. Elle avait imaginé de varier ses moyens révolutionnaires, de réparer ses ressorts usés, et de prendre une route non encore battue. Il lui restait donc le fanatisme religieux, qui paraissait tout neuf à exploiter. Il promettait, autant et plus qu'un autre instrument, des ressources inépuisables pour perpétuer la lutte avec le trône.

Cette politique, trop réelle dans le fond, mais artistement voilée sous les apparences du scrupule religieux, allait être démasquée au public pendant la minorité du roi *Charles* ix, si le désir de trop bien dire n'avait pas égaré l'orateur. Les nobles furent vivement apostrophés, dans les *états généraux d'Orléans*, par les députés des communes. Ils essuyèrent, à bout portant, une harangue, forte en logique et en raison, et amplement chargée de plaintes, de blâme et de censure; mais ce qui leur sauva la honte d'être peints à nu et d'être pris dans leur perfide politique, ce fut la maladresse de *Lange*, député et orateur du tiers état.

Celui-ci, voulant exprimer aux comtes et aux barons toute l'indignation que le peuple malheureux et souffrant avait droit de leur témoigner, traça son tableau, non d'après la physionomie qu'offrait le temps présent, mais d'après les traits, les couleurs et le caractère des siècles précédens. Ce n'était plus mettre la noblesse en face avec ses actions et sa conduite actuelle, c'était détourner l'attention de la marche et du plan nouveau qu'elle empruntait de la cause de la religion.

Néanmoins, tout en se bornant à parler du passé, l'orateur s'entoura de vérités accablantes qui ne sont pas inutiles à répéter. Ce ne furent point de vaines allégories, mais des argumens directs qu'il adressa à leur incivisme, à leur cupidité, à leur ambition et à leur égoïsme. Il prouva qu'à aucune époque de la monarchie, les nobles n'avaient jamais fidèlement rempli leurs engagemens envers nos rois; que, dans l'origine, on leur avait donné des terres, des fiefs, des droits et des priviléges; mais qu'ils en avaient, par la suite, plus volé et plus usurpé qu'on ne leur en avait concédé; qu'ils avaient toujours promis d'être les soutiens et les amis du trône et du souverain; qu'à la faveur de cette clause on avait, dans tous les temps, toléré en eux le despotisme et la tyrannie, leur prodiguant également les honneurs, les rangs, les prérogatives et la fortune ; que néanmoins, malgré leurs obligations et leur sermens, ils s'étaient constamment déchargés de tous les devoirs de leur institution les plus sacrés et les plus honorables ; qu'à la fin, la noblesse ne défendant plus ni le trône, ni l'état, ni nos rois, il avait fallu la remplacer, à plusieurs époques, par des troupes étrangères ; que la nation, forcée de respecter l'insouciance des gentilshommes, s'était vue contrainte de recourir à d'énormes impôts pour soudoyer des rêtres, des lansquenets, des Suisses, appelés pour composer une force militaire dans le royaume, secours fort dispendieux, parce que tout mercenaire devient cher, quoiqu'il nous livre ses jambes, ses bras et sa vie même pour économiser les nôtres ; qu'un pareil marché est onéreux pour les deux nations qui le contractent, mais surtout pour celle qui place sa sûreté et son honneur militaire dans d'autres mains que dans celles qui doivent naturellement s'armer pour elle et pour le salut de sa couronne ; qu'avec ce mode honteux de se défendre, la noblesse était cause que les peuples étrangers accusaient nos rois de ne jamais se croire bien assurés de leur personne et de leur trône au milieu de leurs sujets ; qu'enfin, en récapitulant toute la moralité du gentilhomme, elle ne consistait que dans le soin de vivre dans l'ignorance et l'indépendance ; que dans la prétention de posséder tous les emplois et toutes les charges lucratives et honorables ; que dans la vanité de se parer de galons et de panaches ; que dans l'accaparement de toutes les faveurs et de toutes les grâces de nos souverains.

Le député harangueur, évitant toujours de parler de l'état actuel des esprits et des choses, ce qui est souvent le défaut des orateurs de tribune, termina son discours par une péroraison propre à ajouter une nouvelle exaltation à la fureur révolutionnaire de nos chevaliers. Il les invita à secouer leur paresse ; c'était les réveiller pour le trouble et la guerre civile. Telle n'était pas son intention ; mais il conçut mal les termes du parallèle qu'il voulut faire du roturier avec le noble. Il présenta le tableau des sueurs et des peines que coûtait la noblesse au tiers état, destiné à la nourrir et à la pourvoir de commodités et de jouissances ; il peignit l'artisan et le laboureur se privant du sommeil, endurant les travaux les plus pénibles pour maintenir les gentilshommes dans les plaisirs et les délices de la vie. Il conclut, avec plus d'imprudence encore, par demander que la noblesse, exemptant la bourgeoisie du fardeau des troupes étrangères, voulût se battre, et s'exposer, comme il convient, pour son pays, et montrer qu'elle sait faire, à son tour, le devoir d'un bon Français.

Les comtes et les barons, sans approuver les exagérations de l'orateur *Lange*, passèrent condamnation sur plusieurs points de son discours. On ne vota pas la publication de la harangue ; ce n'est jamais l'usage d'imprimer les vérités. Cet hommage n'est dû qu'aux complimens et aux lieux communs. La noblesse rit de la leçon : car elle ne désirait alors rien tant que de se battre. Aussi se mit-elle si fort en train, qu'elle ne discontinua pas un seul instant d'alimenter la guerre civile et religieuse pendant tout le règne de *Charles* IX. On n'eut pas besoin, pour tenir en haleine les gentilshommes, de se brouiller avec les nations voisines, ni d'aller, hors de la France, chercher des champs de bataille ; chaque faction trouvait ses ennemis près d'elle, dans le sein du royaume ; les comtes combattaient contre les comtes, les ducs et les princes luttaient contre les ducs et les princes ; toute la caste nobiliaire était aux prises avec elle-même.

CHAPITRE XL.

La faction catholique enlève le roi *Charles* ix à Fontainebleau. La faction calviniste s'empare d'*Orléans*.

Placé entre les deux factions prêtes à en venir aux mains, le jeune roi *Charles* ix semblait n'appartenir à aucune d'elles. Le papiste le croyoit luthérien ; celui-ci, à son tour, l'accusait d'être papiste ; mais, quelle que fût sa croyance religieuse ou plutôt celle de *Catherine de Médicis* et des ministres, il importait à chaque parti d'avoir le monarque sous sa dépendance. On médita donc respectivement la capture de sa personne. Chacun fit, de son côté, les dispositions nécessaires.

Les *Guises*, réconciliés tout récemment avec les *Montmorenci*, usèrent, pour ce coup de main, d'une plus grande célérité que les huguenots. Ces ambitieux ne s'étaient pas rapprochés, l'un de l'autre, comme de bons serviteurs du trône et de l'état, mais comme des rivaux qui sentaient le besoin de leur concours mutuel pour l'avantage de leur opinion politique. Unis pour lors d'intérêt et de fortune révolutionnaire, ils marchèrent ensemble vers Fontainebleau, où la cour faisait sa résidence d'été.

Ils s'étaient pressés d'arriver sur les lieux, parce qu'ils n'ignoraient pas que le prince de *Condé*, calviniste, avait aussi projeté l'escamotage du souverain et de toute sa cour. En effet, celui-ci s'achemina en silence vers Fontainebleau ; mais, quelque combinaison qu'il eût prise pour devancer ses ennemis, il se vit prévenu dans l'exécution par les autres ravisseurs. Il fut obligé de camper, avec ses gentilshommes, dans les environs de la résidence royale, demeurant simple spectateur du démeublement du château, de l'emballage des paquets, de la charge des chariots, et de l'embarquement des filles d'honneur. Il ne put mettre la main sur rien, et moins encore sur la personne du jeune roi qu'on lui montra de loin, pour augmenter le déplaisir d'avoir manqué son coup.

Lorsqu'on eut achevé le chargement de tous les effets du château, on invita *Catherine de Médicis* à monter dans sa voiture qu'on fit escorter par un nombreux piquet de gendarmes. Elle avait à côté d'elle le monarque et ses filles d'honneur. Son cœur n'était pas content, et ses yeux mouillaient de pleurs ses vêtemens. Le jeune roi, effrayé de son enlèvement, pleurait aussi dans les bras de sa mère, craignant la prison et la perte de sa couronne.

Le convoi royal entra dans *Paris*, où l'on affecta, en traversant les rues, de montrer aux habitans le souverain, sa mère, et toute la cour. C'était un triomphe remporté sur la faction huguenote. Ces victoires ont leur orgueil comme les autres. Les Parisiens, déjà catholiques renforcés, applaudirent à la précaution que les *Guises* venaient de prendre. Ils croyaient le roi plus en sûreté dans les mains des Lorrains, que dans celles des Français. La capitale s'était déclarée pour la faction papiste ; au reste, elle ne pouvait pas rester neutre ; son caractère, quoique éloigné du goût des rébellions, ne laisse pas néanmoins que de se prêter facilement aux jouissances de celle qui est la plus récente et la plus en vogue.

Après qu'on eut déposé le roi dans son palais, *Montmorenci*, qui sous le règne de *François* II avait manqué d'être brûlé comme calviniste, fit une expédition militaire contre les huguenots du faubourg. Quand on n'est plus d'une secte ou d'un parti, on devient son ennemi cruel. L'épée à la main, il forma le siège du prêche calviniste; il parvint à faire réussir l'assaut; il enfonça les portes et exerça son grand courage contre les bancs, les chaises, les registres, les livres et les chaires. Il n'épargna rien de tout ce qui scandalisait son austère dévotion. Que de gens doublent de prix aux yeux des dupes, quand ils ont l'épée ou la torche fanatique à la main! Pourtant, la plaisanterie se mêla de l'affaire, tant elle était ridicule par son objet et à cause du gentilhomme qui l'exécutait. Les railleurs de la capitale, qui avaient encore la force de rire des misères humaines, appelèrent *Montmorenci*, le général *Brûle-Banc*; n'aurait-on pas dû plutôt le nommer *Brise-Raison ?*

La perte de leurs livres de prières et la profanation de leur prêche mortifièrent moins les huguenots que le désagrément de n'avoir pas pu enlever le jeune roi à *Fontainebleau*. Ils regardèrent cet échec comme une défaite qui exigeait une compensation. Ils travaillèrent sur-le-champ à se procurer cette indemnité. Le prince de *Condé* et d'*Andelot* dirigèrent leurs gentilshommes vers *Orléans*; et, comme s'ils avaient été des ennemis étrangers à la France, s'emparèrent de la ville. Cet acte d'audace demandait de leur part une justification; ils publièrent un manifeste, dans lequel, se donnant pour les amis chauds de la paix et du roi, ils reprochaient au triumvirat catholique la violence et l'insulte faites au souverain et à la nation entière. Fiez-vous aux manifestes des factions !

CHAPITRE XLI.

La Noblesse catholique appelle les Espagnols en France. La Noblesse calviniste appelle les Anglais. Le royaume sert de caution à toutes les deux.

On plaisanta beaucoup du reproche que les factieux calvinistes adressaient aux factieux catholiques. Il ne leur avait fallu que plus d'adresse et de célérité pour devenir aussi coupables et aussi insolens envers le roi. C'est ainsi que souvent on tourne en crime ce qu'on n'a pu exécuter soi-même. Ils ne renouvelèrent pas davantage le reproche ; mais ils comprirent qu'en effet des manifestes et des déclarations de ce genre étaient hors de saison, et que les affaires du parti devaient être traitées autrement que par des affiches et des placards.

Cette dernière réflexion les conduisit à examiner s'ils avaient assez de forces pour soutenir la prise d'*Orléans* et leurs projets ultérieurs. Leur calcul à ce sujet se trouva faible, en comparaison des moyens de leurs adversaires. Il fallait donc rendre les forces à peu près égales ; ils furent, à cette époque, avertis que la faction opposée venait de traiter avec l'Espagne pour une fourniture d'hommes, d'armes et d'argent. Ce qui les encouragea à passer également les frontières pour faire les mêmes provisions. Ils députèrent en conséquence vers la reine *Élisabeth d'Angleterre*, un cardinal, devenu parfait évangéliste, donnant des garanties de sa bonne foi, puisqu'il s'était marié, et était père de famille. La reine anglaise goûta fort l'esprit, le bon sens et la philosophie de l'ambassadeur tonsuré. Elle lui permit de presser de toutes les manières l'envoi des troupes et des guinées qu'on demandait. Ces secours respectifs calmèrent les inquiétudes des deux factions; elles n'auraient pas pu les trouver en France, car l'anarchie avait déjà consumé beaucoup de choses fort inutilement.

En attendant l'arrivée des hommes et de l'argent, comme on se bornait pour le moment à se mettre simplement en état d'agir, on conclut des trêves. On fit de fausses paix; on se prêta à de perfides réconciliations : ce fut toujours là le manége de ceux qui se disputent l'autorité et le pouvoir. N'étant plus, ni les uns ni les autres, citoyens d'une même patrie, mais seulement membres d'une faction, ils se dispensèrent réciproquement d'user de franchise et de bonne foi.

Néanmoins, quoiqu'on aperçût tout le fond de l'orage qui se préparait, cet intervalle de calme et cette suspension d'agitation militaire auraient pu donner lieu à des actes sévères d'administration, de justice et de police; car tout était urgent à réparer dans ces temps malheureux. La France éprouvait tous les fléaux à la fois; mais le gouvernement était aussi faible et aussi irrésolu que les calamités étaient grandes. Les tribunaux étaient impuissans pour effrayer les factieux et les assassins. Les crimes de toute espèce étaient commis sous les yeux des magistrats. S'ils agitaient quelquefois le glaive des lois, ce n'était jamais que pour le service d'une faction. Les juges eux-mêmes n'étaient pas exempts de la contagion générale; ils sont, comme les autres hommes, sujets aux fièvres révolutionnaires. Ils ont une qualité de plus, celle d'être obligeans et serviables pour tous les partis triomphans. Dans cet état de désorganisation sociale, il mourut un grand nombre de gentilshommes; mais leur mort ne fut que le résultat des haines particulières et des combats des deux factions. Aucun d'eux ne perdit la vie par le courroux d'une justice qui aurait dû l'atteindre pour l'exemple public.

Le roi *Charles* ix fut incapable de relever les digues sociales que tant d'excès avaient rompues. Bien loin de refaire son autorité pendant les trêves et les réconciliations qui suspendaient les fureurs de la guerre religieuse, il fut contraint de payer les seigneurs et les chevaliers qui l'empêchaient eux-mêmes de reprendre du crédit et de l'influence. Il dut accorder des grâces et des faveurs aux gentilshommes qui avaient le mieux réussi à dépeupler les villes et les campagnes. Il fallut qu'il amnistiât les ennemis du repos public; comment, au reste, punir des sujets qui ont le pouvoir de nous faire trembler nous-mêmes?

CHAPITRE XLII.

Exécutions sanglantes dans les provinces de la part des deux factions.

Parmi les nobles qui intimidaient l'autorité royale, le baron des *Adrets* tint le premier rang. Ce révolutionnaire évangéliste poursuivit les catholiques, comme un chasseur fait la guerre aux bêtes sauvages des forêts. Par une fatalité singulière, ce seigneur eut toujours du bonheur dans son horrible chasse ; car jamais les catholiques ne l'ont battu dans les vingt provinces qu'il arrosa du sang français. Son âme atroce se manifesta toute entière dans la ville de *Montbrison*.

Après un long repas, ne sachant comment amuser les ennuis de la digestion, c'est un moment bien dangereux dans les gens qui ont le pouvoir de tout faire, ce gentilhomme ordonna de ranger en bataille la garnison catholique qu'il venait de faire prisonnière dans la ville. Il choisit pour terrain la plate-forme d'une tour fort élevée. Le seigneur, assis dans un fauteuil, se chargea lui-même de l'appel de chaque soldat. A mesure qu'il nommait un de ces malheureux, celui-ci devait se précipiter du haut de la tour, et se fendre le ventre et le crâne sur le pavé. Déjà plusieurs victimes avaient fait le saut périlleux, lorsqu'un soldat, plus rusé ou plus heureux que ses compagnons d'infortune, usa de toute sa présence d'esprit pour reculer le moment fatal. Il fit mine plusieurs fois de s'élancer hors de la plate-forme ; mais, à chaque essai, il revenait tranquillement sur ses pas, et reprenait sa place avec l'air d'un homme qui avait mal pris ses mesures, pour le jeu qu'on exigeait de lui. Ce manége impatientait le baron ; le soldat, d'un ton naïf, lui proposa à lui-même de faire en dix fois le même saut. La saillie fit rire le gentilhomme ; en déridant ainsi le front du bourreau, elle obtint la grâce de la victime. Ce furent, dit-on, les prémices de l'humanité du baron ; sa sensibilité, en effet, en resta là, jusqu'à sa mort impénitente.

Les catholiques de Provence et des autres contrées méridionales trouvèrent un vengeur non moins sanguinaire dans la Guyenne et le Languedoc. Le chevalier de *Montluc* devint à son tour l'effroi et l'exterminateur des calvinistes de ces deux provinces. Il se fit escorter dans ses expéditions par deux bourreaux qu'il appelait ses valets de chambre. Chaque arbre, chaque croc, chaque poutre qu'il rencontrait lui servait de potence ; les puits, les citernes, les marais et les rivières lui tenaient lieu de cimetières. C'est de sa propre bouche qu'on a appris les détails de ces exécutions sanglantes. Il écrivit des mémoires sur la fin de sa vie, dans lesquels il ne se repent pas du deuil et des douleurs qu'il a fait éprouver aux pères, aux mères, aux épouses et aux enfans. Il mourut fort vieux, fort déchiré par la guerre, mais gardant toujours la soif du sang humain. Il se serait volontiers nourri de la chair des réformés s'il eût cru possible de mâcher la peau du dernier huguenot. Il servit de modèle à plus d'un fanatique de sa trempe.

Dans le nombre de ces gentilshommes qui s'acquittaient si bien du métier d'égorgeur, on en distingua encore quelques-uns qui, voulant varier les pages du code de la cruauté humaine, inventèrent de nouvelles méthodes de barbarie. Chacun naît avec son genre de férocité. Dans cette carrière, le duc de *Montpensier* devint célèbre par un raffinement de perfidie. Aussitôt qu'on amenait devant lui des prisonniers calvinistes, après les avoir reçus avec bonté, il les recommandait à l'humanité de monsieur *Babelot*. Celui-ci était un infernal cordelier qui, interrogeant ces malheureux sur d'autres cadavres, ne leur donnait pas le temps de répondre, et les faisait exécuter sous ses yeux. Si le hasard le rendait maître d'une prisonnière huguenote ayant des grâces et de la beauté, le même seigneur, conservant toujours l'hypocrisie de son maintien, la renvoyait avec douceur à monsieur de *Montoiran*, son fidèle guidon; l'infortunée au pouvoir de ce chevalier, avant d'expirer dans les tourmens, endurait la honte de l'impudicité de son juge.

Ces sortes de boucheries s'établirent de proche en proche dans plusieurs provinces. Le parti qui dominait dans chaque localité enlevait le plus qu'il pouvait d'hommes, de femmes et d'enfans au parti le plus faible; il s'en débarrassait ensuite par les supplices, par la faim et la misère. Il n'y a plus ni loyauté ni humanité à attendre d'une faction qui veut à tout prix triompher. Ainsi chacun, en vantant la morale de son culte, ne rougissait pas de l'ensanglanter à toutes les heures du jour. On n'observait d'autre doctrine que celle de la ruse, de la fourberie et de l'artifice.

Catherine de Médicis sacrifia elle-même à cette honteuse duplicité de conduite et de langage. Elle trompait tout le monde; mais aussi personne ne se faisait scrupule de la tromper à son tour. Le gouvernement ne consistait plus que dans les surprises, les défiances et les détours de la mauvaise foi; la noblesse employait également le même art pour s'en défendre. Cet échange perpétuel d'hypocrisie et d'astuce rompit tous les liens et désunit tous les cœurs. Par l'effet inévitable de cette immoralité, les deux factions ne supportèrent plus le frein d'aucune règle ni d'aucun principe. Elles firent la guerre aux hommes et aux choses. Une église excitait la rage des calvinistes ; un prêche réveillait la fureur dans le catholique ; la pompe du culte romain devenait un scandale aux yeux des huguenots ; la nudité du culte évangélique paraissait une profanation et une insulte aux yeux du papiste. On pilla donc indistinctement les églises et les prêches ; on les démolit, on les incendia ; on massacra tour à tour le catholique et le protestant. Les émeutes, les séditions, les violences prenaient l'air d'un divertissement habituel et d'une scène théâtrale auxquels les hommes, les femmes, les vieillards, les enfans assistaient sans dégoût et sans lassitude. Ces fréquentes agitations qu'on provoquait au son des cloches, du cornet ou de la trompette, produisirent un grand nombre d'assassinats publics. Les calculateurs du temps en ont laissé une liste de dix mille : on ne comprit point dans ce catalogue les meurtres commis dans l'ombre ni les guet-apens exécutés par un brigandage particulier. Chacun s'excusait de la mort d'un concitoyen sur la nécessité de tuer avant d'être assassiné soi-même. Il fallait prévenir le bras du meurtrier sans cesse levé pour frapper. Le plus adroit ou le plus perfide obtenait ainsi du répit pour sa propre existence. Quels fastes pour une nation qui se moque des sauvages des forêts !

CHAPITRE XLIII.

Assassinat du prince de *Condé*, calviniste. Assassinat du duc de *Guise*, catholique.

Ces crimes ignobles ne terminaient pas la lutte religieuse. Le sang qu'on versait dans l'intérieur des maisons, dans les rues et sur les places publiques, ne faisait qu'entretenir la ferveur des croyans des deux partis sans décider lequel des deux subjuguerait la France. Les horribles libations d'une guerre de religion ne se célèbrent, comme les autres, que sur un champ de bataille. Dans cette intention, toute la noblesse française parut à différentes époques dans les plaines de *Dreux*, de *Saint-Denis*, de *Jarnac* et de *Moncontour*, journées fatales à la monarchie, où plus d'un gentilhomme acquit le nom de preux et de vaillant chevalier aux dépens de ses concitoyens. Son courage et ses talens militaires se signalèrent contre des parens, des alliés, des amis, contre des Français. Depuis long-temps le noble ne connaissait pas d'autre ennemi ; s'il lui restait encore, avant de combattre, un sentiment d'estime ou de courtoisie en face de son adversaire ; si, avant de franchir la ligne de bataille, il avait quelque honte de se battre sous la bannière du fanatisme, pour l'orgueil d'une faction, bientôt le signal du combat le rappelait à sa rage première, et éteignait en lui ces douces émotions. La fureur du carnage étonnait même les Anglais, les Espagnols et les Allemands, devenus les auxiliaires de la guerre civile.

Cette frénésie, maîtrisant tous les cœurs, étouffait jusqu'au sentiment de loyauté qui honore ordinairement le métier des armes. Le chevalier de *Montesquiou* ne put pas s'en défendre à la journée de *Jarnac*. Il devint le lâche assassin du prince de *Condé*. Ce gentilhomme revenait de la poursuite des fuyards calvinistes, lorsqu'il trouva le prince religionnaire sur le champ de bataille, combattant à terre sur ses genoux, couvert de sang et de poussière, ayant une jambe cassée, et se faisant néanmoins craindre encore des assassins qui l'entouraient. Cette attitude du héros calviniste ne dit rien à l'âme de *Montesquiou*; il fut insensible à la valeur d'un ennemi hérétique; et, se rappelant que le pape avait recommandé de ne garder ni foi ni loi aux huguenots, le fanatique lui brisa le crâne par derrière. Il n'aurait pas osé sans doute l'attaquer en face. Les massacreurs redoutent les yeux d'un brave.

Les calvinistes ne tardèrent pas à avoir la revanche d'un pareil assassinat. Ce fut *Poltrot*, gentilhomme d'*Angoulême*, qui médita la vengeance de la secte huguenote. Il choisit, pour l'accomplir, le jour où le duc de *Guise* visitait les travaux du siége d'*Orléans*. Sans rougir du titre d'assassin qu'il allait mériter par sa lâcheté, il s'embusqua sur le passage du général catholique, et l'atteignit d'un coup de feu, qui devint mortel.

Un semblable sort fut réservé au fameux *Brûle-Banc*, duc de *Montmorenci*. Il reçut la mort de la main de *Stuart*, noble irlandais. L'assassin daigna, avant d'ôter la vie au vieillard dans la plaine de Saint-Denis, l'avertir de son heure dernière, et lui apprendre qu'il ne l'égorgeait que parce qu'il s'était fait catholique. Ce fut avec ce ton de prévenance, et un atroce sang-froid, que l'Irlandais lui déchargea son pistolet sur sa vieille poitrine. C'est encore une consolation de savoir pourquoi on nous assassine. On n'obtient pas toujours cette grâce pendant le règne des factions.

Ces différentes pertes, que réciproquement les deux partis éprouvaient dans les hautes classes de leurs adhérens, ne ralentissaient pas la fureur générale. En vain on assassinait les chefs et les meneurs ; ces événemens ne pouvaient amener aucun résultat heureux, ni pour le roi, ni pour l'État ; les factions, lorsqu'elles ont pris du corps et de la force, marchent toutes seules. Les accidens se réparent aisément. Les premiers acteurs laissent toujours, après eux, de nouveaux émules de leur ambition ; les décès et les meurtres que la fatalité produit ne changent que rarement leur fortune. Ainsi, à la mort de *Condé* et de *Guise*, chaque faction retrouva, dans son sein, des remplaçans qui connurent, comme eux, l'art de remuer les masses et d'agiter toute la surface de la France. Ils ne se montrèrent inférieurs aux précédens ni en génie, ni en talens révolutionnaires.

Cette moisson d'esprits directeurs, cette profusion d'âmes fortes et de têtes enthousiastes auraient, dans un siècle plus heureux, conduit peut-être à la gloire et à la puissance politique le monarque et la nation ; mais le fanatisme religieux corrompit cette précieuse richesse ; il n'échauffa dans les nobles quelques dons naturels et quelques qualités brillantes, que pour les déshonorer par le crime et les horreurs de la *Saint-Barthélemi*, jour affreux que n'ont pu effacer de la mémoire de la postérité les regrets et les remords.

La noblesse catholique se persuada que l'égorgement d'une faction entière cimenterait le bonheur et la prospérité de la France ; elle vit germer, dans le sang d'un massacre général, les semences de l'union, de l'ordre et de la paix. De quel espoir ne se flatte-t-on pas en songeant à tuer son ennemi ? Au reste, elle s'attacha à se pénétrer de toutes les maximes des coups d'état et de tous les préceptes politiques qui doivent diriger la prévoyance d'une faction. On avait déjà trop fait la guerre civile pour ne pas prévoir que les Huguenots seraient indestructibles en rase campagne. Les bûchers, les potences, les calomnies, la persécution, les combats, rien n'avait jusqu'alors empêché les générations hérétiques de se succéder les unes aux autres comme les générations du catholicisme, ce qui devait faire craindre que cette race ne pût jamais s'éteindre en France.

Cette dernière appréhension provoqua la convocation d'un conseil secret. Les meilleures têtes révolutionnaires y furent appelées. On se confia aveuglément aux avis et au zèle du *comte d'Anjou*, de *Catherine de Médicis*, du *duc de Nevers*, du *comte d'Angoulême*; on s'en remit à la conscience du *maréchal de Tavannes*, du *comte de Retz* et de *Birague*. Toute cette noblesse épuisa, dans la discussion, la science de la haute politique. Elle ne pouvait pas y paraître novice; car la pratique des assassinats était presque devenue une succession d'un règne à l'autre : aucun de ces conseillers ne redouta la postérité. On n'en aperçoit jamais après soi; lorsqu'on est résolu de satisfaire son ambition ou la vengeance de son parti. Nos grands seigneurs pensèrent moins à la douleur que la journée de la Saint-Barthélemi ferait ressentir à tout bon Français, qu'au plaisir qu'en éprouverait le pape. Ainsi donc l'avis du massacre passa, à l'unanimité, dans le comité.

CHAPITRE XLIV.

La *Saint-Barthélemi* dans *Paris*. Le même massacre répété dans plusieurs villes du royaume.

La résolution de la tuerie révolutionnaire étant prise et fixée au 24 du mois d'août, on s'occupa des moyens d'attirer dans *Paris* les principaux gentilshommes protestans. Cette cité devait donner l'exemple aux autres villes du royaume. C'est toujours un grand préjugé en faveur d'une catastrophe, lorsque *Paris* commence par l'exécuter la première. Ce fut donc dans ses murs qu'on rassembla, le plus qu'on put, de Huguenots. Afin de les empêcher de se livrer à de noirs pressentimens, comme l'animal qui recule à l'odeur d'une boucherie, on les accabla de promesses et d'espérances ; on leur parla de paix, de justice et de tolérance. On adoucit son ton, son air et ses manières en les recevant, en leur donnant des fêtes dans la capitale. Les assassins ne voulaient faire qu'une seule explosion ; ils désiraient qu'elle fût complète dans ses effets, afin de n'être pas obligé de recommencer une seconde fois les mêmes massacres. Ils auraient préféré n'avoir qu'un coup à frapper pour exterminer la secte entière. Ils voyaient donc avec peine que *Paris* était trop étroit pour leur offrir toutes les têtes calvinistes qu'ils avaient dessein de couper. Néanmoins l'artifice, de leur part, fut assez bien combiné pour qu'un grand nombre de victimes vînt, sans défiance, présenter la gorge au couteau.

Le comité organisateur de l'œuvre de la fatale journée tint un registre exact de tous les individus qui arrivaient dans la ville : il se fit informer de tous les détails qui pouvaient concerner ceux qui venaient se livrer entre ses mains. Il prit leur signalement, nota leur demeure, et les fit entourer d'endormeurs. Lorsqu'il vit qu'il n'y avait plus moyen d'en attirer davantage dans le piége, et que la battue sur les terres des nobles des provinces ne produisait plus rien et ne faisait plus entrer personne dans *Paris*, il donna l'ordre d'aiguiser les poignards et de charger les carabines. Il avertit les égorgeurs qu'une seule cloche sonnerait l'agonie de tous les Huguenots débarqués dans *Paris*, et qu'un seul coup de pistolet marquerait l'heure du carnage général.

Le jeune de *Guise*, au moment convenu, déchargea ce fatal pistolet. La détonation fit frémir involontairement ceux-là mêmes qui s'étaient préparés à l'office de bourreau; mais aucun d'eux ne recula pour l'exécution. Le massacre commença dans les rues. Il pénétra bientôt dans les maisons; il surprit les pères, les mères, les enfans dans leur lit. Il les immola tous dans les bras les uns des autres et au milieu des larmes et des cris. Aucun obstacle n'émoussa le poignard, l'épée ou la hache. Le sang jaillit de toutes parts. Il n'y eut plus dans la capitale ni pitié, ni humanité, ni amour français.

Pendant les éclats du carnage qui dominaient sur les gémissemens des victimes, les ducs de *Montpensier* et d'*Angoulême* multiplièrent leur présence dans les quartiers de Paris, pour entretenir la rage des égorgeurs catholiques. Ils craignaient la lassitude et la satiété du sang humain. Le dégoût, en effet, se fait sentir plutôt dans ceux qui répandent le sang, que dans ceux qui commandent de le verser. On savait déjà que l'orfévre *Crucé* avait à lui seul assassiné quatre cents évangélistes. On remarquait que les massacreurs, au lieu de continuer à tuer, s'amusaient à jeter les cadavres par les fenêtres, à les précipiter du toit des maisons, à les charrier morts ou palpitans encore dans les eaux de la rivière. Ces observations faisaient préjuger qu'on désirait remettre la partie à un autre jour, et achever en deux fois l'épouvantable catastrophe. Ce n'était pas là le projet du comité révolutionnaire ; il ne pouvait pas y avoir deux journées pareilles dans la vie d'une faction : seulement il importait de bien accomplir l'œuvre méritoire du jour. En conséquence, il députa de son sein le maréchal de *Tavannes*, pour prévenir le découragement des égorgeurs. Le gentilhomme cria dans Paris, de toute sa voix fanatique et sauvage, que la saignée était pour les hérétiques aussi bonne en été qu'au printemps ; dès lors on ne compta plus les huguenots assassinés ; on ne pensa qu'au nombre de ceux qui restaient encore à saigner. L'affreux massacre reprit une nouvelle activité ; on était résolu de ne laisser à la faction catholique ni craintes ni obstacles qui pussent désormais l'arrêter dans sa domination révolutionnaire.

Durant cette nuit horrible, *Gaspard de Coligni*, encore convalescent du premier assassinat tenté sur sa personne, devina, au bruit des exterminateurs, que les *Guises* et ses gentilshommes triomphaient dans Paris. Il quitta son lit, tomba à genoux, et fortifia son âme par la prière.

Au même instant le jeune *Bème*, allemand d'origine, se présenta dans son appartement, demandant au vieil amiral lui-même où s'était caché *Coligni*. Le héros calviniste voulut avoir la gloire, avant de mourir, de nommer la victime à l'assassin. Il prononça ces mots célèbres : *C'est moi, frappe !* A cette stoïque dénonciation, le brigand lui passe son épée à travers le corps, et lui mutile le visage.

Fier de sa barbarie, l'allemand *Bème* annonça par la fenêtre qu'il avait accompli sa mission. A cette nouvelle, les ducs de *Guise* et d'*Angouléme*, qui attendaient avec impatience le succès du crime dans la cour de l'hôtel de *Coligni*, exigèrent de l'assassin qu'il jetât le cadavre à leurs pieds. Ils ne voulaient se fier qu'à leurs propres yeux du soin d'attester la mort d'un pareil ennemi; et, pour ne laisser rien d'incertain à cet égard, le bâtard d'*Angouléme* étancha lui-même le sang qui couvrait la figure de *Coligni*. Il observa scrupuleusement tous les signes qui distinguaient ses traits, et finit par l'insulte et la profanation du cadavre. La haine fanatique suppose encore de la sensibilité aux morts.

L'égorgement devenu général avait gagné les rues, les carrefours et tous les quartiers de Paris. On ne rencontrait plus que par-ci par-là des huguenots échappés par hasard à la mort, ou protégés par la pitié. Il ne valait pas la peine, pour si peu de sang, de s'exposer de nouveau au grand jour. Les ordonnateurs du massacre firent cesser le carnage; au reste, le repos était devenu nécessaire à tout le monde. Le fer des armes se trouvait émoussé; il fallait purifier l'air de la capitale, et débarrasser le terrain de l'amoncèlement des corps livides et sanglans. On n'avait pas moins envie de se raconter mutuellement les prouesses qu'on avait faites en l'honneur des *Guises*, du parti et du pape. On désirait recevoir les éloges de ses services et de son zèle; on était bien aise de s'assurer si quelqu'un, plus que soi, avait enlevé des chevelures calvinistes.

Lorsqu'on eut fait le rapport de tous les exploits du carnage et l'énumération de tous les cadavres, on en vint au calcul de l'or, de l'argent et des bijoux que ces horribles journées avaient abandonnés à l'avidité des égorgeurs ; car on avait tué d'une main, et pillé de l'autre. En pareille circonstance, toutes les parties du corps d'un cannibale civilisé sont ordinairement en action. Plusieurs gentilshommes gagnèrent à cette boucherie jusqu'à dix mille écus. Le profit ne pouvait pas être considérable pour chacun d'eux, à cause du trop grand nombre de massacreurs. Il y en eut, comme cela arrive, qui furent plus heureux que les autres. Quel gain que celui qui nous vient du poignard !

Du moins on ne se plaignit pas d'une semblable avarice dans les dames parisiennes. Elles montrèrent dans ces scènes d'horreur plus de probité et de désintéressement. Laissant à leur papisme endormir leur sensibilité ordinaire, elles firent la revue des corps morts, pour revoir encore une fois les chevaliers hérétiques de leur connaissance ; mais elles dédaignèrent de s'approprier l'or, les anneaux et les colliers qu'ils portaient. Elles bornèrent leur zèle révolutionnaire à repaître leurs yeux d'objets licencieux. Elles ne voulaient que rire, que s'amuser, en les voyant tout nus, des bizarreries et des singularités que la nature physique avait pu former dans la construction des corps hérétiques. Le libertinage n'est pas, plus que la haine, effrayé d'un ennemi mort.

Enfin la capitale, remise des fatigues de sa frénésie sanguinaire, commença de sentir la honte de ces trois journées de carnage. Elle craignit surtout de se voir seule chargée, aux yeux de la postérité, des horreurs de la *Saint-Barthélemi*. Mais elle fut bientôt rassurée dans ses craintes ; les seigneurs composant le comité central révolutionnaire avaient prévu ce fâcheux isolement dans le crime. Les provinces répondirent à l'appel du fanatisme, et prirent la capitale pour leur modèle.

En effet, dans les villes d'*Orléans*, de *Bourges*, de *Meaux*, de *Toulouse*, ainsi que dans les cités d'*Angers*, de *Lyon* et de *Rouen*, la noblesse catholique fit égorger sans miséricorde les gentilshommes protestans. L'émulation même s'empara des esprits dans les provinces; on s'envia la liste des victimes, on se disputa auprès des *Guises* l'honneur du nombre des cadavres. On proposa presque de soumettre le sang répandu au poids et à la mesure; on vanta son papisme et sa fidélité à la faction exterminatrice, suivant le calcul des têtes, des bras et des jambes qu'on avait jetés dans les rivières. On ne jura plus d'être Français et sujet soumis, sans promettre du sang et la mort de ceux qui n'adoreraient pas Dieu, à la fantaisie de la faction, comme s'il était nécessaire de rugir comme des lions et des tigres, pour appeler les hommes à la vérité.

Cependant, au milieu de ce déplorable aveuglement des âmes catholiques, on remarqua que la France s'abstint de danser autour des cadavres, d'illuminer les maisons en signe de réjouissance, de tirer le canon de la victoire et de remercier le ciel par des *Te Deum* et des chants de triomphe. Cette barbare allégresse ne pouvait naître que dans l'âme du pape *Grégoire* XIII, et dans celle du cardinal de *Lorraine*. Cette joie féroce ne devait éclater que dans les rues de Rome.

Ce ne fut en effet que dans l'église de *Saint-Pierre* qu'on chanta une messe solennelle, en action de grâces pour la mémorable journée de la *Saint-Barthélemi*. Le pape récompensa largement le courrier qui apporta le catalogue des victimes calvinistes. On chôma dans la ville romaine cet horrible jour, comme une nouvelle fête catholique. La cour papale trahit, par trop d'épanchement de joie, son détestable secret. On apprit, mais inutilement, que les hommes emploient, comme certains animaux, les pleurs et les cris plaintifs pour tendre des piéges à la sensibilité et à la bonne foi.

CHAPITRE XLV.

Manœuvres de la Noblesse révolutionnaire pour former la ligue dans *Paris* et dans le royaume.

Les journées du massacre des protestans ne rendirent la santé ni à la France, ni au roi *Charles* ix. Ce prince regorgea par les porcs tout le sang de ses sujets, que la noblesse catholique lui avait fait verser. Il fut remplacé sur le trône par *Henri* iii, que quelques victoires sur les huguenots avait rendu célèbre. Mais en ceignant la couronne de France, pour laquelle il renonça à celle de Pologne, il ignora absolument le secret de dominer sur les deux irréconciliables factions qui divisaient le royaume. Il est rare d'avoir plus de forces que deux religions qui s'entrechoquent. La grande faiblesse de son caractère provint toujours de la peur qu'il avait conçue de l'audace de la noblesse catholique qui, en effet, se faisait craindre du monarque, beaucoup plus que la noblesse calviniste. Il était principalement redevable aux révolutionnaires papistes de la naissance et des progrès de la ligue, conspiration factieuse d'un genre tout nouveau, et dont les effets devaient produire son détrônement et un changement de dynastie.

C'était là le grand ouvrage que se proposèrent de faire les seigneurs catholiques ; mais le temps et l'esprit du siècle ne leur permettaient plus d'opérer tout seuls, comme autrefois, de semblables révolutions. Le peuple bourgeois comptait déjà pour quelque chose dans l'état. Il s'était insensiblement creusé sa place politique sans pourtant affecter aucune rivalité avec la noblesse. Il fut donc nécessaire de le faire participer aux desseins de la ligue, en lui cachant néanmoins une partie des projets révolutionnaires.

Après l'avoir séduit et égaré par les maximes du fanatisme religieux, on le sonda avec précaution au sujet du fanatisme politique. On tenta de prouver la nécessité de décapiter le frère du roi et ensuite de tonsurer le monarque lui-même. Cette entreprise exigeait de bonnes raisons. Le meilleur moyen de s'en procurer dans la circonstance, fut d'insulter à la mémoire des princes capétiens. On leur refusa toutes les qualités des grands princes et des bons rois. On fit circuler la chronique scandaleuse, ordinaire avant-coureur des malheurs des trônes.

Malgré les efforts impertinens de la faction, ces injures n'auraient néanmoins produit aucune conviction dans le public, si l'on ne s'était avisé de mettre le monarque en parallèle avec les *Guises* guerriers ou cardinaux. On eut pour cela recours aux dames de qualité. Le sexe a le droit d'établir des comparaisons et d'annoncer des préférences. Il en usa amplement, et soutint en dernier ressort que la famille des princes lorrains possédait elle seule, le port, la démarche, l'air, le ton et les grâces qu'on désire trouver aux têtes couronnées ; chacun alors, pour plaire aux dames physionomistes, se mit à regarder les *Guises*. Elles profitèrent du moment de vogue qu'elles donnaient au physique et au moral des Lorrains pour dénier absolument ces avantages et ces qualités fortuites aux princes Valois.

Cette sévérité de jugement se rapprochait beaucoup de la vengeance. Le roi *Henri* III s'était en effet attiré la défaveur de cet arrêt, en blessant l'amour-propre des femmes notables de son royaume. La prévention de celles-ci ressemblait à la haine, par la raison que le monarque avait toujours préféré aux duchesses, aux marquises, aux baronnes, des pages, des favoris et des mignons. Combien les goûts des souverains doivent être discrets ou raisonnables ?

Les mêmes dames catholiques n'étaient pas plus satisfaites du jeune *Bourbon, Henri*, roi de Navarre et de Béarn. L'hérésie que ce prince avait sucée avec le lait, le plaçait à leurs yeux bien au-dessous des *Guises* orthodoxes. Du moins elles faisaient semblant de douter de la sensibilité de son âme, croyant, sans trop d'examen encore que, puisqu'il n'aimait pas le pape, il ne devait pas aimer les femmes catholiques. Que de conjectures hasardées ne fait pas quelquefois le sexe, surtout au sujet des princes !

Quand toutes les imaginations bourgeoises parurent bien attisées par la noblesse mâle et femelle, la ligue fit alors son premier éclat; les deux seigneurs *Guises* et *Mayenne* rassemblèrent les comtes, les barons et les chevaliers de la Champagne et de la Bourgogne, et marchèrent vers Lyon pour en prendre les clefs. Ils ne furent pas aussi heureux du côté de Bordeaux et de Marseille, ce qui les engagea à remplacer ces deux dernières villes par celles de Bourges, d'Angers et d'Orléans. On y établit pour les besoins de la faction, des magasins, des casernes et des arsenaux, disposant ainsi des cités et des provinces, à la façon des révolutionnaires prévoyans et audacieux qui veulent sérieusement culbuter le trône et le souverain qui les gênent.

Pendant qu'on ne se disait encore qu'à l'oreille que les *Guises* méritaient la couronne, le vieux cardinal de *Bourbon* se sentant plus catholique que le roi régnant, et d'ailleurs n'étant pas d'avis que le trône changeât de race, vint se proposer pour l'occuper à la place du monarque. Il promit de se déprêtriser, pour donner à la nation d'autres *Bourbons* aussi bons papistes que lui.

Une cavalerie de gentilshommes bien montée et choisie dans ses principautés, parcourut le royaume pour répandre le manifeste du vieux cardinal et l'appuyer en cas de besoin. Beaucoup de gens le lurent dans la crainte de déplaire à cette troupe d'apôtres de sédition. Cependant le nouvel antagoniste du roi, quelque folle démarche qu'on lui fît faire pour arriver au trône, ne servait aux *Guises* que de manteau pour couvrir le véritable jeu de la manœuvre principale. C'était un instrument avec lequel on sondait l'opinion publique au sujet du projet de détrôner le roi *Henri* III. Car dès que le cardinal de Bourbon eut imbu le parti catholique de la nécessité de purifier le trône par un roi bon et fidèle papiste, ce que les *Guises* ne pouvaient pas encore trop dire eux-mêmes, la présence du vieil ambitieux devint inutile sur la scène révolutionnaire. Les Guises le mirent à l'écart et feignirent incontinent de désirer la paix et l'union avec le souverain.

Comment refuser des propositions de concorde et de réconciliation, quand on n'est pas le plus fort. Le roi y consentit et on choisit, comme si l'on avait eu à faire à une puissance étrangère, la ville de *Nemours* pour conclure la paix. Le traité, que tout le monde devina d'avance, ne contint que des conditions humiliantes pour le souverain, contraires à la majesté et à la sûreté du trône, et en particulier oppressives pour la secte calviniste. Il ne laissait à celle-ci que l'alternative de la conversion ou de l'émigration. La tolérance ne fut jamais la vertu des ambitieux et des fanatiques.

CHAPITRE XLVI.

Déclaration de guerre de la part des révolutionnaires protestans. Confiscation des biens des Catholiques, qu'on vend par lots aux enchères publiques.

La paix que les *Guises* avaient imposée au monarque, rendait impraticable celle que *Henri* III aurait désiré conclure avec les calvinistes. Ceux-ci ne virent, en effet, dans le traité de *Nemours* qu'un artifice de plus et un gage de moins pour leur sûreté personnelle et pour l'exercice de leur culte. Indignés de se voir à la merci de leurs ennemis, et ne consultant que la honte de leur position, ils sautèrent sur leurs armes et se mirent en campagne.

Leur armée, quoique faible par le nombre des combattans, fit des prodiges et des conquêtes dans la Guienne, dans le Dauphiné, dans le Poitou et dans la Saintonge. Ainsi, bien loin de consentir à s'émigrer ou d'embrasser le papisme comme l'avait stipulé le traité de paix, ils s'avancèrent en conquérans vers la capitale et le trône. Ils prétendaient rester en France, malgré la noblesse catholique, et, de plus, professer le culte qui plaisait à leurs consciences. Ce n'était pas trop demander ; mais l'intolérance rejeta ces prétentions.

Henri, roi de Béarn, chef des huguenots, n'était pas

plus que ses gentilshommes disposé à s'expatrier pour plaire à la faction opposée. Il aimait l'air et le climat de son petit royaume. Il se trouvait de la même humeur que ses sujets. Il était d'ailleurs plus rapproché des lieux où ses jeunes maîtresses variaient ses plaisirs. Ces motifs de convenance, joints à l'amour-propre de ne pas céder aux *Guises* et à la persécution, le portèrent à défendre à tous ses hérétiques de sortir du pays. Il accompagna cette ordonnance d'une déclaration révolutionnaire, par laquelle il confisquait dans les provinces conquises et à conquérir par la suite, les propriétés de la noblesse catholique. En vertu de ce décret d'expropriation, on se mit en possession des terres, des maisons, des bois, des prairies, des vignes, qui faisaient la fortune des comtes, des barons, et des chevaliers de la ligue : on n'exempta de la confiscation ni les biens des couvens ni ceux du clergé séculier ; on se sentit même beaucoup moins de scrupules à exécuter une pareille dépossession. Elle ne faisait tort ni à des femmes ni à des enfans.

Les commissaires ne tardèrent pas d'enregistrer les domaines confisqués et de dresser les conditions de leur vente. On divisa chaque objet par petits lots, afin d'intéresser un plus grand nombre de calvinistes à l'expropriation, ce qui fut toujours une malice chez tous les révolutionnaires. Cette mesure de rigueur produisit ses deux effets ordinaires. Elle redoubla les haines entre les deux partis, et elle alimenta la caisse militaire. On cherche toujours à faire la guerre aux dépens de ses ennemis. C'était surtout pour les huguenots de la plus grande urgence, car leurs finances ne pouvaient assurer la solde des soldats. Il fallait de l'argent ; les guerres civiles ne s'en privent pas plus que les guerres ordinaires.

Les progrès que l'armée protestante, sous les ordres de *Henri de Navarre*, faisait dans le midi de la France, causaient plus de chagrins au roi et à la cour qu'ils n'inquiétaient les *Guises*. Ces factieux, maîtres de disposer de tout, se trouvaient supérieurs en force à leurs adversaires. Ils attendirent avec confiance que les calvinistes se rapprochassent des bords de la Loire. Dans cet intervalle, ils ne négligèrent point cette occasion de nuire au souverain. Depuis la paix de Nemours, ils cherchaient un prétexte de s'emparer de sa personne. Ils crurent l'avoir trouvé, en l'accusant d'être d'intelligence avec les religionnaires.

Bientôt les aboyeurs de la faction se plaignirent dans le public, de ce que le roi avait le dessein de s'échapper de la cour et de se jeter dans les bras des hérétiques : ces défiances et ces soupçons prospérèrent dans l'esprit des ligueurs de la capitale et des provinces. Il en résulta naturellement que personne ne trouva mauvais que les *Guises* prissent des précautions contre la fuite du monarque. Chacun même aurait volontiers applaudi au dessein de le raser et de l'enfermer dans un cloître.

Le cloître était particulièrement la pénitence que la duchesse de *Montpensier* réservait à *Henri* III. Elle s'étudiait tous les jours à chercher les moyens de le faire son prisonnier, pour lui couper elle-même les cheveux et le revêtir d'un froc. Aimable et spirituelle, elle avait à ses ordres des chevaliers dévoués et révolutionnaires comme elle. Suivant la consigne qu'elle leur donnait, ceux-ci se postaient régulièrement sur la route de *Vincennes*. Ils devaient amener, de gré ou de force, chez la dame, le roi et ses mignons. Ces premières embuscades ne réussissant pas, la duchesse fit placer ses archers entre les échoppes de la foire de Saint-Germain : mais le monarque exactement averti des desseins de l'illustre détrousseuse, les fit tous échouer au grand déplaisir de la cabale. La dame de *Montpensier*, surtout, jetait de dépit ses gants et son éventail à la figure des chevaliers captureurs : toutes les fois qu'elle ne voyait pas venir son royal prisonnier entre des hallebardes et des carabines. Elle leur reprochait amèrement leur maladresse qui offensait le ciel et la beauté. Ce n'était pas montrer la patience ordinaire qu'ont les femmes dans leur vengeance.

Pendant que la factieuse duchesse traquait de la sorte le roi de France dans Paris et ses environs ; *Henri le Béarnais* continuait à porter l'effroi et l'épouvante parmi les catholiques ligueurs du midi du royaume. Cependant son armée n'était en grande partie composée que des sujets du roi. Il est vrai qu'ils professaient une autre religion ; mais ils ne cessaient pas pour cela d'être français. *Henri* voyant son parti prospérer malgré la persécution, crut convenable de venir au secours du monarque, n'ayant pas, comme les *Guises*, le projet de le faire moine. Il s'avança jusqu'à Poitiers, et, le lendemain de son arrivée, il proposa à la cour le secours de ses hérétiques pour la délivrer de l'oppression de la faction catholique.

Son offre fut rejetée. Dès lors, sans songer à la honte d'une rébellion directe dont il allait se rendre coupable envers son suzerain, il se détermina à combattre le roi et les ligueurs. Cette résolution le mit aux prises, d'une part, avec les troupes royales commandées par *Joyeuse* et *Épernon*, et de l'autre, avec l'armée factieuse aux ordres de *Guise* et de *Mayenne*.

Ces deux partis sans doute se détestaient au fond du cœur, parce qu'on n'aime pas à partager la domination :

mais le fanatisme religieux les réunissait contre les français calvinistes. Ce fut à ce sujet que le public, devenu raisonneur politique par l'effet des dissensions civiles, appela cette guerre, la *guerre des trois Henris*, dans laquelle l'un cherchait à garder son trône et sa couronne, mais était le moins propre à les défendre; l'autre épiait le moment de les usurper, et comptait sur ses talens et sur les dupes du jour; le troisième *Henri* se tenait prêt à ramasser le sceptre, si, selon les apparences, il tombait en quenouille.

Celui-ci paraissait, en effet, fondé à se flatter de cet espoir : car la reine, stérile jusqu'alors, avait inutilement recours aux eaux de toutes les sources thermales du royaume. On faisait également sans succès pour sa fécondité de longues neuvaines. Son malheur résistait à tous les vœux et à toutes les prières. Cet état de stérilité opiniâtre fit préjuger qu'à la mort du roi, on verrait se montrer infailliblement deux prétendans à la couronne. La noblesse catholique ne déguisait pas son sentiment ; elle désignait d'avance l'audacieux *Henri de Guise*. Il ne pouvait pas être question, aux yeux des gentilshommes factieux, des droits de l'hérétique *Henri le Béarnais*.

On discuta la matière politique de cet événement dans les camps, dans les salons, à *Paris* et dans les provinces. Les combats de société furent vifs, parce qu'on s'occupait plus de l'amour-propre des factions que des malheurs dont la France était menacée. On ne voit jamais rien de mieux que le triomphe de son parti.

Cependant le calcul des papistes pouvait devenir faux, si l'on permettait aux hérétiques de l'Allemagne de venir secourir ceux de la France. *Henri de Guise* n'ignorait pas que le prédicant de *Bèze* avait réussi à former une croisade contre les ligueurs. Il avait donc pris toutes ses précautions pour boucher les passages des frontières. Trente mille religionnaires de plus dans le royaume mettaient en considération tous les meneurs de la faction. Ils étaient déjà arrivés sur les bords du *Rhin*, bien disposés à faire cesser, dans *Paris*, les processions, les prédications fanatiques, les confréries des pénitens, les promenades militaires des moines, les messes solennelles, les bénédictions nocturnes, les intrigues des confessionnaux ; toutes ces manœuvres avaient été inventées par le papisme, pour exterminer jusqu'au dernier huguenot.

Il n'était pas moins important de barrer le chemin à cette milice luthérienne, et d'empêcher sa jonction avec les sectaires de l'intérieur, si on voulait conserver l'usage des chapelets à tête de mort, les livres de dévotion, les bulles du pape et les images des saints. Elle se prononçait surtout contre les nobles qui abusaient indignement de la simplicité du peuple, et ne servaient, dans la guerre de religion, que leur politique et leur ambition. A-t-on jamais été fanatique de bonne foi ?

Les craintes qu'inspirait ce renfort d'hérétiques firent redoubler d'attention et de persévérance pour garder les frontières. *Henri de Guise* n'était pas fâché de faire cette garde. Les succès qu'il y obtint agrandirent sa réputation dans le public. Les gens modérés lui savaient gré de les délivrer de ces intolérans étrangers. On n'en avait que trop à supporter dans le sein du royaume. Les bonnes gens, toujours dupes, attribuaient ses efforts et sa prudence au zèle qui l'animait pour les intérêts de la foi.

Les éloges qu'on attribuait au catholicisme de *Guise* éveillèrent dans le roi l'idée de faire aussi, de son côté, une démarche qui justifiât sa propre croyance. Elle était en fort mauvais renom dans la nation ; sos perfides ennemis le dépeignaient officieusement comme un calviniste plus adroit et plus dissimulé que les novateurs. N'ignorant pas les effets de cette calomnie politique, il se hasarda, pour la démentir, d'attaquer le prince béarnais qui lui avait déjà enlevé un tiers de son royaume. Il forma une armée royale; il la confia à *Joyeuse*, son ancien mignon. Elle se mit en marche vers la Guienne pour battre les huguenots. C'est toujours de quoi on se flatte quand on est loin de l'ennemi.

CHAPITRE XLVII.

Les drapeaux enlevés au roi *Henri* III à la journée de *Coutras* sont présentés à la belle *Corisandre d'Andouin*.

La troupe qu'on envoya contre *Henri de Béarn* était l'élite de tous les gentilshommes qui formaient le parti royal. On n'avait pu trouver que des chevaliers élégans et des courtisans musqués. Il ne fut pas possible de donner d'autres braves au général. Les deux factions avaient accaparé toutes les âmes susceptibles d'enthousiame. La cause du trône n'échauffait l'imagination de personne.

L'armée arriva à *Coutras*. Elle étala sa pompe fastueuse, aligna ses escadrons dorés, et se tint rangée en face des austères hérétiques ; elle se permit, sur toute la ligne, des bravades insultantes et une ridicule présomption. On la vit rire et se moquer d'un ennemi, qui, bardé de fer, à genoux et prosterné, avant le combat, se vouait, par une courte prière, aux volontés du ciel et aux ordres de son général. Ce sombre recueillement fait souvent la fortune d'une bataille ; c'est ce qu'éprouva, un moment après, la jeune noblesse catholique.

A peine la charge eut-elle sonnée, que l'armée mignonne laissa, dans le sang et la boue, ses brides, ses éperons, ses panaches et ses armes dorées. On reconnut, parmi les morts et parmi les prisonniers, des frères, des parens, des amis, tristes victimes des guerres civiles, pendant lesquelles personne ne regarde dans le sein de qui son bras plonge l'épée.

La victoire de *Coutras* fut le premier succès des calvinistes en bataille rangée. Néanmoins, elle ne produisit ni la peur, ni le découragement dans l'âme de la faction ligueuse ; le vainqueur ne sut pas profiter de ce brillant avantage. Négligeant de suivre sa fortune, *Henri de Béarn* suspendit sa marche pour aller porter ses lauriers aux pieds de la *belle Corisandre d'Andouin, comtesse de Guiche*. On lui pardonna de faire, à sa maîtresse, l'hommage de son courage. Il lui était dû, si elle l'avait inspiré pendant le combat. Qui n'a pas sa divinité tutélaire le jour d'une bataille ! mais on le censura amèrement d'avoir mêlé à cet hommage les drapeaux enlevés à son suzerain. C'était se parer, l'un et l'autre, de ce qui causait la honte de leur commun maître. On aurait désiré, de sa part, des procédés plus délicats envers un monarque malheureux.

Cette étourderie de l'amour ne resta pas impunie : car, pendant que le Béarnais faisait la présentation des drapeaux français à sa comtesse, vassale comme lui du roi vaincu, *Henri de Guise*, à l'autre extrémité du royaume, mettait en pièces les trente mille Allemands qui avaient forcé les frontières. Cette perte irréparable fit souvenir au vainqueur de *Coutras*, que cette troupe luthérienne venait se joindre à lui, et qu'il aurait dû la soutenir de ses propres forces. Des alliés si fidèles, qu'un même intérêt de secte et de culte attachait à sa cause, périrent sans avantage pour lui, par la faim, la misère et l'épée. Toute l'Alsace fut couverte de leurs cadavres. Ainsi l'amour de sa *Corisandre* contribua à agrandir la réputation et l'influence de son plus dangereux ennemi.

En effet, *Guise*, après son triomphe sur les religionnaires d'Allemagne, ne devint pas seulement le héros du siècle, mais l'idole de tous les Français catholiques. Les factions sont faciles à diviniser les hommes.

CHAPITRE XLVIII.

Entrée du révolutionnaire *Henri de Guise* dans *Paris* malgré la défense du roi. Fuite du roi *Henri* III.

Le grand capitaine, le grand homme du siècle, *Henri de Guise*, était attendu dans Paris. On s'impatientait de ne pas le voir arriver. Les éloges et les applaudissemens étaient tout préparés d'avance. Ce conspirateur absorbait entièrement l'admiration enthousiaste de la noblesse et de la bourgeoisie ; il effaçait tous ses rivaux et le roi lui-même. Cette supériorité de l'homme du jour ne coûte jamais, à ceux qui la proclament, que des actes de bassesse et un ridicule engouement.

Au reste, on avait besoin de *Guise* dans la capitale. Sa présence devait rassurer la ligue, qui venait de prendre l'alarme sur quelques mouvemens qu'avait faits la cour. Les seigneurs de la faction, restés pour observer les démarches du monarque, avaient remarqué du changement dans ses volontés et dans son attitude. On observe tout, jusqu'aux traits et aux couleurs de l'homme qu'on opprime. Il était évident que le roi, las de sa nullité et des humiliations qu'on lui faisait supporter, avait songé à devenir le maître sur son trône, et à le défendre contre les *Guises* et les autres meneurs de la ligue. Un pareil réveil causait de l'effroi à la faction, et intriguait tous les esprits.

En effet, il y avait lieu de s'étonner de la nouvelle allure politique que *Henri* III venait d'adopter. Il avait eu la force, du moins, de suspendre pour quelques jours, l'effet des attaques qu'on dirigeait, et contre lui, et contre son autorité. Il soutenait son rôle avec honneur, et semblait se faire céder le pas par ses redoutables ennemis; ce qui prouvait son heureuse métamorphose, c'est que les révolutionnaires sentaient, depuis l'éloignement de *Guise* de la capitale, le besoin d'agir avec plus de retenue et de circonspection qu'à l'ordinaire. Ils se croyaient encore faibles contre le roi, puisqu'ils baissaient, à son égard, le ton de leur insolence.

Le monarque parut si résolu de tenir tête à son rival en autorité et en puissance, qu'il abandonna pour quelque temps la société des pages, des favoris et des mignons. Toutes ses pensées se dirigèrent vers les moyens de contenir le lorrain *Henri de Guise* qui se prévalait contre lui des lauriers de la ligue catholique. Il était important de se maintenir entièrement libre dans l'exécution de son plan, et de n'avoir pas à attaquer à la fois tous les chefs de la faction. Il s'arrêta donc à l'expédient de séparer le duc de *Guise* du centre de la rébellion. Ce levier agissant de loin, ne communiquerait à la ligue parisienne que des oscillations faibles et interrompues ; en conséquence, il se décida à défendre au factieux l'entrée de la capitale, et à le tenir dans l'inaction pendant quelque temps sur les frontières du royaume. Le courrier porteur de cet ordre partit pour aller l'intimer au grand homme du jour.

On fit à cette occasion des paris dans la capitale, sur le succès de cette défense. Comment serait-elle considérée par *Henri de Guise* ? Qui l'emporterait du roi ou de son sujet ? Où était la force réelle unie à celle de l'opinion ? De quel côté se trouvaient le discrédit et l'impuissance ? A-t-on jamais vu un roi craint et obéi dans la chaleur des dissensions civiles ? Toutes ces questions scandaleuses, annonce d'une anarchie totale, se débattaient dans tous les salons de la ligue avec beaucoup de chances favorables au factieux, parce qu'on n'ignorait pas que *Guise* s'était déjà mis en route pour Paris, et que la noblesse et les membres des comités révolutionnaires envoyaient sans cesse des députés à sa rencontre, pour hâter sa marche. On lui promettait de lui ouvrir les portes que le roi lui faisait fermer.

On ne resta pas long-temps dans la fièvre de la crainte et de l'incertitude. L'idole de la faction catholique, méprisant les ordres et la défense du roi, continua sa route, et entra sans obstacles dans la capitale. Dès que le rebelle se fut montré aux barrières de l'enceinte, sa vue exalta toutes les têtes fanatiques ; c'est le moment des grandes jouissances d'un ambitieux. Tous déclarent avoir éprouvé de pareilles heures de bonheur. Les nobles s'empressèrent, comme le peuple, de se ranger autour de sa personne. On se précipita sur ses pas, comme si on ne le voyait que pour la première fois. Les dames remplirent les fenêtres et les balcons, pour jeter sur le révolutionnaire soldat des fleurs et des rameaux de chêne. On perdit la voix à crier *vive Guise! vive le sauveur de la religion et de la France!* On prenait le roi et les calvinistes pour les ennemis de l'état. C'est ainsi que les capitales ont tour à tour, suivant les événemens qui les échauffent, de grandes joies ou de grandes fureurs. Cette alternative leur laisse peu de temps pour la raison, la sagesse et la justice.

Le monarque et *Guise* ne pouvaient pas vivre long-temps ensemble au sein de la capitale. Il fallait qu'on reconnût un maître dans le roi ou dans le sujet. *Guise*, qui avait résolu de n'en reconnaître aucun, et moins encore le souverain légitime, fit entendre qu'on devait songer à lui céder le pas. La retraite était le seul parti convenable au plus faible des deux.

Cependant *Guise* garda quelques bienséances dans la manière d'expliquer ses intentions. Il ne prit pas la voie directe de l'audace et de la provocation ; mais le détour qu'il employa produisit le même effet. Sous prétexte que la faction huguenote entreprenait visiblement tous les jours sur le terrain sacré du catholicisme, il voulut mettre en défense le parti papiste, et le préparer aux attaques prochaines des audacieux hérétiques. Aidé de ses parens, tous chefs de file et de sa fidèle légion de gentilshommes, il ordonna de dresser des barricades, et fit assaillir par ses coupe-jarrets la garde suisse. Il s'assura en même temps de l'arsenal et du fort de la Bastille.

Ces actes militaires, cette police qu'on s'attribuait autour du palais du souverain, cette autorité révolutionnaire qui se manifestait sans ménagement, annoncèrent clairement au roi que *Guise* et ses complices prétendaient au gouvernement exclusif dans Paris. Il ne restait donc plus d'autre parti à prendre, que celui de sortir de son palais, ou de se rendre le prisonnier du conspirateur prétendu catholique. Il était urgent de comprendre le factieux sans explications.

Dans cet embarras, le roi savait encore que la fameuse duchesse de *Montpensier* portait jour et nuit, accrochés à sa ceinture, des ciseaux d'or, avec lesquels elle se proposait de le tonsurer. La fanatique ambitieuse avait fait dans son salon, au milieu de ses vaillans preux, plusieurs fois le serment de lui enlever sa blonde chevelure. Elle avait souvent juré de l'enfermer elle-même dans un cloître. Les femmes n'ont pas besoin de tant de sermens pour réaliser leur vengeance ! Cette réflexion contribua, autant que d'autres motifs, à déterminer le roi *Henri* III à céder la capitale et ses faubourgs au chef de la noblesse ligueuse. Il partit donc secrètement pour la ville de *Chartres*, et de là il se rendit à *Blois* où il convoqua les états généraux.

Les affaires personnelles de *Guise* parurent alors dans une grande prospérité. La fuite du souverain l'affermissait encore davantage, en laissant un libre cours à sa domination. Un roi qui recule donne à un factieux toute la force qu'il perd après lui ; cependant le conspirateur et son conseil ne pensèrent pas que les circonstances fussent favorables, ni que les préparatifs pour le succès fussent complets. Il y a des heures précises pour l'usurpation d'une couronne. On crut prudent d'attendre avec patience que le temps les fît sonner.

Ainsi donc, dans l'intention de ne pas paraître gouverner, en son propre nom, Paris et les provinces ligueuses, *Guise* se rapprocha de la cour fugitive qui alors faisait modestement sa résidence à *Blois* où elle enseignait le bon français et la politesse.

Des négociations s'entamèrent entre le sujet et le souverain, et produisirent *l'édit d'union*, chef-d'œuvre de la politique de la faction. Par ce traité, on accorda au Lorrain le titre de généralissime des armées royale et ligueuse. C'était légitimer sa révolte, son parti et son ambition. Avec ce surcroît d'autorité, *Guise* se donna une force considérable de résistance personnelle. Il retint auprès de sa personne un entourage important de comtes, de barons et de chevaliers. Il posta, sur différens points du royaume une foule de gentilshommes, tous ses créatures dévouées et bien au fait de son secret.

A ces appuis, qui l'aidaient à marcher vers le but de sa

politique, il voulut ajouter également la bienveillance de quelques députés aux états généraux et la complicité du plus grand nombre. Les grandes assemblées fraternisent sans peine avec les ambitieux et les usurpateurs. Ainsi, tout avait l'air de lui réussir pour s'asseoir sur le trône capétien, et s'y reposer des fatigues de sa longue rébellion.

Mais assez souvent on court pour faire une prompte chute ; une couronne échappe aux plus habiles mains. *Guise* en fit une triste expérience. On jura derrière lui, sans qu'il se mît en peine de l'entendre, de lui ôter la vie par un assassinat ; et il eut la maladresse de laisser réussir ce coup d'état.

Sans contredit, il aurait pu éviter son destin. Il ne manqua pas d'avertissemens qui le rappelaient à la prévoyance. Il aurait dû avoir la patience de lire les billets et les lettres qu'on lui adressait sur son danger prochain. On le traita, en effet, comme le révolutionnaire *César*, à qui l'on fit craindre son entrée dans le sénat romain. Non moins confiant en son étoile que cet usurpateur, *Henri de Guise*, généralissime des armées de France, dédaigna les prédictions de ses amis. Il fut surtout inexcusable de repousser les noirs pressentimens d'une jolie marquise. Pourtant, l'avenir peut-il être mieux connu par un ambitieux souvent distrait, que par une femme toujours sensible. L'amour a mis toute sa divination dans le cœur le plus aimant et le moins présomptueux. La tendre marquise de *Noirmoutiers* avait eu depuis plusieurs nuits des rêves affreux. Elle en conservait les tristes détails dans sa mémoire pendant le jour. Elle raconta à son amant de *Guise* qu'elle l'avait vu nageant dans son sang, et rendant sa belle âme au ciel sous les coups d'un barbare assassin. Qui n'a pas vérifié dans sa vie que les rêves d'une amante deviennent souvent de cruelles et fatales réalités?

Mais ce fut en vain que la sensible marquise expliqua ses songes, caressa, pria, conjura et pleura, faisant redouter à son ami les portes du château de Blois. On vit dans cette circonstance combien les larmes et les craintes sont impuissantes auprès de l'ambition : car le Lorrain *Henri de Guise*, n'écoutant ni son oracle en pleurs ni sa propre prudence, courut le jour même au palais où un ordre particulier l'avait invité de se rendre.

Parvenu au château royal, ce ne fut qu'au seuil de la porte du conseil que ses yeux dessillés aperçurent la pointe du poignard qui le menaçait. Le grand capitaine pâlit à cette vue. Il éprouva un profond évanouissement. On se donna le sauvage plaisir de lui administrer des liqueurs spiritueuses pour l'assassiner tout vivant. Il expira en étonnant les témoins de sa mort, du spectacle de ses frayeurs et de ses faiblesses. Ces exemples excusent la terreur dans les poltrons.

CHAPITRE XLIX.

Les Catholiques révolutionnaires attaquent le roi *Henri* III campé à *Tours*. Nomination du duc de *Mayenne* au grade de lieutenant général du royaume.

L'ASSASSINAT de *Guise-le-Balafré*, exécuté autant pour la sûreté du trône que pour l'indépendance du monarque, ne dissipa d'aucune manière la ligue catholique ; elle ne tenait plus à cette époque à l'existence d'une seule tête; elle en avait de rechange. La réserve était faite pour les cas imprévus ; telle est la précaution que prennent toutes les factions. Plus d'un personnage attend en seconde ligne le premier rang.

Ainsi, dès que la mort violente de *Guise* fut connue dans Paris, on nomma sur-le-champ le duc *d'Aumale* gouverneur de la ville, et le duc de Mayenne, lieutenant général du royaume. Ni l'un ni l'autre ne refusèrent le titre de rebelle, s'occupant plus des intérêts d'une faction que du salut de l'état et du trône.

Ces choix ne suffisaient pas néanmoins dans la circonstance. Il fallait à ses nouveaux chefs des soldats, et ensuite un public entièrement fanatisé. On ne fut pas embarrassé de savoir ce qu'il convenait de faire pour se procurer ces deux ressources de guerre civile. Le comité de la faction ordonna de fréquentes processions dans Paris, des messes et des prédications. Il fit chanter aux hommes et aux femmes, pour litanie, le verset révolutionnaire, que *Dieu éteigne la race des Valois.*

Les nobles, qui ont de la voix tout comme les roturiers, lorsqu'il s'agit de révolte et de chants séditieux, répétaient, non moins dévotement que la multitude égarée, cette abominable prière. Ils pratiquaient avec zèle chacune de ces lugubres et sinistres cérémonies. Plus au fait du ton qu'il faut prendre avec la religion lorsqu'elle est aux ordres de la politique, ils corrigeaient la tristesse et la mélancolie de la liturgie sacrée, par un badinage galant avec les dames et les demoiselles qui assistaient aux processions. Ils leur donnaient le bras, riaient avec elles et s'étudiaient, sans faire tort à leur fanatisme commun, à les distraire dans les rues.

Les deux sexes ne rougissaient pas d'affecter une nudité indécente à la suite des bannières et des croix. C'était le signe d'une profonde conviction religieuse. Toutes les douleurs vraies ou fausses se sont toujours débarrassées de la pudeur des vêtemens. Chacun marchait pieusement presqu'en chemise.

Cette pénitence était adoucie par les soins et les prévenances du gouverneur *d'Aumale* et des autres seigneurs de la ligue. Ces galans révolutionnaires préparaient des rafraîchissemens et d'amples collations dans chaque station où les prêtres faisaient halte. Tous les gosiers avaient besoin de se désaltérer, après s'être tant échauffés à demander au ciel l'extinction de la famille royale. Quand la procession reprenait sa marche, les nobles dévots, toujours fidèles à leurs dames, les accompagnaient de nouveau, et entraient avec elles dans les églises où ils recevaient ensemble les indulgences et les bénédictions.

Pendant les longs saluts, qui les retenaient dans les temples, ils laissaient chanter le peuple, pour qui les prières sont faites. Ils laissaient les prêtres prêcher pour la sainte ligue et fanatiser les esprits contre la paix, contre le trône capétien et contre le roi *Henri* III. Quant à eux, cherchant à égayer le rôle pieux qu'ils jouaient, ils employaient le temps à jeter, avec une sarbacane, des bonbons et des dragées aux filles et aux mères. Cet aimable divertissement ne se faisait pas sans se permettre un gracieux sourire et une amoureuse œillade. La contrainte qu'exigeait le lieu, ajoutait à la vivacité des désirs.

Ce fut avec une profonde douleur que les gens raisonnables virent la noblesse parisienne participer de la sorte à la frénésie générale. Ils tirèrent un mauvais augure, pour l'avenir, de ce mélange bizarre et journalier de chevaliers et de bourgeois. Il n'était que trop prouvé par l'expérience, que, quand les gentilshommes daignent se rapprocher du peuple, les rois ont toujours sujet de trembler sur leur trône. Cette familiarité, qui les confond pêle-mêle dans les rues, sur les places, dans les processions, dans les églises, est l'annonce sinistre d'une révolution prochaine. On ne sacrifie jamais sa vanité sans un grand intérêt.

Ces appréhensions se vérifièrent bientôt ; car la noblesse ligueuse ne tarda pas à profiter de la révolte organisée, pour lever des troupes et marcher contre son souverain. Elle ne ménagea plus les apparences. Leur fanatisme simulé pour le catholicisme lui permettait de tout oser. Elle vint donc, sous la conduite du duc de *Mayenne*, défier le roi dans sa retraite, sur les bords de la *Loire*. Les deux partis se battirent dans *Tours* et aux environs de la ville. Les royalistes purs, mais en petit nombre, oublièrent leur courage ; et le monarque, pressé de toutes parts, ne trouva de sûreté, pour lui et pour sa couronne, que dans les bras des calvinistes. Il accepta enfin les offres de *Henri-le-Béarnais*, qui, campé dans la plaine de *Poitiers*, ne cessait de l'engager à unir son armée à la sienne. On n'est pas toujours obligé d'examiner avec qui l'on gagne la victoire.

Dès que cette union eût été opérée entre les deux *Henris* de la même famille, les rebelles furent bientôt repoussés et chassés vers Paris, repaire des révolutionnaires catholiques. On les harcela tout le long de la route. On leur fit beaucoup de prisonniers. On leur enleva des drapeaux dans l'affaire qui eût lieu sous les murs de *Senlis*. On ne cessa de les attaquer, que lorsqu'ils furent tous rentrés dans la capitale.

Les hérétiques, sous les enseignes de leur souverain légitime, quittant dès lors le titre odieux de factieux, se montrèrent soldats fidèles et bons Français. Ils campèrent au nombre de quarante mille hommes sur les hauteurs de Saint-Cloud. Le roi, ramené, au milieu d'eux, aux portes de Paris, songea moins à sa vengeance qu'au besoin que la France avait de la paix. Il proposa aux ligueurs le pardon, ou le canon de siége. En cas de refus, il menaça la ville rebelle d'abattre ses remparts, ses boutiques et ses maisons. Le fanatisme ne s'effraie de rien. Les Parisiens se moquèrent des menaces du monarque et des épées des calvinistes. Ils se tinrent retranchés derrière leurs murs, espérant que la bonne cause triompherait de l'hérésie et de la caducité de la dynastie capétienne.

CHAPITRE L.

Des dames de qualité courent dans les rues de *Paris* pour engager les habitans à se réjouir de l'assassinat de *Henri* III.

Rien de ce qu'attendaient les factieux de la capitale n'arriva dans l'ordre politique. Seulement ils jouirent des tristes effets de l'événement, qu'ils avaient eux-mêmes préparé. Le roi *Henri* III fut choisi pour servir de compensation aux maux que le siége leur faisait déja endurer. On place souvent le dédommagement de ses souffrances dans la perte de son ennemi. Ce grand attentat se trama dans l'ombre des cloîtres et des salons. On ne récita plus dans le public d'autres histoires, que celles qui montraient le poignard levé sur la poitrine des hérétiques et des persécuteurs de la foi. On rappela les traits vieux et nouveaux de la haine et de la vengeance que l'intérêt de la bonne cause permet, disait-on, d'exercer indistinctement contre ses ennemis. On a une mémoire heureuse pour les autorités et les citations qui encouragent au crime.

La fameuse duchesse de *Montpensier* ne fut pas la dernière à accréditer les maximes du régicide. Implacable dans sa haine, elle voulait l'éteindre dans le sang de la race des *Valois*. Bien informée du nombre des têtes propres à s'élever à la hauteur d'un fanatisme assassin, elle donna la préférence au jeune moine *Jacques Clément*. Le regard de ce dominicain était vif et inquiet; son air participait d'une âme mélancolique; il ne rendait ses pensées qu'avec le son d'une voix sombre et lugubre. On ne recherchait alors que les portraits de ce genre. On n'attachait du mérite qu'à ces qualités physiologiques.

La révolutionnaire duchesse appela chez elle le moine de vingt-deux ans. Elle le reçut plusieurs fois dans ses appartemens. Leurs entretiens particuliers roulèrent spécialement, les premiers jours, sur les faunes et les satyres que le roi de France *Henri* III adorait secrètement dans son palais. L'imposture, semblable à la pierre à aiguiser, tire des étincelles des plus froides imaginations.

Dans les autres conversations qui se succédèrent rapidement, les unes aux autres, car l'effervescence doit aller toujours croissant lorsqu'il s'agit de dresser un assassin, la duchesse et le jeune moine s'appesantirent sérieusement sur la ressemblance parfaite qu'il y avait entre les traits du roi *Henri* III, et ceux des démons et des harpies. Il faut ôter à l'homme jusqu'à sa figure, afin qu'on n'ait pas scrupule de l'immoler comme une bête fauve. Leurs conférences étaient une répétition des malédictions que les prêtres à chaque prône vomissaient contre la personne royale.

La dame avait, comme toutes les femmes habiles, l'art de faire empirer le mal des imaginations malades. Comme elle l'emportait sur le moine par l'esprit, l'adresse et la politique, il lui fut facile de parvenir à le perfectionner dans le crime du régicide : il ne resta plus d'autre embarras que celui de fixer au jeune forcené le jour et l'heure de son départ pour Saint-Cloud. C'est le moment d'une involontaire hésitation que l'instant de s'armer et de partir pour assassiner sa victime ; la duchesse prévoyante lui assigna cette heure fatale dans la distraction de ses enivrantes flatteries.

Jacques Clément, ayant ainsi oublié la religion, l'honneur et la vertu, se dirigea vers Saint-Cloud. Il aborda, le 31 juillet, les gardes avancées du camp calviniste et royal. Il fut accueilli par elles sans aucun soupçon. Son habit monacal prévenait la défiance. On le remit seulement au lendemain pour présenter ses lettres de crédit au monarque.

Le moine, en attendant le jour, soupa avec appétit, conversa avec sang-froid, dormit sans agitation. Le fanatisme a ses héros : à son réveil, il reprit son froc et son stilet. Ce fut avec cette arme, et dans sa résolution frénétique, qu'il se présenta à l'audience du roi.

Pendant que le prince, abusé par la tonsure et le cordon du moine, lisait avec confiance les lettres dont l'assassin était porteur, le scélérat frappa de son fer la royale victime qui reconnut trop tard ce que promettent aux rois faibles et timides les factions religieuses et politiques. Le régicide étant consommé, le moine *Jacques Clément* expira à son tour auprès du corps sanglant de son roi. Tous les bras des assistans se levèrent sur lui. C'est accorder une grâce que d'épargner aux assassins la rigueur des supplices.

La nouvelle de l'événement se répandit bientôt dans le camp et dans la capitale. On vit le catholique royal et le calviniste arroser des mêmes larmes le cadavre inanimé du malheureux monarque. *Henri de Béarn* embrassa à plusieurs reprises son souverain assassiné. Ce deuil ne dépare jamais le courage ni le rang.

Mais si l'affliction la plus profonde régnait dans l'armée

de Saint-Cloud, des cris de joie, au contraire, et des applaudissemens de félicitation retentissaient dans Paris. La noblesse ne se montra, dans cette circonstance importante, ni consternée ni indignée ; elle ne ferma ni ses portes ni ses fenêtres, comme un signe de l'improbation de l'allégresse générale. Pas un gentilhomme ne demanda des recherches judiciaires contre les auteurs de cet horrible attentat. Chaque noble aurait pu désigner, sans se tromper, le cloître, la chaire et le salon où le crime avait été conçu et encouragé.

L'esprit révolutionnaire incendiant toutes les âmes, personne ne rougit de voir la duchesse de *Montpensier*, et la mère des *Guises*, assises dans une voiture pavoisée, parcourir les rues de Paris, pour exciter les ligueurs à des fêtes et à des réjouissances publiques. Ces deux dames bravaient sans danger les soupçons ; on est en sûreté au milieu de ses complices.

Lorsqu'on se fut amusé du spectacle que donnaient les deux duchesses fanatiques et ambitieuses, on courut en foule aux églises, où les prêtres à leur tour justifièrent le régicide. Ils invoquaient pieusement les heureuses mamelles qui avaient allaité le jeune *Jacques Clément*. Ils baignaient de la rosée du ciel le poignard, qui avait tranché les jours de leur souverain. Tout devient une arme bénite, quand on s'en sert à l'avantage d'une faction.

Le même assassinat trouva des admirateurs à Rome : il remontait en effet à sa source. On ne pouvait pas le répudier, quand on l'avait signalé soi-même à la France catholique. Le pape, à la tête de ses cardinaux, changea le régicide en un acte d'héroïsme. Il fit, dans un consistoire solennel, du moine fanatique un second *Éléazar*. Heureusement que de pareilles béatifications n'ont d'autre durée que celle des factions.

La paix et la raison viennent à la fin détrôner tous les grands hommes, et même les saints que le fanatisme a créés. En effet, la postérité, qui juge sainement de tout le passé, ne ratifia de cette horrible journée que les larmes civiques des bons Français.

FIN DU LIVRE QUATRIÈME.

LIVRE CINQUIÈME.

BRANCHE DES BOURBONS.

CHAPITRE PREMIER.

La Noblesse ligueuse refuse de reconnaître Henri IV. Continuation du siége de Paris.

Après les obsèques du roi *Henri* III assassiné, les personnes modérées et lasses des malheurs publics, se flattèrent de voir luire une meilleure situation pour elles et pour la France. Elles supposèrent que les nobles, honteux de favoriser l'assassinat, de prêcher le régicide et de se déshonorer par un fanatisme cruel, cesseraient d'agiter le bourgeois et le peuple, et seraient les premiers à détromper les esprits sur l'ambition des princes lorrains et sur les perfides intrigues de la cour de Rome. Il y a, dans toutes les factions des excès et des crimes qui convertissent les têtes, mieux que les inspirations de la sagesse et de la vertu ; on était, en effet, déjà parvenu à ne plus savoir ce que la fureur fanatique et révolutionnaire pourrait inventer de plus barbare et de plus nouveau que ce qu'on avait pratiqué depuis fort peu de temps. S'il y avait un esprit moral dans la faction, il était perverti et corrompu. S'il existait un accord entre ses membres, c'était le lien d'une association antisociale ; si, enfin, on y reconnaissait une autorité, elle n'était qu'un centre de sédition et de révolte contre le pouvoir légitime.

C'est parce que ce triste tableau contenait une effrayante vérité, que les âmes pacifiques et pleines de patriotisme espéraient une conversion prochaine à l'ordre, à la raison et à l'humanité. Elles oubliaient malheureusement, en faisant de pareils calculs, que la guerre civile existait depuis vingt-trois ans; qu'en se battant entre concitoyens, on ne fait faire des progrès qu'à la démoralisation d'un pays; que le sang d'un roi assassiné enivre des têtes factieuses, et que les passions, soulevées par le fanatisme religieux, sont des matières plus inflammables que celles des volcans.

On reconnut bientôt son erreur, et de quel trompeur espoir on s'était bercé, lorsqu'on vit la ligue obéir, comme auparavant, à ses nobles révolutionnaires, écouter ses prêtres fanatiques, rester sous les armes et mettre de l'amour-propre à servir d'instrument à la maison des Guises, au pape et aux Espagnols. Ainsi, bien loin de calmer ses transports, et de rejeter hors de son sein les intrigans nationaux et étrangers, la faction redoubla, au contraire, à la mort du roi *Henri* III, d'audace et d'insulte, et nourrit plus que jamais sa frénésie et sa haine catholique.

La capitale, ayant donc pris la ferme résolution de poursuivre sa révolte jusqu'à la chute de l'ancienne dynastie, se décida, sans hésiter, à mourir de faim et de misère plutôt que d'accepter pour roi de France le calviniste *Henri de Béarn*. Elle mangea avec résignation les chiens, les chats, les rats de tous les quartiers et de ses faubourgs; elle exprima le suc corrompu des immondices des rues et des égoûts, sans avoir horreur d'une telle nourriture : elle fit bouillir et rôtir de la chair humaine.

Ce dernier attentat de la faim et du désespoir toucha l'âme du prince béarnais. Il s'approcha des portes de la ville ; il fit entendre sa voix, se déclarant le légitime successeur du roi assassiné, et proposant la paix et la soumission mutuelle aux lois de la société commune ; et, afin d'engager les ligueurs à l'écouter, il leur fournit du vin et de la farine.

Les rebelles reçurent les cadeaux de la pitié et de l'indulgence ; mais ils repoussèrent constamment les titres et les droits héréditaires de celui qui faisait ces présens. En vain *Henri de Béarn* se nommait-il le descendant de *saint Louis*, le dernier rejeton de la race de *Capet* et l'aîné de la branche des *Bourbons*. Sa voix hérétique faisait reculer d'effroi les nobles et les bourgeois catholiques. On refermait aussitôt les portes et les barrières, et on n'avait plus d'oreilles que pour entendre l'éloge des Guises, et les imprécations des duchesses et des comtesses fanatiques. On boucha si bien toutes les ouvertures de la ville, que ni la paix ni *Henri* IV ne purent y entrer de long-temps.

Le calviniste *Henri* consulta ses vieux capitaines sur cette obstination séditieuse : le conseil jugea que les esprits ne se convertiraient que par l'effet d'une bataille ; encore fallait-il qu'elle fût décisive. On avait déjà fait trop d'avances envers les ligueurs pour ne pas sentir le besoin de tuer, avec l'épée et le canon, quelques milliers de gentilshommes catholiques, ce qui servirait à ramener à la raison et au bon sens la masse égarée de la révolte. Ce succès militaire enlèverait infailliblement au duc de *Mayenne*, chef de la révolution, une élite importante de comtes, de barons et de chevaliers, ses complices ; au clergé, un grand nombre de pénitens et de dupes ; et aux dames de qualité, la fleur de la gentilhommerie. On n'a pas, dans certains cas, pour en venir à la paix, d'autre ressource que de porter le deuil dans les familles.

Comme on dressait d'après cette politique, dans le camp calviniste, le plan de la bataille qu'on désirait livrer à la faction, la noblesse ligueuse de son côté songeait également à s'appuyer d'un grand succès militaire. Elle y attachait la sûreté de son parti et la stabilité de ses travaux révolutionnaires. Les uns et les autres mettaient leur confiance et leur salut dans l'effusion du sang français. Ils ne comptaient sur un triomphe permanent, qu'après avoir enfoui dans la terre des milliers de leurs concitoyens.

Ces dispositions meurtrières dominant les esprits dans l'un et l'autre parti, amenèrent bientôt les deux armées dans la plaine d'*Ivry*, près de Dreux. De ces deux armées, placées à une distance très-rapprochée, on entendait les cris du langage des ligueurs, *vive Mayenne! vive les Guises!* et les cris français, *vive le roi! vive Henri!* Des deux côtés on prit ces cris pour une insulte et une provocation ; on allait donc sonner la charge, quand la nuit força de renvoyer au lendemain, pour savoir ce que le sabre et le canon décideraient de ces deux acclamations enthousiastes.

Au point du jour, les gentilshommes de la ligue furent tous à cheval. On dirait que l'armée qui doit être battue est toujours la plus impatiente et la première à se réveiller dans un camp. Cette brillante gendarmerie hennissait, bondissait, caracolait d'inquiétude et d'ardeur à la vue des hérétiques qui se formaient lentement et solidement sur la ligne de bataille. Il tardait aux ligueurs de mettre en fuite et d'exterminer les champions de la vieille dynastie capétienne.

Ils n'avaient, en s'armant pour le combat, rien oublié de ce qui pouvait prouver à leurs adversaires que les honnêtes gens seuls, que les gens de bien uniquement, servaient dans cette guerre le *pape*, *l'Espagne*, *Mayenne* et *la ligue*. En effet, si le luxe militaire est le signe de la bonne cause, on voyait la noblesse catholique parée, ce jour-là, de ses plus riches armures. Elle était coiffée de casques dorés ; elle brandissait des lances étincelantes ; elle avait prodigué l'or et l'argent sur les brides, les housses et les selles des chevaux. Cette magnificence annonçait, selon elle, la justice de son parti ; mais, si le soldat pauvre a souvent tort dans l'opinion, il a plus d'une fois raison sur un champ de bataille.

L'armée de *Henri* ne se laissa point éblouir par ce faste militaire. Sa parure fut simple ; le fil de son sabre et la vigueur de son bras. Elle avait bon espoir de les rendre funestes l'un et l'autre aux arrogans ligueurs, et de chanter victoire dans la plaine d'*Ivry*, malgré la canonisation du régicide *Jacques Clément*, et les ferventes prières du clergé de la ligue. En effet, les calvinistes et les catholiques royaux, sous les drapeaux du Béarnais, se disputèrent dans cette bataille l'honneur de priver le duc de *Mayenne* et sa faction, du plus grand nombre possible de gentilshommes révolutionnaires. Le combat fut long et opiniâtre ; les ligueurs prouvèrent, par leur résistance, qu'il ne faut pas toujours défendre le parti le plus juste et le plus raisonnable pour se sentir du courage et de la bravoure dans le cœur. L'opinion fait également des braves.

Un corps suisse empêcha long-temps la victoire de se

décider entre les deux enseignes. Il resta immobile sur le terrain ; et, sans combattre, il se faisait respecter. On se disposait à l'enfoncer à coups de canon et à le renverser sur lui-même, lorsqu'il se rendit à discrétion, exigeant seulement du vainqueur un certificat, pour constater dans quelle impossibilité l'ordre de bataille l'avait mis d'opérer aucuns mouvemens militaires. C'était congédier à bon marché des gens qui cherchent de l'honneur et de la gloire, en mourant pour le profit des autres. Le besoin de vivre nous fait souvent vendre nos jambes et nos bras.

On observa après la bataille, non sans surprise, que *Mayenne*, ainsi que *Henri*, avaient l'un et l'autre négligé de s'assurer, en cas de malheur, les moyens de la retraite, faute capitale, confiance inexcusable aux yeux des tacticiens du siècle. Mais on ne reprocha cet oubli des règles ordinaires qu'à celui des deux qui fut vaincu.

Henri tenta ce coup de hardiesse avec réflexion, désirant de ne laisser à ses soldats que la ressource de la victoire. Il connaissait, au reste, à qui il la confiait. Chacun avait intérêt de bien faire. Il ne voulait pas lui-même perdre une couronne ; et son armée calviniste et catholique avait à se défendre des bûchers et des échafauds dont la menaçait une défaite.

La même audace ne réussit pas également au duc de *Mayenne*. Mis en déroute et manquant de point d'appui pour rallier son armée battue, le ligueur fut contraint d'en abandonner les débris au hasard, et de fuir lui-même sans escorte jusqu'à *Mantes*, toujours exposé à être enlevé par les calvinistes. Sa troupe, disséminée dans les champs, pressée par le vainqueur, erra de tous côtés, cherchant à regagner les remparts de Paris, sauvant avec peine le reste de ses bannières et de ses drapeaux ornés de croix et de chapelets.

Après cet échec, le duc de *Mayenne* se retira dans les lignes de Saint-Denis. Il éprouvait la honte et le malaise de la défaite; il bouda tous les imprudens qui l'avaient contraint de livrer la bataille. Il refusa de voir chez lui les envieux et les jaloux de son crédit. Il repoussa les suspects de son parti et les flatteurs de la ligue. Enfin, il résolut de faire une réforme dans l'association catholique.

La capitale connut bientôt sa situation morale; ce qui effraya le comité révolutionnaire de la ligue. On se hâta donc de venir relever son âme par des intrigues et des consolations. Le légat du pape, l'ambassadeur d'Espagne, la bonne sœur du duc, la fameuse de *Montpensier*, accoururent auprès de lui. Ils s'étudièrent à flatter tout à la fois l'homme, le général et le ligueur; ce qui remit les esprits de *Mayenne* à la hauteur de la rébellion papiste. Aucun parti, bon ou mauvais, ne peut se passer de flatteurs; ils endorment les remords dans l'homme puissant. On ne peut pas rendre un meilleur service aux ambitieux.

CHAPITRE II.

Le club espagnol s'agite pour faire couronner une *Infante* à la place de *Henri* IV.

Mayenne, consolé de la perte de la bataille d'*Ivry*, quitta sa retraite de Saint-Denis, et revint dans Paris faire de nouveau le roi des ligueurs : car le souverain qu'on s'était donné dans l'intervalle sous le nom de *Charles* x, n'était réellement qu'un fantôme. Il avait été nommé avec le consentement des *Guises* qui n'avaient pas cru devoir prendre sitôt le trône et le manteau royal.

Les circonstances, sagement appréciées par eux, les engagèrent à laisser la couronne au vieux cardinal de Bourbon, oncle du calviniste *Henri de Béarn*. Leur dessein était de tromper le public, en lui faisant croire qu'on ne cherchait, au moyen de la branche catholique des Bourbons, qu'à exclure du trône la branche hérétique de la même famille. Cette manœuvre politique ne pouvait nuire aux intérêts de la maison de Lorraine ; car ce qui, dans tous les temps, constitue la base naturelle de la royauté, telle que les finances, le pouvoir et l'armée, restait essentiellement dans les mains des Guises.

Mais, pendant que le duc de *Mayenne* travaillait à son plan d'usurpation à l'ombre d'un simulacre de roi, le cardinal couronné, *Charles* x, mourut, et le trône de la ligue parut encore vacant.

Il fallait néanmoins songer à le remplir, l'opinion et le vœu des nobles de la ligue l'exigeaient impérieusement. Les Espagnols, en garnison à Paris, avaient la même intention ; mais comme on n'était seulement d'accord que sur la nécessité de changer la dynastie, l'embarras d'une élection royale se compliqua dans le sein de la faction.

Les révolutionnaires ligueurs parlèrent alors tout haut du projet d'exclure les *Bourbons* : cette menace éveilla l'amour-propre et l'ambition d'un autre cardinal de la famille. Celui-ci entreprit de faire rejeter, à son profit, les prétentions des Guises, celles de l'infante d'Espagne, ainsi que les droits légitimes de son neveu *Henri* iv. Il comptait sur un plein succès, fort de l'autorisation du pape et des excommunications qu'on lui promettait de lancer contre les ligueurs récalcitrans.

Sans refuser précisément la requête du vieux cardinal, néanmoins un parti de nobles et de bourgeois dupés semblait de préférence fixer les yeux sur les grâces et la bonne mine du jeune *de Guise*, fils du Balafré. Ce prétendant rappelait à tout le monde les talens révolutionnaires de son père. Les souvenirs ont toujours eu beaucoup de crédit sur les esprits ; aussi personne ne fut étonné de voir une foule de chevaliers et de dames de qualité s'empresser autour de lui, grossir son parti, et lui aplanir sa marche vers le trône. Cette affluence de partisans lui inspira de la gaieté. Il s'en servit pour se moquer des prétentions du cardinal en se vantant de l'emporter sur la barrette rouge.

Il n'eut pas le même droit de railler, au sujet de la concurrence que lui opposait son oncle, le duc de *Mayenne*. Il se sentit personnellement moins fort contre la renommée, le crédit et l'exercice du pouvoir réel de ce compétiteur. En effet, le duc, toujours lieutenant général du royaume catholique, chef visible de la faction, revêtu de toute la puissance royale, pouvait espérer qu'on lui accorderait enfin, de préférence à tout autre rival, ce qui lui manquait, la parure et le luxe d'une couronne.

Mayenne était encouragé dans ses prétentions par toute la noblesse des provinces. Celle-ci faisait souvent dire à celle de Paris que le temps était venu de ne plus ménager l'ancienne dynastie ; qu'il fallait la couper dans son tronc et dans ses branches ; que, quant à elle, son vœu bien prononcé était qu'on déférât définitivement le sceptre français à la maison de Lorraine, et que la main la plus propre à le porter était celle du lieutenant général du royaume.

Le duc ambitieux pouvait encore se faire assister des maréchaux de France et du grand amiral, qui étaient de sa création. La reconnaissance n'est pas toujours le partage de ceux qui ont obtenu de nous d'éminentes dignités ; mais il avait rencontré dans ces seigneurs des cœurs honnêtes qui lui surent gré de leur élévation. Ce qui ne le flattait pas moins d'une heureuse réussite, c'était la faveur dont il jouissait auprès de la bourgeoisie ligueuse. Cette classe plébéienne, entrainée par les intrigues et les maximes d'un si grand nombre de ducs, de comtes et de barons, se fâchait sérieusement toutes les fois qu'on paraissait chicaner sur la récompense qu'on devait si justement aux travaux de cet excellent catholique. Le meilleur maître sera toujours, aux yeux de la multitude, l'objet de sa fantaisie.

Pendant que la France catholique se livrait aux débats de cette élection, les prétendans à la couronne faisaient valoir en leur faveur ce que leur parti respectif disait d'agréable et d'obligeant sur leur compte. Mais quelques efforts qu'ils fissent pour diriger l'opinion vers leur personne, il fallait avant tout obtenir l'approbation du *club* espagnol. L'étranger avait pris, dans les intrigues du moment, non-seulement une voix délibérative, mais prépondérante. Parmi ceux qui se mêlaient de nos affaires domestiques, les plus insolens et les plus impérieux étaient les Espagnols. Introduits par les ligueurs en France, casernés en grande partie dans la capitale, fournissant de l'argent et des armes à la guerre civile, ils prétendaient avoir le droit de ne pas demeurer neutres dans la dispute. Au surplus, quelque injurieuse que fût leur impertinence, il n'aurait pas été facile de repousser leur intervention. On les avait appelés pour se concerter avec eux sur le mode d'anéantir les Bourbons comme rois, et les calvinistes comme hérétiques. Ils donnaient à cet égard de bons conseils, et prétendaient qu'il n'y avait qu'eux qui pussent accorder tout le monde. Ce langage était dur à entendre ; mais on se condamne à se voir subjuguer dans son pays, toutes les fois qu'on garde trop long-temps chez soi de pareils amis.

L'ascendant espagnol s'émancipa même au point de heurter toutes les convenances et de désespérer l'amour-propre de la noblesse ; car l'ambassadeur de cette nation, en écartant avec beaucoup de morgue tous les concurrens français, proposa gravement *l'infante d'Espagne.* Il daigna ajouter que, dans le cas où la loi salique se trouverait contrariée par le choix d'une princesse, on consentirait à la marier avec un prince français. Toutefois cette condition ne devait pas lier la politique de son souverain qui restait toujours libre de consulter ce qu'il lui conviendrait de faire pour ses intérêts.

Ce fut avec ce ton d'arrogance que l'étranger traita la ligue catholique, faisant valoir les secours qu'on obtenait de lui pour prolonger la guerre civile. La note diplomatique de l'Espagne consterna le duc de *Mayenne*, *Guise* son neveu, l'intrigante duchesse de *Montpensier*, le duc de *Nemours* et plusieurs autres seigneurs révolutionnaires.

La position des rebelles trop fâcheuse par elle-même pour inspirer la résolution de résister ouvertement aux ordres espagnols, on se détermina à se retrancher dans les argumens de la législation française. La loi salique avait constamment, dans ses termes et dans la pratique, exclu les femmes du trône de la monarchie. Mais cette objection n'effraya pas l'ambassadeur espagnol ; il convint que la loi pouvait bien exclure les princesses françaises, mais qu'elle n'avait pas songé à faire un semblable affront à une infante d'Espagne. Son interprétation désobligeante révoltant la fierté de la noblesse, il se permit alors de reprocher aux ligueurs leur mauvaise réputation. Ils n'étaient que des ingrats, des têtes folles, des sujets indociles, ne pratiquant jamais une loyale soumission sous aucun régime. Après ces remontrances, le club espagnol usa, à leur égard, de toutes les manœuvres révolutionnaires qu'il leur voyait employer contre les Bourbons. En conséquence, bien instruit par leur exemple dans l'art d'organiser des émeutes populaires, il essaya ces mêmes moyens pour intimider les opposans à ses volontés, et les ennemis de l'infante.

L'adroit diplomate ayant prévu de loin le temps et les circonstances où il aurait besoin de faire agir le peuple de Paris contre les meneurs intéressés de la ligue, il s'était appliqué à ériger des bureaux de charité et de bienfaisance. Il faisait délivrer, au nom du roi d'Espagne, quatre mille minots de blé aux indigens de la capitale. Les pauvres fourmillent toujours dans les troubles civils.

Ces pensionnaires, ainsi consolés dans leur misère, s'étaient mis entièrement à la dévotion du charitable Espagnol. Rien ne fanatise mieux les imaginations que le pain ou l'argent d'une fausse charité ; avec ces bataillons de l'indigence, l'ambassadeur répandit à son gré l'effroi et la crainte parmi les gentilshommes. Il se procura abondamment, dans les rues et sur les places publiques, des applaudissemens de commande ; on cria autant qu'il voulut, *vive l'infante! à bas les prétendans français!*

Les propositions impérieuses du club espagnol, et les acclamations journalières qu'il soldait dans Paris, obligèrent la noblesse ligueuse à renvoyer la question de l'élection royale aux états généraux.

Mayenne, toujours investi de l'autorité suprême, les

convoqua dans la capitale. On allait précisément remettre en délibération ce que tant de siècles avaient formellement décidé, et ce qu'on avait jugé autrefois contre les prétentions de l'Angleterre.

Cependant cette assemblée, dans son illégalité même, ressentit encore une émotion de l'honneur français. Malgré les intrigues et l'influence étrangère, la vieille loi salique, rajeunie sous *Philippe-le-Bel*, se maintint contre toutes les attaques. Elle échappa une seconde fois à son abrogation. Elle empêcha de nouveau que les femmes en France n'y devinssent de grandes reines, à la honte de ceux des princes qui ne veulent pas y devenir de grands rois.

En la conservant en vigueur, comme auparavant, il restait toujours l'embarras de se procurer un roi catholique et bon papiste. On avait sans doute éludé une grande difficulté en écartant l'élection de l'infante d'Espagne ; mais le point non moins important était de choisir un maître. Personne ne pensait à *Henri-le-Béarnais* ; dans l'opinion des rebelles, un calviniste sur le trône ne valait pas davantage qu'une femme couronnée. On les proscrivait l'un et l'autre, avec la conviction qu'aucun des deux n'était propre à faire le bonheur des peuples et la gloire d'une nation. Les factieux ne sont souvent, ni raisonnables dans leurs opinions, ni galans dans leurs discours. Au reste, la comparaison n'avait rien de choquant pour *Henri* iv.

Ce prince se faisait à cette époque appeler roi de *France*. Il n'avait pas attendu le bon plaisir des ligueurs pour prendre ce titre ; mais il n'était, aux yeux de bien des gens, qu'un roi provisoire, aussi long-temps que les portes de Paris lui seraient fermées ; c'est ce qu'il s'entendait répéter souvent par tous ses partisans, et lui-même il en faisait parfois des plaisanteries. Pour se faire ouvrir les barrières de la capitale, on prévoyait néanmoins qu'il lui en coûterait le sacrifice de son culte et de sa foi ; mais cette complaisance n'est rien au prix d'un trône.

Les ligueurs, qui l'ont toujours si mal jugé, pariaient dans les salons de la capitale que ce prince ne renierait jamais sa première croyance. Dans la crainte de se tromper, ils supposaient, dans les hérétiques qu'ils brûlaient tous les jours, des principes de conscience et d'honneur qui les attachaient à leurs dogmes religieux. Ils se refusaient à croire qu'un gentilhomme pût compromettre, pour des considérations humaines, son opinion, sa foi et son culte. Au reste, il n'était pas probable qu'un calviniste comme *Henri*, fût digne de recevoir la véritable lumière. D'où lui pourrait-elle venir, lorsqu'il avait fait tant de mal aux intérêts du pape ? Les francs ligueurs ne seraient certainement pas disposés à intercéder le ciel pour sa conversion. Ils avaient dans *Guise* ou *Mayenne* tout ce qu'une conscience catholique pouvait désirer. Ainsi, il était certain que le calviniste *Bourbon*, abandonné de l'église et de ses ministres, ne verrait point la vérité et mourrait dans l'hérésie, ce que tous les nobles de la ligue juraient du fond de leur cœur. On se livrait dans Paris à ces dissertations politiques et théologiques, quand *Henri* IV leur prépara un tour de souplesse de conscience. Il se mit à l'école de deux pieux évêques ; il apprit par cœur le catéchisme du diocèse de Paris qui avait alors la vogue sur tous les catéchismes des autres diocèses du royaume. Lorsqu'il se sentit une fois assez robuste pour mériter les deux grâces qu'il désirait obtenir, l'une, l'absolution du pape, et l'autre, le cadeau de la ville de Paris, il fit annoncer dans toute la France son abjuration, et vint recevoir aussitôt l'onction du sacre à Saint-Denis.

CHAPITRE III.

Le duc de Mayenne va aux frontières pour marchander de nouvelles troupes espagnoles, et perd la ville de Paris pendant cette absence.

Le roi *Henri*, se disposant à faire ses adieux politiques à la religion calviniste, eut l'attention de désigner aux Parisiens le jour de sa réconciliation avec l'église romaine. Son dessein était d'avoir l'occasion de se montrer, en personne, aux gens prévenus contre lui. On ne perd rien à laisser voir sa figure au public ; souvent elle dément bien des impostures. Il était sûr d'y rencontrer assez de témoins pour le regarder. Le Parisien, pour cette fois, ne pouvait que gagner à devenir curieux.

On vit, en effet, arriver à Saint-Denis une foule de bourgeois de Paris, malgré la défense rigoureuse du duc de *Mayenne*. Ce fut en vain qu'on fit sentinelle sur les remparts, qu'on doubla les corps de garde, qu'on ferma les barrières. Le Parisien, que l'attente de la nouveauté tourmentait, sauta par-dessus les murailles, affronta les hallebardes, et imagina mille ruses pour s'échapper de la ville. Il ne comptait pour rien les bourrades du soldat, ni les huées des ligueurs qui désapprouvaient cet empressement antifactieux.

L'abjuration du monarque occupa tous les esprits de la haute classe de la société. Elle exerça la malignité de toutes les langues des salons. On accabla le royal converti de saillies, de bons mots et d'épigrammes. Cependant les têtes politiques assuraient que jamais *Henri* n'avait montré plus de bons sens ; que cette métamorphose était un chef-d'œuvre de raison ; qu'un prince, plus entêté que lui, aurait manqué son affaire ; qu'un faux point d'honneur est une sottise parfaite dans un homme qui doit en gouverner d'autres ; qu'*enfin la ville de Paris valait bien une messe*.

En y réfléchissant mûrement, la masse générale de la bourgeoisie se trouva flattée de cette conversion ; elle eut la vanité de croire que le roi, en sa considération, avait fait ce sacrifice à la ligue. Elle s'applaudissait de l'avoir amené à donner cette satisfaction à l'opinion catholique. Les raisonnemens, les observations, et même les plaisanteries, tout fit insensiblement l'effet d'un salutaire calmant sur les imaginations ligueuses. L'irritation et l'inflammation décroissoient visiblement chaque jour. Il n'était plus nécessaire de recourir à des stratagèmes de guerre pour obtenir l'entrée dans la capitale. On ne faisait plus travestir des gentilshommes calvinistes en meuniers, en marchands de farine, pour surprendre la ville. Ils avaient quitté leurs grands chapeaux enfarinés, et laissaient dormir tranquillement les ânes et les mulets dans les moulins de Montmartre. D'ailleurs, ils avaient été trop bien étrillés pour recommencer le même jeu.

Néanmoins, quel que fût le changement qu'eût éprouvé l'opinion générale, elle n'était pas encore totalement décidée en faveur de *Henri* iv. Il fallait lui faire une sorte de violence. On avait besoin d'un personnage important, qui consentît à manquer de parole au duc de *Mayenne*, alors absent de Paris, et qui voulût, pour le bien de la ligue, la trahir elle-même. Le gentilhomme de *Brissac*, gouverneur de la ville, ne refusa pas de rendre ce service. Ce seigneur, autrefois calviniste, avait embrassé le papisme, et s'était par là acquis la confiance du lieutenant général du royaume.

Il était donc l'homme qui semblait donner, dans Paris, le plus de garanties de probité, et ce fut à lui que *Mayenne* confia la garde de la capitale, lorsqu'il partit pour les frontières où il allait recevoir un renfort de troupes espagnoles qu'on lui expédiait. *De Brissac*, pendant cette absence, calcula, à son aise, ce qu'il gagnerait à lui faire perdre la ville de Paris, ou à la lui conserver. Les sermens avaient cessé depuis long-temps de tenir à la morale et à l'honneur. On en prête trop souvent, durant les troubles civils, pour qu'on y attache quelque prix.

Après quelques tergiversations, qui toutes dépendaient moins de la conscience que de la difficulté de l'entreprise, le noble gouverneur se détermina à empêcher le duc de *Mayenne* de coucher, à son retour, dans Paris. A cet effet, il employa l'adresse, la prudence, les ruses et les procédés qu'on doit suivre pour tromper le parti qui nous paie et qui s'endort sur notre loyauté.

Néanmoins, pendant plusieurs jours, il éprouva qu'il y avait toujours des gens qui veillent dans une faction; que plus d'une oreille écoute aux portes, et qu'on regarde la figure que font les hommes en place, surtout aux approches d'une grande décision politique. Beaucoup de personnes auraient juré que le gouverneur trahissait, mais on ne voulait pas être le premier à le dire.

Contre cette inquiétude et cette défiance qui se manifestaient parmi les ligueurs purs et fidèles, *de Brissac* sut prendre de sages mesures et se montrer plus adroit que les espions dont on l'entourait; il parvint ainsi heureusement à faire à *Henri* iv le cadeau de Paris. Cette périlleuse conspiration ne coûta, ni à lui, ni aux autres, pas la moindre goutte de sang ; ce qui fit l'éloge de ses talens, de ses intrigues et de son humanité : c'était quitter son parti avec les égards qui adoucissent l'amertume que cause une trahison.

Le roi, assuré que ses soldats calvinistes étaient maîtres des postes les plus importans dans la capitale, se présenta pour faire son entrée solennelle. Arrivé à la porte de la ville, il manifesta un mouvement d'hésitation. C'était oublier qu'il avait vingt fois bravé la mort dans les assauts et les batailles. Par une impulsion involontaire, il regarda derrière lui ; il n'osa s'avancer trop loin dans la première rue. Il sortit, il rentra dans la ville ; il s'informa si les barrières étaient gardées. Les soupçons et la sollicitude du héros royal ne faisaient pas honneur à la ligue. Il semblait craindre, le jour de son triomphe, de mourir de la chute d'une tuile ou d'un caillou que la main d'un fanatique ou d'une femme enthousiaste pouvait lancer contre lui. La prudence devait conserver une tête qui allait devenir précieuse au bonheur et à la gloire de la France.

La manœuvre heureuse du gouverneur *de Brissac*, quoique toute profane dans ses détails, exigea des remercîmens adressés au ciel. On fit bénir aux prêtres la soumission forcée des Parisiens. On chanta un *Te Deum*; on se prosterna au pied des autels ; on harangua dans la métropole le nouveau souverain ; on le combla d'éloges. Les vertus et les qualités qu'on lui avait toujours refusées, furent publiquement avouées et célébrées. On déchira, au coin des rues, les caricatures qui avaient longtemps amusé la malignité du public ; les moines brûlèrent leurs sermons fanatiques ; les auteurs retirèrent de la circulation les exemplaires de leurs pamphlets. Chacun cacha, dans sa maison, les écrits, les chansons, les satires qu'on avait achetés fort cher ; on changea, sur toutes les boutiques, l'écusson aux armes de la maison de *Lorraine*. La résurrection devint entière dans les discours et dans la physionomie des Parisiens.

Les orateurs parlèrent au roi avec effusion et avec assurance ; on eût dit que la ligue n'avait jamais existé : on vanta, selon l'usage, les mœurs et la bonne foi de la cité ; comme si l'assassinat de *Henri* III fût déjà oublié dans l'Europe, et qu'on n'eût pas entendu blasphémer, dans les églises et sur les places publiques, contre la race capétienne. Le parlement, l'université, l'état major de la ville répétèrent, en des termes différens, les mêmes hommages. Chacun renouvela, pour *Henri* IV, les complimens qu'on avait autrefois adressés à *Guise* et à *Mayenne*. On n'invente jamais que la forme en parlant aux princes. La journée, enfin, finit par le repas du roi, pendant lequel il se vit entouré de tous les seigneurs de la ligue, modérés, repentans ou politiques.

Les détails précis de cette entrée solennelle circulèrent dans tout le royaume ; l'impression qu'ils produisirent dans les provinces, fut d'un bon augure pour la paix. Une foule de gentilshommes révolutionnaires demanda elle-même à rentrer dans le devoir. Ainsi, quelques mots bien dits à Paris, quelques réponses sentimentales faites par le nouveau maître, opérèrent des conversions sur tous les points de la France. Les capitales sont, pour ainsi dire, la trompette des rois. Avec l'art de s'en servir, ils feront toujours tomber les remparts des villes factieuses des provinces.

Les seigneurs rebelles qui, les premiers, proposèrent des arrangemens, furent *Épernon*, *Guise*, *Villars*, *La Châtre*, *Bois-Dauphin*, *Nemours*, l'ex-capucin *Joyeuse*. Il fallut composer avec eux, avant de leur faire déposer l'armure de la ligue. Ainsi, les négociations, les marchés, les conventions, plus que l'épée et le canon, rétablirent l'ordre, la soumission et le silence dans le royaume. Par ce moyen, on lia, avec adresse, le bras et la langue à la noblesse factieuse. En se rendant maître des comtes, des barons et des chevaliers, on retirait les haches aux sapeurs de la révolution.

Ce qui surtout redonna la vie aussi promptement à la France expirante, ce fut l'amnistie générale, franche et absolue, qu'un roi, qui avait fait lui-même la guerre à son souverain, ne pouvait pas refuser à ceux qui étaient devenus, à leur tour, indociles envers lui. Tous les Français, chaque parti, l'une et l'autre faction, personne, enfin, n'était exempt de recevoir et d'accorder le pardon en même temps. Dans une circonstance semblable, par l'effet d'une fatalité commune, l'amnistie n'est plus un droit qui appartienne au souverain ; la nation toute entière exerce alors sur elle-même l'oubli des faits qui l'ont tourmentée. Comment trouver, dans les troubles civils, le juste, le pur, l'irréprochable qui puisse s'approprier le privilége exclusif d'être clément ?

Ainsi *Henri* iv, ne croyant pas faire une grâce à ses sujets, fut d'autant plus constant dans ses généreuses promesses. Il donna, le premier, l'exemple d'un défaut absolu de mémoire ; il ne voulut plus savoir de quoi se composait le passé ; il fit uniquement son étude du présent et de l'avenir ; c'était, à ses yeux, une vie nouvelle à recommencer. On devait renaître au bonheur, à la paix, à l'estime, à l'union. Il ne chercha pas long-temps à deviner les secrets qui opèrent une solide réconciliation. C'est que peu de princes ont été propres comme lui à terminer les orages politiques.

CHAPITRE IV.

Places de sûreté cédées au duc de Mayenne pendant six ans. Bienfaits répandus sur les Nobles ligueurs pour avoir la paix en France.

Le chef des ligueurs, *Mayenne*, fut celui qui garda le plus long-temps le souvenir du passé. Il continua à se tenir sous les armes avec la noblesse qui partageait ses regrets sur la dissolution de la ligue. Les mots d'amnistie et de pardon répugnaient à ces gentilshommes. Ils prétendaient que la justice avouait leur cause, puisqu'ils n'avaient servi que le pape et leur conscience. La morale perd sa sévérité et ses scrupules dans les guerres de religion ; ils étaient donc sans reproches lorsqu'ils ne s'étaient révoltés que contre les ennemis de la foi. Ils n'avaient pas besoin d'absolution politique.

Mayenne, ayant plus de droits encore à paraître fier du rôle qu'il avait joué dans la guerre civile, ne consentit à descendre de son trône révolutionnaire que par une abdication. Il s'était habitué à son attitude royale ; il éprouvait naturellement beaucoup de peine à reprendre le niveau de sujet et de serviteur soumis.

Cette fierté de caractère ne déplut pas au monarque. Il savait que les branches d'une faction sont faciles à élaguer; mais qu'il en coûte toujours beaucoup pour déraciner le tronc. Cependant il désirait terminer la révolution religieuse, bien convaincu qu'un souverain gagne autant que ses sujets à la mort des factions. Il s'appliqua donc à ne mettre de sa part ni amour-propre, ni faux orgueil, ni mauvaise humeur. Les convalescens, après une épidémie, doivent des complaisances à ceux qui n'en sont pas encore guéris.

Henri iv fit plus que compatir aux illusions déchues de l'opiniâtre *Mayenne*, ainsi qu'à celles de ses adhérens. Il suivit le plan de les attaquer tous par des bienfaits. Il combla surtout le chef des rebelles de toutes ses bonnes grâces. Trois villes importantes lui furent cédées comme un gage de sûreté personnelle : il devait les garder pendant six ans. On paya ses dettes contractées au bénéfice de la ligue. On liquida les domaines qu'il avait hypothéqués pour les besoins de la faction. On consentit à lui laisser dire et même imprimer que la ligue n'avait levé l'étendard révolutionnaire que pour venger la religion. Ce prétexte justifiait toute sa conduite et étouffait les remords.

En exigeant du souverain tant de condescendance, il se persuadait que la postérité n'aurait plus le droit de lui reprocher ses intelligences criminelles avec le pape, ses traités honteux avec l'Espagne, sa trahison envers la famille royale, ses intrigues dans le sein de la France, sa complicité avec la noblesse factieuse, et l'achat des troupes étrangères. Il n'oublia pas de se faire décharger, par une déclaration expresse, de l'accusation d'avoir fait assassiner *Henri* iii.

Lorsque le fier ligueur eut obtenu toutes les propositions de sa négociation, vaincu et désarmé, il inclina sa tête révolutionnaire, et signa son acte de soumission au trône des Bourbons. On ne le blâma, ni à la cour ni dans le public, d'avoir su conserver jusque dans l'agonie de la ligue, sa dignité et son caractère. On disait qu'il avait appris, par son exemple, comment on doit sortir avec honneur du sein d'une révolution, et rompre sans lâcheté avec ses opinions premières.

CHAPITRE V.

Rechute révolutionnaire de la part de *Biron* et autres Nobles du royaume. Projet de tuer *Henri* IV par un coup de canon.

Le désarmement de *Mayenne* débarrassa le roi et la France de la présence des troupes espagnoles, allemandes, piémontaises et anglaises. Il fut dit à ces étrangers, le jour de leur départ, avec un ton ferme et imposant, de n'avoir plus désormais l'audace de se montrer dans le royaume, quelque appel que pût leur faire la noblesse française pour l'intérêt d'une faction ou d'une secte. On n'était plus d'humeur de permettre que les gentilshommes eussent ainsi recours à ces charités politiques qui n'étaient devenues que trop long-temps le fléau de la France.

Il fallait alors leur parler avec cet air de résolution, car l'expérience venait d'apprendre combien les puissances étrangères étaient complaisantes et faciles envers les traîtres et les factieux du royaume. Elles ne temporisaient jamais pour dépasser nos frontières, pour venir ravager nos provinces, massacrer notre population, et régler à leur gré nos affaires domestiques.

Tout en nettoyant avec cette promptitude le territoire français de tous ses ennemis qui y séjournaient depuis un demi-siècle, le roi ne le garantit pas néanmoins de leur funeste influence. Ce ne fut pas sans espoir de retour qu'ils s'éloignèrent de nos limites. Séduits par nos fruits et nos vins, et par la gaieté piquante de nos gens de qualité, ils cherchèrent à faire revivre les occasions d'y revenir encore.

Dans cette intention, on ourdit au dehors la trame de plusieurs intrigues, pour entraîner les têtes mal affermies dans la paix, corrompre la fidélité des meilleurs capitaines de l'armée, et exciter des jalousies et de la mauvaise humeur parmi nos gouverneurs de provinces. Beaucoup de nobles et plusieurs dames de qualité se prêtèrent complaisamment au jeu de ces manœuvres factieuses. La tranquillité générale favorisait la facilité de ces rapports entre le dehors et le dedans du royaume. On parvint à rétablir une police d'observation et d'espionnage dans le sein même de la cour et autour de la personne du monarque.

Quelques précautions que le gouvernement français employât pour boucher les issues de la France, ses soins furent inutiles. Malgré les exhortations continuelles faites aux comtes et aux barons, et les avis de ne pas se laisser surprendre aux caresses de nos ennemis, le maréchal de *Biron* fut enlevé au roi par la cour d'Espagne. Elle le rendit en peu de temps ingrat envers le monarque et traître envers sa patrie. Elle s'applaudit de ce succès, comme s'il était difficile de faire un malhonnête homme et un mauvais citoyen, quand on s'attaque à la vanité, à l'orgueil et à l'humeur jalouse de l'homme.

Biron n'avait pas voulu, à la fin de la guerre civile, écouter les sages conseils de son père, *Charles de Gontaut*. Ce bon gentilhomme, connaissant la fermentation de la bile de son fils, tenta plusieurs fois de le renvoyer dans son château, l'engageant à préférer la solitude des champs à l'ambition des honneurs et des places. On n'est jamais satisfait, quelques faveurs qu'on reçoive de la cour; tandis que l'air de la campagne nous distribue la mesure de bonheur qui nous calme et nous satisfait. *Charles de Gontaut*, en parlant ainsi à son fils, lui fit entrevoir que, d'une mauvaise tête au glaive du bourreau, il n'y a d'espace que celui d'une méchante action. Un père est souvent un oracle certain. Le temps vérifia bientôt sa prédiction.

Biron était couvert de blessures reçues dans les combats contre la ligue. Il avait servi la cause de *Henri* iv qui estimait sa valeur et ses talens. Il pouvait, devant le monarque, vanter ses exploits; ce que la jalousie ne permet pas toujours à la cour. Il avait obtenu du souverain toutes les récompenses dues à un compagnon d'armes, le bâton de maréchal, le gouvernement de la Bourgogne, la nomination aux missions diplomatiques les plus honorables. Que souvent certains personnages d'un état coûtent cher pour les engager à servir leur roi et leur pays! Le maréchal, comblé de dons et de faveurs, prouva que celui qui aime tant à recevoir des mains de son souverain, n'est pas toujours le plus riche en affection et en zèle civique.

Notre gouverneur de *Bourgogne*, infatué de son propre mérite, s'élevant sans discrétion à la hauteur de toute sa vanité, ne convint jamais que les bienfaits et les grâces de *Henri* iv égalassent ses services et ses talens. Il se crut toujours négligé, mal payé et sacrifié à des rivaux inférieurs à sa réputation. Dans son orgueil insensé, il osa déprimer la gloire et la valeur du monarque lui-même, quoique ce prince ne se fût jamais montré ni injuste, ni ingrat envers les talens et le courage de tous ceux auxquels il était redevable de sa couronne. Il savait leur dire assez souvent, avec une noble franchise, qu'il l'avait arrachée avec eux des mains de la ligue, de *Mayenne*, du pape et des Espagnols.

Les amis sages et modérés du maréchal de *Biron* pensoient que l'âge, le temps et la réflexion lui apprendraient à devenir plus modeste, et l'empêcheraient surtout de se montrer ingrat envers le roi. Cette conversion qu'on attendait de lui fut malheureusement toujours retardée par une passion effrénée. Il perdait habituellement au jeu des sommes considérables qui dérangeaient sa fortune. Sans cesse poursuivi par une honteuse pénurie d'argent, il essayait de tous les moyens pour s'en procurer. Il tenta même la ressource de puiser dans les caisses publiques de la province qu'il administrait ; mais comme il rencontrait de l'opposition dans l'exercice de ses rapines, il accusait alors avec fureur le roi économe d'user envers lui de parcimonie et d'avarice ; il lui faisait un crime d'arrêter le cours de ses concussions et de son brigandage.

La cour d'Espagne, toujours bien informée de ce qui se passait en France, recueillit avec soin les discours amers et insolens de *Biron*. Elle connaissait déjà tout le profit qu'on pouvait retirer de sa folle et présomptueuse ambition. Afin de s'approprier entièrement ce nouvel artisan de trouble et de guerre intestine, elle plaça auprès de lui des agens propres à entretenir son esprit révolutionnaire. Ils étaient chargés d'applaudir à ses calomnies contre le monarque, et d'en ajouter de nouvelles, avec l'adresse que cette mission exigeait. Aussi ne tardèrent-ils pas à lui prouver que le roi était jaloux de tous les braves qui l'avaient servi dans sa fortune politique ; que cette jalousie surtout s'attachait au maréchal, qu'on pouvait avec raison distinguer comme le plus brillant des capitaines du siècle.

A ces insinuations perfides, à cette accusation particulière contre l'humeur jalouse du prince, ce qu'on voit renouveler sous tous les grands rois, les mêmes agens de l'Espagne ajoutaient que le monarque, fatigué de la reconnaissance, ne réservait plus à ses anciens camarades d'armes, que les mortifications et les froideurs ; que sa politique consistait, sous prétexte de bon ordre et de discipline, à faire peser son pouvoir absolu sur toutes les têtes ; qu'il était certain d'arriver à l'asservissement général, parce qu'une grande lâcheté de caractère succède ordinairement dans une nation à une longue guerre civile ; que la noblesse de France touchait visiblement à une honteuse dépendance civile et politique, et qu'elle était exposée à perdre son éclat et son importance dans l'état, à moins qu'un grand personnage comme le maréchal ne se déterminât à relever le courage et l'énergie assoupis dans l'âme des gentilshommes.

Les propos, les discussions et les démonstrations qu'on eut l'art d'établir autour de *Biron*, subjuguèrent à la fin le révolutionnaire. On devint maître d'impatienter à volonté son humeur fière, et de la diriger vers la trahison. On interrompit alors les conversations familières et superficielles pour en venir aux conseils sérieux ; et puis, finalement, aux intrigues avec les ennemis naturels de la France.

Parmi les agens qui s'étaient introduits dans la maison du maréchal, on reconnut particulièrement deux hommes vendus à l'Espagne et à la Savoie. L'un se nommait *La Nocle de la Fin*, et l'autre l'avocat *Picoté*, d'Orléans ; deux têtes pleines de ressources et de ruses, soit pour la guerre civile, soit pour la politique révolutionnaire. Ils parvinrent à le mettre promptement en rapport avec les puissances étrangères. Ils lui servirent eux-mêmes de courriers, d'ambassadeurs et d'espions, tantôt à Madrid, tantôt à Turin, et souvent dans Paris et à la cour de *Henri* iv. Ils écrivaient dans le cabinet et couraient ensuite sur toutes les routes pour disposer le plan de la conspiration.

Néanmoins, les cajoleries des deux cours d'Espagne et de Piémont n'endormirent pas si fort le maréchal conspirateur, qu'il n'ouvrît les yeux sur ses propres intérêts. Il écouta volontiers les éloges qu'on faisait de sa capacité, de ses vertus, de ses talens, de ses services ; mais il n'oublia pas qu'on doit récompenser le mérite qu'on loue si bien, par les honneurs et la fortune. C'est encore là la meilleure amorce qui harponne les hommes.

Le cabinet de Madrid ne resta pas long-temps à s'apercevoir de ce que désirait *Biron*. Il lui promit en conséquence de constituer pour lui sur les frontières de la France, une principauté indépendante. Le traître ne pouvait plus vivre en sujet, même sous un roi, son ami, et son compagnon de gloire militaire.

Aussitôt qu'il eut reçu cette promesse, le gouverneur de Bourgogne cessa de paraître irrésolu dans ses desseins criminels. Il agit dès lors avec autant de confiance que les cours de Madrid et de Turin employaient de fausseté et d'astuce pour le pousser à une rébellion ouverte. Le prince de Savoie voulut également lui faire son cadeau politique ; il le flatta de s'unir à lui par une alliance de famille. Il avait refusé expressément pour cela de disposer de la main d'une de ses filles ducales. C'était un engagement qu'il prenait volontiers avec un guerrier si renommé et aussi bon catholique que *Biron*.

Le duc savoyard n'appuyait pas sans dessein sur le catholicisme du maréchal ; il savait qu'à cette époque ce seigneur français était dans la plus grande ferveur de la dévotion. Avant de commencer en effet la révolte qu'il méditait, *Biron* avait calculé la force que la *ligue* avait empruntée de l'assistance du clergé. Il chercha à se donner cette base volcanique ; pénétré de cette heureuse idée, il arbora un grand chapelet ; il fréquenta assidûment les églises; il se condamna à d'austères privations. Après avoir fait la guerre pour la cause d'un roi calviniste, il affecta un profond repentir, ne parlant qu'avec admiration des ligueurs et de leur haine contre les hérétiques, promettant à chaque instant son bras et son zèle, si la religion avait besoin de lui. L'ambition donna naissance à l'hypocrisie religieuse.

L'Espagne et la Savoie laissèrent à *Biron* le soin de faire des dupes dans la classe des fanatiques. Il devait se recruter parmi les gens obscurs et ignorans qui n'ont jamais les moyens de deviner un ambitieux. Quant à elles, les deux cours se chargèrent de jeter l'hameçon aux comtes, aux barons et aux chevaliers de haute importance. Elles n'étaient pas embarrassées à le faire saisir par des têtes inquiètes et turbulentes. Après les guerres civiles, il reste toujours un levain de convulsion. On ne manque pas de gens qui, comme les chevaux de poste, malgré la course qu'on vient de fournir, sont encore prêts à reprendre la même route de la révolte, si on sait de nouveau les atteler.

En effet, un grand nombre de seigneurs se trouvaient, dans les provinces du royaume et dans la capitale, tout haletans de la fatigue révolutionnaire. Pour profiter de cette chaleur factieuse, le duc de Savoie se rendit en France et prit son domicile à Paris. Il conféra secrètement avec *La Trémouille*, avec *Épernon* ; il eut des entretiens nocturnes avec *Bouillon* et le comte d'*Auvergne*. Il s'approcha de beaucoup d'autres gentilshommes ; il les écoutait attentivement tous se plaindre et murmurer. Aucun d'eux ne ménageait le roi et son gouvernement ; il trouva son plan à moitié exécuté, en s'adressant ainsi à des mécontens.

Cette noblesse n'avait pas cependant les mêmes motifs de haïr le monarque, ni de se compromettre avec lui. La plupart de ces intrigans regorgeaient de biens, d'honneurs et de priviléges ; sans être d'accord entre eux, cependant l'esprit de rivalité contre le trône les rendait unanimes. Ils se liaient d'intérêt aussitôt qu'on se proposait d'abaisser la puissance royale. Ils se rappelaient bien la plupart d'avoir partagé avec *Henri* IV les souffrances et les dangers de la guerre civile ; ce souvenir est ordinairement puissant sur l'âme d'un militaire : mais il devint absolument nul, le jour où le roi ne parut plus être un chef de parti. Le prince ne pouvait plus tolérer leur anarchique indépendance ; un tel grief était impardonnable.

Ainsi une conspiration générale allait de nouveau ébranler le trône et livrer la France aux convulsions révolutionnaires, si le *duc de Savoie* n'eût pas manqué d'adresse et de prudence, et la haute noblesse mécontente, de courage et de résolution. Les comtes et les ducs n'osèrent être les premiers à jeter le gant ; ils se renvoyèrent réciproquement le danger du début et de l'éclat ; personne ne voulut donner l'exemple. Cette circonspection fit avorter le complot. Chacun de ces nobles factieux reprit, comme à l'ordinaire, l'air d'un royaliste pur et zélé, sans toutefois s'amender au fond du cœur.

Le roi, informé de toutes les intrigues du *duc de Savoie*,

ne pouvant le faire arrêter, parce que celui-ci s'était soustrait à la police par une prompte fuite, lui déclara la guerre; et, soit par l'effet du hasard ou d'une politique adroite, il donna au *maréchal de Biron* le commandement de l'armée qui allait agir contre le souverain de la Savoie.

Cette nomination affligea le gouverneur de la Bourgogne. Il venait de signer le traité définitif avec les cours de Madrid et de Turin; il n'était pas possible qu'il employât ses talens et sa bravoure à la ruine de sa propre cause; position fâcheuse pour le traître qui craignait également de refuser et d'accepter le généralat. Ce fut le *duc de Savoie* lui-même qui le tira de cet embarras; il exigea de lui qu'il acceptât le commandement des troupes du roi, le méprisant assez, après lui avoir acheté son honneur, son pays et son roi, pour croire qu'il lui sacrifierait encore le sang et la gloire des soldats français.

Emmanuel de Savoie ne fit pas un calcul faux sur le moral perverti du gouverneur de la Bourgogne : car le *maréchal de Biron*, vainqueur, malgré lui, dans différens combats contre les Savoyards, se plaignit fort souvent de son trop grand bonheur militaire. Il s'irrita contre la bravoure de son armée qui chargeait de lauriers sa tête rebelle. Il aurait préféré d'avoir pour soldats des lâches, ou des traîtres comme lui.

Le chagrin qu'il eut des résultats de ses glorieux succès, douleur commune à tous les perfides qui combattent à côté des soldats citoyens, lui fit prendre la résolution d'en arrêter le cours par un crime horrible. Il forma l'infâme projet de rendre cette guerre et son commandement funestes à la vie de son souverain.

Il convint, avec le commandant savoyard d'une ville assiégée, qu'on pointerait le canon des remparts vers un endroit déterminé, et qu'à un signal donné et à l'heure fixée, on redoublerait le feu de la batterie. Il était évident que le roi, se trouvant pour lors dans le voisinage de l'armée, viendrait visiter les travaux du siége. Le reste du complot devait appartenir à lui *Biron* ; il saurait faire naître le prétexte d'y diriger la victime royale.

En effet, la conjecture se réalisa. Le monarque arriva au camp, et demanda à visiter les alentours de la place. Le lâche gentilhomme, dominé par l'acrimonie de sa bile factieuse, conduit *Henri* IV sur le terrain désigné pour l'assassinat ; mais, au même instant, le remords lui faisant changer de résolution, *Biron* le tint éloigné du lieu périlleux. Ainsi le cri de l'honneur et de la conscience lui épargnèrent un crime, et sauvèrent des jours dont la France avait encore besoin pour son repos et son bonheur.

Néanmoins, ce remords laissa échapper des indices qui accusèrent, aux yeux du roi, les secrètes intentions du perfide général. Les soupçons sur sa conduite et sur sa fidélité, se pressèrent de naître autour de lui. On sent, malgré soi, quand un ancien ami nous trahit. Mais le monarque n'avait pas assez de preuves pour se convaincre des liaisons criminelles que *Biron* entretenait avec les ennemis de la France. Il ignorait absolument jusqu'à quel point il était devenu l'objet de sa haine déloyale, et dans quelle intention il avait le projet de ressusciter les fureurs de la ligue. Il n'ordonna même pas d'éclairer de plus près les démarches mystérieuses du *maréchal*. Ce fut fort tard que *La Nocle de la Fin* vint lui révéler d'affreuses vérités.

Ce gentilhomme n'était plus, depuis quelque temps, ni le secrétaire, ni le conseiller de *Biron*. La mésintelligence de ces deux nobles provenait de ce que le *maréchal*, craignant toujours qu'on ne découvrît sa conspiration, avait conçu le projet de détruire non-seulement les papiers, mais encore les personnes qui connaissaient son secret. Que de crimes commis, dans la vie sociale, pour remédier au danger des révélations !

Mais *La Nocle*, plus rusé que son complice, se hâta de se mettre à l'abri de son assassin. Il avait deviné le sort que *Biron* lui réservait, le jour même où, enfermé avec lui dans son cabinet, il eut ordre de brûler les notes, les pièces, les documens de la trahison. Le *maréchal*, imprudent dans ses discours, parla trop dans ce moment ; il fit entendre qu'il avait aussi-bien peur des gens que des papiers. Le confident, provoqué de la sorte par la défiance de son complice, songea, dès cet instant, à la vengeance. Comme *Biron*, à l'exemple de tant d'autres gentilshommes, ne savait ni lire, ni écrire, *La Nocle* fit semblant de brûler tous les papiers, ne jetant néanmoins au feu que ceux qui étaient le moins chargés d'indices ; l'incendie ne se termina pas le même jour. Il eut le temps de choisir tout ce qui formait une charge directe contre le *maréchal*, et de substituer des copies aux originaux.

Muni de ces preuves authentiques, le gentilhomme révélateur se rendit à Fontainebleau, où il fit au roi une confession pleine et entière. Cette déclaration provoqua sur-le-champ l'ordre, expédié à *Biron*, de se présenter à la cour. L'accusé resta long-temps libre dans la capitale. L'amitié combattait encore en sa faveur dans le cœur du monarque. Il n'exigeait du coupable qu'un aveu et un repentir, ce qui n'est pas toujours facile d'obtenir d'un homme fier et d'un ancien ami. *Biron* refusa constamment de donner au roi ces deux satisfactions, quelque esprit et quelque adresse que le prince mît à lui insinuer que cette franchise ferait son salut. Il usa de cette même obstination avec le ministre *Sully*, qui, en lui faisant de vives instances, lui parla encore plus clairement que le monarque, du soin urgent de sauver sa tête.

Cette fierté de caractère, encouragée par l'ignorance où était *Biron* de la perfidie de son confident de *La Nocle*, vérifia la triste prédiction de *Charles de Gontaut* son père. Les juges le condamnèrent à la mort. Un maréchal de France fut décapité par la main du bourreau !

Néanmoins, pour adoucir la rigueur de l'exemple, l'indulgence royale se manifesta par toutes les grâces compatibles avec ce supplice. Sa décollation n'eut pas lieu sur la Grève. Il fut libre de disposer de ses biens. On ne lui lia pas les mains. La sentence de mort lui fut prononcée à huis clos. On observa envers lui toutes les formes de douceur que ne mérite pas un traître.

Mais ces procédés ne parurent, aux yeux de *Biron*, ni des grâces, ni de l'indulgence. Revenu de sa fierté et de sa présomption, il déclara qu'il aurait reconnu dans le roi un généreux souvenir de leur ancienne amitié, si la peine capitale avait été commuée en une longue prison, et si, pour toute vengeance, on lui avait donné des verroux et des chaînes. Ainsi la crainte de la mort fait braver l'ignominie des fers. On n'est pas toujours stoïque dans les prisons et les bastilles.

Son caractère se démentit également aux approches du supplice. On vit *Biron* frissonner d'effroi à la vue du glaive.

En regardant le fatal billot où sa tête devait tomber, il sentit les horreurs de la mort ; il éprouva un frémissement général dans tout son être ; sa voix devint tonnante et aiguë, lorsque la main du bourreau saisit ses cheveux. Mais, après avoir cédé à l'instinct de l'homme, il reprit le courage du guerrier, se raffermit dans sa résignation, et, pliant volontairement les genoux, il reçut le coup de la mort en brave.

CHAPITRE VI.

Émigration des complices de Biron. *Continuation des intrigues de la même faction.*

La condamnation à mort du maréchal de *Biron* produisit une forte émigration parmi ses partisans et ses complices. On s'attendait à cette sévérité de la part des magistrats : car on ne lui donna d'autres juges que d'anciens ligueurs ; il est difficile de ne pas se rappeler ce qu'on a été dans une faction. Mais ses amis se flattèrent que le roi, satisfait de la rigueur de la sentence, lui ferait grâce de la vie. Trompés dans leur attente, et ne prévoyant pas qu'on voulût être plus indulgent à leur égard, les uns se réfugièrent dans les Pays-Bas et en Espagne, les autres prirent la route de la Savoie et du Milanais. On ne quitte pas communément son pays sans emporter avec soi le ressentiment et la vengeance.

Du fond de leur retraite, les émigrés se livrèrent à des intrigues contre le repos intérieur du royaume. Ils entretinrent des liaisons et des correspondances avec les gentilshommes demeurés tranquilles dans leurs châteaux. Le *Poitou* principalement et le *Périgord*, leur parurent un théâtre convenable pour des scènes révolutionnaires.

L'agitation était sourde partout ; mais elle n'en existait pas moins parmi une classe de comtes et de barons fort dangereux. On remarqua avec inquiétude que le duc de *Bouillon* faisait de fréquens voyages en Allemagne ; il déclarait assez ouvertement que le calvinisme avait été trahi par l'abjuration de *Henri* iv. En conséquence, il se prononçait pour en être l'ami et le protecteur en France.

On ne tarda pas non plus à deviner quel était le but des rhumes et des fièvres que supposait toujours le vieux duc d'*Épernon*, lorsque le roi l'appelait à la cour. Ce seigneur révolutionnaire n'avait si souvent recours aux médecins que pour couvrir l'activité de ses intrigues dans son gouvernement. Il épiait l'occasion de se joindre aux autres nobles qui conspiraient comme lui sur divers points du royaume.

On ne pouvait pas non plus justifier la conduite des ducs de *Bellegarde*, d'*Humières*, de *Montigny*. Ils agitaient les torches de la discorde dans la *Guyenne*, dans le *Dauphiné* et dans la *Saintonge*. Les deux religions, la catholique et la calviniste, servaient de prétextes aux nouveaux troubles ; placé entre ces deux rivales inconciliables, le roi ne pouvait venir à bout d'en contenter aucune. Ce sera toujours là le secret de la tolérance que la cour, inutilement, essayait alors d'apprendre aux exclusifs des deux cultes.

Les politiques, qui annonçaient dans les salons la reprise des armes de la guerre civile, firent une liste de la plupart des traîtres qu'on soupçonnait dans l'intérieur du royaume. Ils désignèrent le nombre des émissaires que l'étranger et les émigrés expédiaient journellement pour la

France. Ils signalèrent même ceux des gentilshommes expatriés qui revenaient secrètement en boute-feux dans le royaume, pour hâter l'explosion des émeutes et des séditions. Le supplice de *Biron* n'épouvantait plus les mécontens. On avait même l'air de vouloir venger sa mémoire. Il n'est pas rare, dans les temps d'effervescence, de voir des adorateurs aux pieds des échafauds. Chacun rend hommage aux martyrs de son parti.

Celui de tous ces seigneurs factieux qui inspirait le plus de craintes pour l'avenir, était le duc de *Montmorenci* qui mettait en état de guerre son gouvernement du Languedoc. Il fortifia ses citadelles ; il rétablit ses places fortes démentelées ; il donna à sa province l'aspect de la défense et de l'attaque. Ces travaux, ces mesures de prévoyance, ces approvisionnemens annoncèrent moins l'intention de se palissader pour la cause du roi, que pour les intérêts de la cabale révolutionnaire.

En effet, le parti séditieux s'était donné une organisation si bien appropriée au but qu'il voulait atteindre, que, de toutes parts, on devait venir à son secours. *Spinola*, général espagnol, était chargé de l'appuyer du côté de la Flandre. Le comte de *Fuentes*, gouverneur de Milan et ennemi déclaré du roi, avait promis d'arriver à lui par les côtes de Nice ou par Chambéri. L'un et l'autre fournissaient de l'argent, des armes et des provisions. En revanche, les révolutionnaires leur avaient indiqué les positions à prendre dans la France, les chemins les plus courts pour investir la capitale, et les portes des villes qui leur seraient ouvertes : on ne connaît jamais mieux la carte de son pays, que lorsqu'on veut le livrer à l'étranger.

CHAPITRE VII.

Guet-apens établi par d'*Entragues*, pour se rendre maître de la personne du roi *Henri* IV. Le roi se bat contre cinq assassins.

L'AGITATION qui régnait dans les provinces, sous l'influence des comtes et des barons, ne fut pas absolument ignorée du monarque, qui apprenait chaque jour le nom des factieux qui se hâtaient de se déclarer ; ce qui empoisonnait en lui les plaisirs du trône. Il fermait avec vivacité son livre rouge, voulant se persuader qu'un roi sensible, familier et généreux, n'a pas de nombreux ennemis. Il s'étourdit souvent sur l'esprit révolutionnaire qui le poursuivait toujours, et chercha des distractions royales dans l'amour et la galanterie.

Ce fut précisément quand tout tendait à grossir l'orage qui le menaçait, qu'il s'amusa plus que jamais des bouderies et des tracasseries que lui faisait endurer la jeune marquise de *Verneuil*. Cette ambitieuse maîtresse avait obtenu de lui deux choses importantes, un enfant et une promesse de mariage. Ces deux événemens heureux inspirèrent de l'orgueil à la famille des *Entragues*, et suggérèrent des vues politiques au chef de cette maison. On n'a jamais eu honte de spéculer sur les bâtards des princes.

La marquise, bien dressée au jeu de la coquetterie par les parens et les amis de la famille, s'efforçait chaque jour de presser la conclusion du mariage promis. Elle joignait ses propres espiégleries à celles qu'on inventait pour elle, et attaquait, tantôt par les larmes, tantôt par le raisonnement, la passion du roi. Si le prince se récriait par fois sur la chaleur et la précipitation des instances qu'on faisait auprès de lui ; s'il exigeait un délai pour réfléchir sur un hymen au sujet duquel un véritable amour ne délibère jamais, on suspendait alors sans pitié tous les sacrifices et toutes les complaisances ; on se condamnait à une retraite profonde. Il fallait, pour rendre la marquise moins austère et plus accommodante, recourir à de nouvelles promesses et à de nouveaux sermens. On se prévalait ainsi des fantaisies fréquentes de l'impatient monarque.

Mais à la fin, l'amour n'étant plus qu'une lutte ennuyeuse et fatigante, il fut résolu que l'hymen tant ambitionné par la marquise et ses parens ne se célébrerait pas. *Henri* IV se mit en tête de lui arracher des mains l'imprudente promesse. Il prévit les orages qu'il allait essuyer dans le cabinet où il devait exiger ce sacrifice. Il raffermit son âme contre les pleurs, les plaintes, la douleur et les reproches. Il combattit près de la marquise plus qu'en un jour de bataille ; mais il resta inébranlable dans sa résolution. L'amante désespérée refusa toujours de lui remettre dans les mains le précieux billet. Elle protesta contre la force, en laissant tomber le papier à ses pieds. Elle se réserva le droit de pouvoir dire qu'elle l'avait perdu au milieu d'un torrent de larmes. L'ambition déchue n'est jamais stérile en pleurs.

Ce billet obtenu et déchiré, un hymen contracté par le roi avec une princesse toscane, toutes les espérances d'une fortune politique évanouies, concentrèrent dans le sein de la famille d'*Entragues* et dans le cœur de quelques hommes de qualité, un dépit violent et des desseins de vengeance. On arrangea sur-le-champ les fils d'un horrible complot. On ourdit un infâme guet-apens. Aucun de ces intrigans chevaliers n'admettait que la jeune marquise de *Verneuil* fût devenue illégitimement mère, et que son fils fût proscrit par les lois du royaume. On exigeait au contraire que le monarque mît du scrupule et de la conscience dans une affaire de galanterie, et on le condamnait à réparer une faute que le plus obscur de ses sujets est libre de laisser irréparable.

Le roi, s'amusant imprudemment de leur morale hypocrite, fit semblant de ne pas entendre le bruit qu'ils faisaient dans le public, ce qui enhardit les conjurés. Ils décidèrent en conséquence de chasser la reine légitime et le dauphin de France, pour substituer à leurs places la concubine et son fils naturel. On expédia à cet effet des courriers dans les provinces, et on donna partout le mot d'ordre. Après les troubles d'une guerre civile, on n'est plus susceptible de rougir de son ressentiment et des motifs honteux de sa vengeance.

Mais ce que les révolutionnaires se promettaient d'exécuter, les armes à la main, parut trop long à attendre au père de la jeune marquise. Il ne voulut pas dépendre des effets lents et incertains d'une rébellion ouverte. La colère donc et l'amour-propre blessé le poussèrent à se mettre incontinent à l'œuvre. Il s'embarrassa fort peu du choix des moyens. Parmi tous les projets d'exécution, il adopta celui qui aboutissait directement à l'assassinat ou à la prison du souverain.

Suivant ce plan, il dressa son embuscade aux environs du château de *Verneuil*. Quinze brigands, apostés par le comte dans un bois voisin, attendirent avec des vivres et des armes le passage du roi. Le prince ne pouvait pas se figurer qu'un père irrité pût devenir un assassin. Il continua donc sans prévoyance ses courses galantes le jour et la nuit. Il allait et venait sur tous les chemins, fort souvent sans escorte, quelquefois travesti, se livrant à tous les stratagèmes d'une passion nouvelle et d'un amour contrarié.

Son cœur était alors l'esclave des grâces naïves et de la sensibilité touchante de la sœur de la marquise délaissée. Cette jeune beauté, n'ayant pas redouté la disgrâce de sa sœur aînée, recevait avec confiance les hommages et les soupirs de son souverain. Ce n'est pas toujours d'après l'exemple de la famille qu'on perfectionne sa raison et son jugement.

Mais les douces habitudes et les tendres entretiens des deux amans furent interrompus. Le père de famille relégua sa fille séduite au château de *Verneuil*, dans le voisinage duquel il avait tendu ses piéges. Elle était destinée à pleurer la première sur le corps sanglant du monarque assassiné, ou sur les fers qu'on lui préparait.

Le pétulant *Henri* gémit de cette cruelle séparation, et, convertissant ses regrets en une vive impatience, il chercha à tromper la vigilance paternelle. Ainsi l'imprévoyance de l'amour lui fit donner dans l'embuscade. A peine arrivé dans le bois, il se vit tout à coup entouré et assailli par cinq assassins. Il dut changer de rôle pour défendre sa vie. Son cheval le délivra des deux premiers scélérats; son épée le débarrassa du troisième brigand. Il creva avec ses bottes fortes l'estomac des deux derniers assaillans. S'il triompha, dans cette lutte, du danger imminent qui le menaçait, l'amour et le courage s'en partagèrent la gloire. Il fallait le secours de l'un et de l'autre pour épargner à la France plébéienne le deuil de sa mort.

Cet heureux succès comprima la joie qu'on attendait de son malheur; la noblesse factieuse était dans l'inquiétude d'apprendre des nouvelles du guet-apens. On est impatient quand les événemens doivent se passer loin de nous.

On en parlait à Metz chez le duc d'*Épernon*; on en calculait également les chances chez le duc de *Montmorenci* en Languedoc. Chacun se communiquait ses conjectures dans la Guyenne, dans le Dauphiné, dans la Saintonge. Les petits comités se tenaient chez les *d'Humières*, les *Montigny*, chez les *Bouillon* et les *Bellegarde*. On avait ses estaffettes particulières pour être instruit à point nommé ou de la mort ou de la captivité du roi.

Ces conversations révolutionnaires cessèrent tout à coup, lorsqu'on apprit de quelle manière expéditive et heureuse le roi s'était dégagé des mains de ses assassins. On perdit le même jour la confiance qu'on avait placée dans ses projets d'insurrection. On ne s'était pas préparé à cette défaite, tant on avait compté sur la réussite de l'embuscade. Ce qui surtout redoubla la frayeur et l'inquiétude, ce fut l'ordre que reçut le comte d'*Auvergne* de se rendre sans délai à Paris.

Ce seigneur disposait alors, dans sa province, tous les arrangemens à prendre pour parvenir au couronnement de la marquise de *Verneuil* et à l'exil de la reine légitime. Il avait déjà rassemblé des armes, enrôlé des soldats et rempli sa caisse militaire. Il s'apprêtait à joindre les autres confédérés, lorsque le roi, ayant intercepté une lettre du comte, connut tout le guet-apens et le plan de la conspiration de la noblesse intrigante.

Le complot appartenait à trop de têtes coupables pour qu'on pût avoir l'envie de les frapper toutes du glaive de la loi. On fit donc, selon la coutume, un choix que ni la justice ni l'impartialité ne règlent d'ordinaire dans des circonstances semblables. La politique mit à part celles qu'on devait épargner. L'esprit du temps en fit excuser un certain nombre; on en accorda quelques-unes à l'humanité et à la conscience. On finit par se rabattre tout simplement sur les deux comtes d'*Entragues*, sur la marquise de *Verneuil* et sur un agent anglais. On a rencontré, de tous les temps, des individus de cette nation impliqués dans les troubles des autres pays.

La justice parlementaire procéda contre ces quatre accusés. Les deux comtes furent condamnés à avoir la tête tranchée sur la place de Grève. La marquise devait subir la prison pendant toute sa vie. On mit l'Anglais hors de cour, avec injonction de quitter la France.

Pendant les séances du parlement, on était bien en peine, dans la capitale, de deviner quel serait le résultat de la grande colère apparente du monarque. Ceux-là gagnèrent le pari, qui avaient fait la gageure d'après les souvenirs de l'amour. Peut-on se résoudre à flétrir l'objet qui nous a fait le sacrifice de son premier honneur ?

En effet, *Henri* iv ne tarda pas à abolir toute la procédure ; il effaça la honte du crime de l'amante, et réhabilita les droits des deux *Entragues*. Il leur rendit les terres et les châteaux que la justice avait confisqués. Il ne garda leurs personnes dans une citadelle que pendant quelques mois. Il les exila ensuite de la cour et de la capitale. Ce fut toute la rigueur royale qu'éprouva cette famille conspiratrice ; ce qui fit remarquer au public que la clémence s'était reposée sur la tête des grands criminels, et que le glaive de la loi était tombé sur d'obscurs complices. Néanmoins on n'exécuta qu'un petit nombre d'individus appartenant à cette dernière classe, soit à *Paris*, soit dans le *Quercy*, dans le *Périgord* et dans d'autres provinces ; mais assez cependant pour faire apercevoir les prédilections qui échappent à l'impartialité des rois.

CHAPITRE VIII.

Pillage de quinze millions d'économie, à la mort de *Henri* iv. Concussions dans les provinces, sous la minorité de *Louis* xiii.

Ces actes d'indulgence de la part du monarque n'inspirèrent à la noblesse factieuse ni l'ordre, ni le respect, ni la soumission. Le pardon n'excite jamais la reconnaissance dans ceux qui regrettent de n'avoir pas réussi dans leurs coupables desseins. Il fut facile de s'en apercevoir au détraquement général qui survint dans les hautes têtes nobiliaires à la mort de *Henri* iv.

Ce prince, que la main des assassins avait jusqu'alors menacé en vain, parce que l'amour des peuples fait longtemps l'heureuse étoile des bons rois, succomba à la fin dans la rue de la *Ferronnerie*, sous le couteau des factions. Le coup fatal, s'il n'avait pas été prémédité, aurait pu être détourné par les seigneurs de la cour qui étaient assis à côté du roi dans la voiture où il reçut la mort; mais les lâches, ou les traîtres, bien loin d'oser s'interposer entre le meurtrier et le monarque, et s'immoler à sa place pour conserver à la France celui qui faisait son bonheur et sa gloire, demeurèrent non-seulement passifs : mais l'on vit, au contraire, un de ces perfides gentilshommes renverser son corps en arrière et effacer sa poitrine, afin d'ouvrir la voie au fer qui devait verser le sang royal.

Dans ce jour de deuil, on ne désigna à la justice qu'un seul monstre nommé *Ravaillac*. Le bourreau ne frappa qu'un seul coupable; mais l'opinion publique, frémissant de cet attentat, signala bientôt d'autres régicides que le glaive de la loi aurait dû également frapper. La naissance et les titres furent, pour eux, un privilége d'impunité. On ne se trompait pas dans la désignation qu'on faisait de leurs personnes. Chacun avait pu remarquer l'inquiétude et la pâleur que montrèrent involontairement plusieurs visages à la cour, dans l'intérieur de quelques familles, dans la classe des comtes et des ducs, tous tremblans de crainte d'être reconnus comme les auteurs et les complices du régicide.

Toutefois, s'ils ont échappé au supplice, ils ont du moins été témoins de l'indignation profonde de leurs contemporains; et la postérité demande encore de nos jours, au duc d'*Épernon* et aux autres fanatiques, un compte rigoureux de cet affreux assassinat. On ne se lassera jamais de maudire la fureur et l'ingratitude de ces homicides, parce que chacun sent, dans tous les siècles, ce que vaut pour une nation un bon roi.

Ce déplorable événement déchaîna l'insatiable avidité des grands de la cour. Les funérailles royales, que le peuple arrosa de ses larmes, étaient à peine achevées, que les princes, les ducs, les comtes et les marquis se précipitèrent sur les économies et les épargnes du roi assassiné. Ils étaient informés mieux que personne de la somme contenue dans les coffres de son trésor. Ils avaient convoité plus d'une fois les quinze millions que l'économe monarque avait amassés avec beaucoup de peine, pour se montrer toujours fort au dedans et redoutable au dehors du royaume. Il savait que des finances en bon état font la moitié de la puissance politique. Il savait encore mieux que, s'il laissait après lui cette somme d'argent, il devait user de quelques précautions pour la garantir de l'avarice des courtisans.

Il l'avait donc enfouie dans les souterrains de la Bastille, la mettant sous la sauvegarde du canon de la forteresse. Cette sage prévoyance devint inutile. On fut obligé de la livrer aux ducs, aux comtes et aux barons, qui ne pensèrent point à voir dans cette somme d'argent deux caractères vénérables qui la font respecter de tout bon citoyen ; ils ne voulurent pas lire sur les coffres du trésor royal, *ressources publiques*, *sueurs du peuple ;* ce qui, sans doute, aurait intimidé *Guise*, *Bouillon*, *La Valette*, *Villeroy*, *Sillery*, et un grand nombre d'autres nobles, qui tous eurent leur part sonnante dans ce trésor. Cette même inscription aurait également effrayé la conscience du prince de *Condé*. Il se serait abstenu de faire charger sur son chariot les six cent mille livres qu'on emporta chez lui. Tant de gens enfoncèrent les mains dans les tonneaux qu'on en vit bientôt le fond.

Cet argent ne fut pas destiné à récompenser des services rendus, des talens réels et des travaux utiles. Le mérite d'un bon citoyen n'est jamais si coûteux à l'état. *Marie de Médicis* et *Concini*, son ministre, n'abandonnèrent les clefs du trésor royal à ces avides pillards, que parce que la position de la cour était devenue extrêmement fâcheuse par la mort violente du roi. Il fallait trouver promptement des moyens de contenir l'esprit révolutionnaire qui animait la haute noblesse. Comme l'argent nous rend toujours des services signalés à défaut de puissance, on acheta avec les quinze millions de *Henri* IV la bienveillance des nobles qui se montraient menaçans. On leur paya la paix et la soumission qu'ils vendirent, tandis que le peuple, de son côté, les accordait pour rien.

Marie de Médicis et *Concini* vinrent effectivement à bout d'établir une sorte de trêve entre la noblesse factieuse et la cour. Ils respirèrent quelque temps à leur aise.

Ce répit fut employé par eux à garantir la minorité de *Louis* XIII de tous les dangers attachés à une régence.

Pendant cette interruption d'intrigues et de luttes, les comtes, les ducs et les barons s'occupèrent d'autres soins. C'était la mode alors de faire de grosses fortunes : cette avarice est assez de tous les temps. Quelque énorme qu'eût été la somme de quinze millions répartie entre toutes les sangsues de l'état, néanmoins, à raison de leur nombre, la plupart de ces avides solliciteurs n'avaient pu recevoir que de faibles gratifications. Peu d'entre eux avaient trouvé dans les coffres de l'épargne royale la part qu'ils voulaient prendre ou obtenir.

Afin donc de se procurer un supplément convenable à ses désirs, chacun de ces gentilshommes entreprit d'exercer l'agiotage de toutes les affaires qui pourraient se présenter dans l'administration de l'état. Dès ce moment le public ne vit pas sans surprise des princes du sang, des ducs, des comtes, des barons, des chevaliers se faufiler avec des commis, des brocanteurs, des gens d'industrie, calculant avec eux tous les expédiens possibles de gagner de l'argent.

Bientôt initiés dans cet infâme métier, nos agioteurs titrés travaillèrent sur le produit des péages, des octrois des villes, des créations d'offices ; ils spéculèrent sur les bénéfices présumés des fournitures, des agences, du monopole, des disettes, des accaparemens. Il fallut passer par leurs mains pour obtenir des liquidations de créances, des paiemens de dettes arriérées, des rétablissemens de droits surannés ou abolis ; ils imaginèrent encore l'art de grossir la recette des aides, des gabelles, et de tous les impôts qui laissent de si utiles fractions dans les doigts des collecteurs.

Quand une fois ces nobles brocanteurs avaient terminé leurs calculs et additionné les sommes, ceux qui siégeaient au conseil de la régence ou qui exerçaient du crédit sur les ministres, délibéraient ou sollicitaient sans pudeur leurs propres affaires. Ils tracassaient toutes les consciences, jusqu'à ce qu'ils fussent parvenus à faire accueillir les projets et les offres de leurs prête-noms. Qui jamais a eu de la maladresse dans la peine et la fatigue qu'il prend de ruiner les finances de l'état !

Les fortunes énormes et rapides qu'on vit faire aux gens de la cour et aux nobles de la capitale, réveillèrent le même égoïsme dans la noblesse des provinces ; mais, comme celle-ci n'était pas à portée de frapper à la porte des ministres et du conseil d'état, elle inventa un autre genre de spéculation financière. Quelques gouverneurs de province forcèrent la main à la régente, l'obligeant à augmenter le nombre des grades militaires, et à rendre moins mobiles les garnisons de leurs places de guerre. Au moyen de cet expédient, on avait la facilité de vendre les emplois, et de mettre à contribution la solde et le contrôle du soldat.

Cet exemple gagna les commandans de place ; ceux-ci firent, de leur côté, à différentes reprises, des demandes de fonds, exagérant le besoin de réparer et d'entretenir les fortifications, les canaux et les bâtimens militaires, bien certains de partager les bénéfices avec les entrepreneurs de ces travaux. D'autres gentilshommes, non moins experts dans cette piraterie, s'arrogèrent sans façon la survivance des offices et des emplois, et, lorsqu'il fallait les restituer aux héritiers des titulaires, ils en exigeaient de fortes indemnités.

Parmi tous ces écumeurs d'argent, on en remarqua

quelques-uns qui furent maladroits ou moins hardis que les autres. Ils ne pouvaient pas, malgré leur envie, trouver les moyens de réussir à doubler ou tripler leur fortune. Un expédient plus facile et plus simple vint à leur secours. Ils demandèrent à la régente, comme une chose juste et convenable, de les décharger de leurs dettes, de réparer leurs pertes, et de fournir la dot de leurs filles. Que de quittances de cette espèce, que de trousseaux de mariage n'a-t-on pas donnés, en France, aux dépens du peuple! Ce n'est plus une aumône, quand on l'obtient de la main d'un roi.

CHAPITRE IX.

La faction veut empêcher le roi *Louis* XIII de se marier à son gré.

L'AMOUR de l'argent ne rendit pas notre noblesse turbulente mieux façonnée qu'auparavant. Il parut même que cette passion avait endormi, dans les âmes, jusqu'au sentiment des plus simples convenances. Le prince de *Condé*, le duc de *Bouillon*, le comte de *Soissons*, et une foule de gentilshommes, abandonnant le goût de l'agiotage et des spéculations, se tournèrent du côté des distractions révolutionnaires; ils choisirent le premier prétexte qui se présenta, pour troubler de nouveau la paix publique.

A cette époque, le jeune roi *Louis* XIII, devenu majeur à quatorze ans, consentit à se marier. Il vit les brouillons et les mécontens, à l'annonce de son mariage, prendre les armes, ce qui le surprit beaucoup, ne pouvant pas croire qu'une noblesse comblée des dons de sa mère eût la prétention de gêner la politique de son conseil, et que des sujets voulussent exercer un droit sur ses goûts et ses inclinations. Le jeune monarque avait déjà l'imagination embellie des charmes de sa royale fiancée. Le portrait de la princesse, enrichi de diamans, était arrivé d'Espagne : toutes les conditions de l'alliance se trouvaient réglées. Il n'y avait, par conséquent, plus lieu de contrarier la volonté du roi, ni de s'opposer aux raisons d'état qui avaient fait donner la préférence à la maison d'Espagne.

Néanmoins, le prince de *Condé* et ses adhérens, bravant le ridicule de leurs prétentions, refusèrent d'admettre les motifs sur lesquels la régente et ses ministres appuyaient cette alliance. Ce chef factieux se présenta à la cour, au milieu de cinq cents gentilshommes, formant sa ligne de bataille. Il cria tout haut qu'il venait rompre, avec l'épée, s'il le fallait, le mariage espagnol, et le remplacer par un autre hymen, qui aurait l'approbation générale des bons Français. En toute chose, on s'annonce comme l'organe de la majorité nationale.

Mais la régente, *Marie de Médicis*, qui connaissait fort bien la manie de tous les factieux qui affectent de faire croire que tout le monde pense comme eux, ne s'effraya pas de ce développement de forces autour de son palais. Elle n'était pas femme à se dédire et à se repentir d'un mariage qu'elle avait elle-même fait conclure dans son conseil. Elle se fit donc, de son côté, entourer de deux mille chevaliers, et attendit qu'on commençât l'attaque. Tout Paris fut dans les rues et sur les places, pour savoir si la signature du contrat serait donnée avec de l'encre ou avec du sang. Les figures, de part et d'autre, paraissaient trop animées pour ne pas craindre que la noblesse française, sur le pavé du Louvre, ne se coupât la gorge en l'honneur d'une si belle cause.

CHAPITRE X.

Fédération d'un grand nombre de Nobles. La Cour les accuse d'avoir pillé les quinze millions de Henri IV.

La faction dont *Condé* était le chef se sentit, ce jour-là, trop faible pour déchirer le contrat du mariage royal. Elle remit le combat au temps où la fédération générale lierait mieux toutes les parties, et présenterait plus de force et de consistance. L'impuissance fait souvent toute notre vertu. Les factieux, devenus prudens et circonspects, se bornèrent à chagriner la reine mère sur tous les objets de l'administration, et travaillèrent en même temps à se défaire de son ministre *Concini*. Il y a toujours, , dans un état, de l'occupation pour les frondeurs et les intrigans.

Ce fut sur ces deux bases qu'on fonda l'association révolutionnaire, dans laquelle entrèrent, sans hésiter, les ducs de *Vendôme*, de *Nevers*, de *Longueville*, de *Retz* et de *Fronsac* : vinrent aussi s'y rendre les comtes de *Saint-Paul*, de *Choisy* et de *Suze*. On y admit le marquis de *Bonnivet*, le baron *La Loupe*, et plusieurs autres gentilshommes de marque. Au reste, le registre de la confédération était ouvert dans tout le royaume, pour la commodité des esprits turbulens. Il y eut des signataires dans la *Guyenne*, en *Poitou*, en *Normandie*, dans la *Bretagne*, en *Anjou* et dans la *Touraine*. Une agitation séditieuse aussi générale présagea à la France et au trône une secousse violente et un ébranlement profond. Il n'y a pas toujours d'abri contre les orages politiques ; il faut les essuyer malgré soi.

Cette effervescence déplut à l'ambassadeur d'Espagne, qui prévoyait bien qu'en dernier résultat, les révolutionnaires parviendraient à empêcher le mariage du roi avec l'infante. Il écrivit à sa cour les détails de ce qui se passait sous ses yeux, et lui insinua les moyens de punir les opposans. Son courrier porta en Espagne le plan du démembrement de la France. Il désigna, la carte à la main, les parties du territoire qu'on pouvait s'approprier en toute conscience. Son avis était de raccourcir le royaume dans son étendue, au nord et au midi. Cette saignée lui redonnerait la santé ; il deviendrait même plus fort et plus robuste en diminuant de volume. Cette hygiène politique n'est pas sans exemple. Ce fut toujours avec ce caustique qu'on a prétendu guérir la maladie des dissensions civiles. La dimension naturelle de la France a, plus d'une fois, fait peur à ses ennemis.

Les seigneurs confédérés, se moquant des menaces de l'ambassadeur d'Espagne, s'éparpillèrent, à dessein, dans leurs provinces et dans leurs gouvernemens, afin de se trouver plus près des élémens populaires des insurrections, et de leur donner une activité uniforme. Mais, avant de se montrer sous les armes, il convenait de justifier leurs bonnes intentions. La vertu, la probité, le patriotisme, formaient le fond des étendards de la faction ; c'était une langue de convention qui se conservait, d'un siècle à l'autre, sans jamais vieillir.

On publia donc un volumineux manifeste, portant la signature de tous les rebelles d'une certaine importance. On y mentionna ce que communément on ne croit pas soi-même ; sans cette précaution on ne ferait pas des dupes. On y releva fort scrupuleusement toutes les grosses et les petites erreurs du ministère ; et, afin de paraître plus civique, plus juste et meilleur français que qui que ce fût de la cour, on n'épargna ni l'encre ni le papier pour tracer le plan du plus beau gouvernement du monde. Chaque faction a fait en ce genre son chef-d'œuvre. Avec tant de modèles, pourquoi reste-t-on toujours si en arrière de cette heureuse science ?

A cette dénonciation de guerre la régente *Marie de Médicis* opposa un contre-manifeste. Elle eut soin de répondre à tout. On ne doit pas toujours garder le silence avec les factieux. Le public apprit, par la proclamation royale, que les affaires de l'état marchaient partout avec harmonie et régularité, avant que la noblesse jalouse eût brouillé la surface du royaume ; qu'il régnait parmi les citoyens un instinct d'union, de modération et de calme qui ne pouvait être détruit que par l'intrigue haineuse de la gentilhommerie factieuse ; que le pillage des quinze millions, laissés par *Henri* IV dans le trésor royal, avait été le fait personnel des ducs, des comtes et des barons ; qu'il n'y avait eu qu'eux seuls qui les eussent dévorés en peu de jours, les arrachant des mains du gouvernement et usant pour cela, tantôt de menaces, et tantôt de violences. On leur reprochait, à la suite du manifeste, d'employer ce même argent, volé à l'état, à cimenter leur révolte contre les lois, la patrie et le souverain.

Malgré la publication de ces griefs et de ces reproches, la régente ne put pas sortir d'embarras sans consentir à traiter, sur le pied d'égalité, avec la noblesse révolutionnaire. Ce mode de figurer dans la diplomatie ne contribua pas à relever la dignité du trône ; mais il fallait l'adopter, parce que les circonstances étaient impérieuses. Il y a toujours eu des humiliations à souffrir, quand on a voulu désarmer la colère ou la politique des comtes et des barons. On s'aboucha à *Sainte-Ménéhould*, ou les deux partis signèrent cette union que le public appela la paix *malo true*.

CHAPITRE XI.

Les rebelles armés suivent pied à pied le roi *Louis* XIII jusqu'aux *Pyrénées*. Ils accordent la paix moyennant des indemnités et le paiement des dettes.

Cette paix ne démentit pas son nom ; car la noblesse, signataire du traité, garda ses armes et tint ses troupes sous les drapeaux. Cette attitude menaçante, malgré la réconciliation, obligea le jeune monarque de se faire escorter par une armée, lorsqu'il partit pour les Pyrénées, où il allait en personne recevoir sa jeune épouse. Ainsi, en marchant à la tête de ses colonnes, il apercevait derrière lui les enseignes révolutionnaires. C'était une arrière-garde que lui formaient insolemment *Condé* et *Bouillon*.

A cette distance, on s'attendit plus d'une fois à croiser l'épée et la lance. L'occasion s'en présenta souvent ; mais personne ne voulut commencer les hostilités. Au reste les rebelles, qui n'avaient pas toutes leurs forces auprès d'eux, jugèrent à propos de se borner à surveiller la marche du roi, et à l'empêcher de rien entreprendre contre leur faction. Ils se recrutèrent néanmoins sur la route d'un grand nombre de gentilshommes poitevins, qui préférèrent la révolte aux devoirs de fidèles sujets.

Quelque considérables que fussent les recrues des uns et des autres, chaque parti se contenta de faire de ses moyens de forces une vaine parade militaire. Les *Con-*

déistes y mirent encore plus d'ostentation que l'armée royale. Leur dessein, en exécutant ces évolutions, était de témoigner au roi combien peu son autorité leur en imposait, et de se rendre en outre les maîtres de dicter les conditions définitives de la paix.

En effet, le roi n'eut pas le crédit de châtier cette insolence, ni de punir le crime de rester sous les armes sans son autorisation. Il dut donc une seconde fois accepter la réconciliation avec ses ennemis. Il lui fallut oublier pendant quelques jours sa jeune épouse pour écouter les propositions de paix de la noblesse factieuse. Enfin, il signa l'accord entre lui et les *Condéistes*. Il consentit à les reconnaître pour bons et loyaux serviteurs de la couronne, ce qui fut toujours une des manies des gentilshommes, qui, ébranlant sans cesse le trône, ont dans tous les temps exigé qu'on les proclamât ses meilleurs amis et ses plus fidèles défenseurs.

On ne s'en tint pas simplement à ce brevet d'honneur. Il y avait des indemnités à accorder et des dettes à payer : on avait fait de grands frais pour l'insurrection. On demanda des dédommagemens. Souvent les rois sont obligés de liquider les fournitures de la guerre qu'on leur a déclarée. Ainsi la révolte, long-temps prolongée, devint profitable à leurs auteurs. On avait deviné d'avance dans le public que l'argent et les priviléges apaiseraient facilement cette humeur séditieuse ; on ne croyait pas se tromper, parce que la noblesse ne pouvait pas changer d'intérêt et de politique, et que la cour ne savait pas d'autres moyens d'avoir la paix qu'en l'achetant. En cette occasion, des plaisans proposèrent de faire le calcul de toutes les sommes que nos rois avaient dépensées depuis l'origine de la monarchie, pour obtenir les bonnes grâces des seigneurs du royaume. On convint que, si jamais un de nos monarques leur en demandait le juste remboursement, la nation se verrait dispensée pendant des siècles d'acquitter des impôts et des contributions. Mais, dès qu'on apprit l'issue des conférences sur la pacification générale, on cessa néanmoins de railler, et on parut mécontent de voir la cour continuer toujours le même système de condescendance envers les nobles, observant qu'avec cette faiblesse, ces égards et ces ménagemens pour des révoltés de cette trempe, on ne laissait pas cependant que de punir, par la potence et le gibet, tout autre Français qui manquait aux devoirs de sujet et de citoyen. Les exceptions n'ont jamais lieu quand on rédige un code pénal, mais seulement lorsqu'on en fait l'application. Cette partialité est de tous les siècles.

CHAPITRE XII.

Emprisonnement de *Condé*. Fuite des confédérés dans les provinces. La mère de *Condé* excitant le peuple de *Paris* à la révolte.

Le prince de *Condé* et ses gentilshommes, satisfaits des conditions de la paix, ouvrirent les rangs de leur armée pour laisser passer le roi et son épouse espagnole. Les nouveaux mariés, par cette complaisance, arrivèrent sans encombre à Paris, où des fêtes brillantes les attendaient. Pendant que les Parisiens, si ingénieux dans l'art de célébrer les noces royales, faisaient oublier à l'infante la gravité espagnole et au roi l'amertume de son traité de paix; *Condé*, qui avait suivi le monarque dans la capitale, jetait les bases de son plan de domination.

Son projet tendit à nettoyer entièrement la cour et le ministère de tout ce qui ne s'accordait pas avec sa vanité. Tout devait y être culbuté, afin d'avoir la liberté d'agir à sa fantaisie. Il se sentait propre à conduire de front toutes les parties de la haute administration. La réforme qu'il prétendait faire parut aussi bizarre que sévère ; car on s'apercevait aisément qu'il ne voulait substituer que ses goûts, ses idées et ses volontés, à ceux du roi, des deux reines et des ministres.

Comme personne n'osa barrer sa marche révolutionnaire, *Condé* se rendit si exclusif dans ses principes et dans ses prétentions, qu'il attira les regards de tout le monde ; les courtisans et les seigneurs de distinction désertèrent alors la cour du souverain et celle de la reine mère, pour s'attacher à l'homme du jour ; toutes les grâces découlaient de ses mains. Il disposait arbitrairement, comme un premier ministre, des dons, des faveurs, des dignités et des emplois. Comment ne pas enlever les hommages, les complimens et l'adulation, lorsqu'on s'établit le dispensateur de la fortune ? Mais la fatalité se complait à convaincre les hommes que rien ne se soutient moins que le pouvoir qu'on usurpe : les ambitieux manquent souvent de cette souplesse et de cette prudence qui font vivre leur crédit autant que leur personne.

En effet, l'impérieux *Condé* se montra d'un jour à l'autre audacieux, insultant, dur, tranchant et superbe. Il n'eut jamais le bon esprit de se faire pardonner d'être, sous un autre nom, le véritable roi de la France. Il fit autour de lui tant de bruit et de vacarme par ses discours, ses violences et ses impertinences, qu'il s'ôta les moyens d'écouter les propos sinistres qu'on tenait sur son compte, et de s'apercevoir de la trame qu'on ourdissait contre lui. Il faut du moins avoir de bonnes oreilles quand on a une mauvaise tête. Avec plus de calme et de circonspection, il aurait infailliblement deviné l'heure et le moment de son arrestation et de sa prison. On devine sa disgrâce à la cour, au redoublement des caresses qu'on y reçoit.

Plein de confiance en lui-même, *Condé* se rendit au contraire plus assidu au Louvre ; il devint plus exact à présider le conseil des ministres. Le jour fixé pour le coup d'état, il fut accueilli avec les mêmes façons d'usage ; mais quelques instans après son arrivée, *Thémines*, capitaine aux gardes, lui demanda son épée, et le fit prisonnier. *Condé* la détacha avec la même docilité qu'il la portait avec orgueil. Il n'y a rien de plus souple et de moins récalcitrant qu'un ambitieux tombé dans le piége.

La capture du chef de la faction devait être suivie de celle de plusieurs autres seigneurs révolutionnaires ; mais le coup d'état se trouva mal combiné, de sorte qu'on eut le temps d'échapper à l'arrestation. Prévenus de la mésaventure de *Condé*, les ducs de *Vendôme* et *Mayenne* s'évadèrent de Paris. Le même bonheur arriva à *Joinville*, à *Guise*, à *de Cœuvres*, à *Bouillon*. D'autres seigneurs de cette qualité, tous amis dévoués et ardens dans l'association factieuse, trouvèrent également le secret de tromper la police. La peur fit courir ces gentilshommes sans débrider jusqu'à leurs terres et à leurs châteaux. Ils s'enfoncèrent dans le fond de leurs provinces ; c'était alors vivre en terre sauve, malgré le roi et ses ministres. On se barricadait dans ses domaines, et de là on défiait en toute sûreté le trône et sa puissance.

L'emprisonnement de *Condé* n'aurait fait mettre personne aux portes et aux fenêtres, si tout à coup des pleurs et des cris n'avaient pas attiré le public dans les rues. La princesse de *Condé*, mère du prisonnier, voulant avec raison rompre l'écrou de son fils, parcourut la capitale, et cria à tous les coins de la ville, comme une révolutionnaire intrépide, qu'on lui donnât du secours, qu'on s'agitât en faveur de son fils qui venait d'être embastillé; que les ministres étaient des tyrans, et que la cour payait d'une noire ingratitude le zèle et les services des bons serviteurs. Combien de mères exhaleraient leurs afflictions, si elles avaient, ainsi qu'une duchesse, le privilége de faire un appel au peuple! La dame désolée mit tout en usage pour faire prendre aux Parisiens les anciennes arquebuses de la ligue.

Mais, par bonheur pour la cour, il n'y avait rien eu de préparé pour une sédition. La noblesse factieuse ne s'était point attendue à ce coup de tête de la princesse; en conséquence, ni les gardes armées, ni les états majors des quartiers de la ville, ni les chefs de file ne se sentirent émus aux larmes et aux plaintes de la mère de *Condé*. On s'informa seulement de ce qu'elle disait, et de ce qu'elle voulait faire. On la plaignit dans sa douleur maternelle; on la consola, mais on referma les portes et les fenêtres; et Paris, pour cette fois, refusa la rébellion.

Cette journée ne fut signalée que par un seul trait de vengeance, qu'une poignée de gens rassemblés à la hâte exécuta sans autre intention de malfaire. Ils se portèrent à l'attaque de la maison du ministre *Concini*. Leurs mains démolirent tout ce que la première fureur permit d'atteindre; on brisa les portes et les meubles, on déchira le linge; l'hôtel ne conserva que les quatre murailles. Cette insulte faite à *Concini* était le simple effet de la prévention populaire. Ce ministre n'était pas aimé, parce que la faction de *Condé* désirait qu'il fût haï du public ; c'est souvent tout le tort d'un ministre en faveur.

L'esclandre révolutionnaire de la vieille duchesse, et le bruit qu'occasiona dans la capitale la dévastation de l'hôtel de *Concini*, portèrent mal à propos l'alarme et la frayeur à la cour. On se hâta d'emballer l'argent et les bijoux, et de faire atteler les chevaux aux voitures de voyage. On ne devine pas toujours où peut s'arrêter le courroux d'une femme ; on appréhendait tout de la part de la mère de *Condé*. Mais enfin la cour en fut quitte pour la peine de décharger les fourgons, et de remettre les choses à leur place. Les Parisiens ont bien souvent causé de l'effroi et de mauvaises nuits à leurs souverains! C'est le privilége des capitales dans l'ordre civilisé.

CHAPITRE XIII.

Assassinat du ministre *Concini* par la cabale.

Les dégâts dans l'hôtel du maréchal d'*Ancre* étaient plutôt une offense qu'une perte réelle pour un ministre, propriétaire d'une immense fortune. Il avait les moyens de réparer cet accident par un ameublement plus riche et mieux assorti. C'est ce qu'on a la malice de faire, lorsqu'on veut causer du dépit à ses envieux et braver ses ennemis. L'adroit Florentin, protégé par *Marie de Médicis*, sous *Henri* IV et sous *Louis* XIII, avait amassé sans peine des biens considérables. Les étrangers sont toujours heureux en France. Cette fortune provenait de ses dignités, de ses emplois, des cadeaux et des gratifications de la reine mère. Il possédait assez de richesses et d'honneurs pour devenir ingrat envers sa bienfaitrice ; mais il rougit de penser à ce crime : il se borna simplement à dominer son esprit par un ascendant impérieux. Quand on intéresse le cœur d'une femme, on se trouve si près de sa raison, qu'on n'a qu'une seule influence à exercer.

Ses succès particuliers auprès de la reine mère et l'ensemble de sa conduite ministérielle aigrirent les princes et la haute noblesse. Il n'y a rien qu'on pardonne moins à la cour qu'une faveur exclusive. *Concini*, d'ailleurs, servait de prétexte à la faction de *Condé* pour rabaisser la puissance royale, et procurer des chagrins cuisans à *Marie de Médicis*. Il n'observa pas avec assez de soin cette marche astucieuse de ses ennemis ; car il aurait pu faire un accord avec eux, et se soustraire à leur animosité aux dépens de son ministère. Il n'eût pas été le premier à préférer ses intérêts particuliers à ceux de son souverain.

Mais le maréchal d'*Ancre*, ébloui de la puissance qui l'entourait, consulta moins le danger de sa position que l'amour-propre de sa politique : aussi éprouva-t-il bientôt qu'on court les plus grands risques lorsqu'on n'a pour toute garantie que la faveur de son maître. On le sacrifia au ressentiment de la cabale. Sa mort fut résolue. Le gentilhomme *de Vitri* reçut et accepta la commission de lui tirer, à bout portant, trois coups de pistolet. Faut-il tant d'amorces pour faire une victime ! Le ministre du roi, lâchement assassiné, expira au milieu de ses flatteurs qui n'attendirent pas son dernier soupir pour courir encenser la nouvelle idole, le *provençal de Luynes*.

Ce seigneur, depuis quelque temps, avait acquis les bonnes grâces du monarque. Il obtint, à la mort de *Concini*, toute la confiance royale, et prit la place qu'on avait rendue vacante par un assassinat. Il eut le courage de ne rien refuser, pas même le don des biens confisqués sur son prédécesseur. Quel héritage que celui qu'on recueille teint du sang d'un homme assassiné ! *De Luynes* ne montra ni l'horreur ni l'indignation qu'inspire un semblable attentat. Le public jugea mieux que lui du mépris qu'on faisait de l'autorité royale. Il flétrit dans son opinion un crime aussi audacieux, mais toutefois sans pleurer sur le sort de *Concini*, parce qu'on ne s'afflige jamais des malheurs de l'étranger qui va chez les autres faire sa fortune politique.

CHAPITRE XIV.

La Noblesse factieuse épouse le parti de la reine mère contre le roi *Louis* XIII.

Le nouveau ministre suivit bientôt une marche toute contraire à celle de son prédécesseur. Il rétrécit surtout le pouvoir et le crédit de la *reine mère*, ce qui détruisit entre elle et lui la bonne intelligence qui avait aidé celui-ci à s'élever au ministère. Personne ne s'avisa de les remettre d'accord entre eux. L'union à la cour ne fait le profit d'aucun courtisan. Cette lutte devint insensiblement désavantageuse à l'influence de *Marie de Médicis*. La princesse prévit le temps de sa parfaite nullité politique ; voulant la prévenir, elle usa d'une indocilité si opiniâtre, que le provençal de *Luynes* n'hésita pas à la faire reléguer à Blois.

Une mesure de police, aussi simple et aussi bien autorisée par l'exemple des règnes précédens, qui, d'ailleurs, ne pouvait offenser l'humeur de personne, parce qu'un roi comme les particuliers est maître dans sa famille, déplut néanmoins à beaucoup de ducs, de comtes, de barons toujours avides

des moindres prétextes pour lutter contre le trône. Le duc d'*Épernon* se déclara spécialement le chevalier de la princesse exilée, sans examiner si le roi avait des raisons secrètes d'en agir de la sorte avec sa mère. Il quitta son gouvernement de *Metz*, et vint escorté de cent vingt-cinq gentilshommes protéger la fuite de *Marie de Médicis*. Celle-ci mourait d'ennui sur les bords de la Loire. Toutes les rivières n'ont pas les mêmes charmes que la Seine. L'habitude lui avait fait un besoin de l'air de la cour et du tracas des affaires. Les femmes ne sont pas les seules à aimer le pouvoir et à contracter la jaunisse lorsqu'on le perd. *Épernon* et la *reine mère* sortirent, à petit bruit, du château de *Blois*, et se réfugièrent dans *Angoulême*, où l'on avait plus de moyens de rassembler des forces de résistance.

L'équipée de la princesse ne fit rire ni le roi son fils, ni le ministre de *Luynes*. On veut être obéi quand on commande. Quelques propositions d'arrangement qu'elle adressât à la cour pour faire cesser son exil, elle ne put obtenir son retour à Paris. On la confina, au contraire, dans la ville d'*Angers*.

Marie de Médicis arriva sur les bords de la Mayenne, subissant, avec plus de résignation qu'auparavant, ce second exil : comme il lui fallait, pour la consoler, l'illusion du pouvoir qu'elle n'avait plus, elle se forma, dans la province, une cour rivale de celle de son fils. L'étiquette, les tabourets, les présentations, les levers, les audiences, les repas, les cercles, chaque chose devenait une imitation fidèle des pratiques de la cour du Louvre.

Mais ce qui parut moins bizarre et plus dangereux que ces puériles affectations de rivalité, ce fut la vogue qu'obtint tout à coup la cour d'Angers parmi les mécontens, les brouillons et les intrigans. Des ducs, des maréchaux de France, des comtes, des barons, des marquis coururent dans cette ville pour y faire antichambre. Ce fut du bon ton de déplaire au souverain et de mortifier le ministre par une émigration volontaire de la capitale. La mode s'introduisit parmi les gens de qualité de faire ce voyage révolutionnaire. On le proposait à ses amis, on le concertait dans les salons pendant les repas, durant les visites ; on convenait de l'heure du départ, et les cavalcades sortaient de Paris à tout instant du jour et de la nuit.

Cet esprit de vertige n'était que l'effet d'une cabale qui plaçait toute sa politique dans la division des membres de la famille royale. Afin de ne pas laisser refroidir la brouillerie, les factieux eurent le projet de conduire la reine mère en triomphe à Paris, et de la replacer au timon des affaires en dépit du roi et de son ministre. On a toujours en vue quelque bonne œuvre quand on tient tête à son souverain.

Cette comédie révolutionnaire pouvait tout à coup changer de jeu et de décoration : c'est pourquoi le ministre provençal la calcula dans son vrai sens, et aperçut au juste la singulière position du moment qui l'embarrassait. Il ne trouvait, de son côté, que le roi et lui, tandis que, de l'autre part, il voyait une femme courroucée et des partisans audacieux, jaloux et ardens dans les troubles civils. Il ne s'abusa pas sur la nature des élémens et des matières de révolte qui se rassemblaient à Angers autour de *Marie de Médicis* ; en conséquence, il conclut à gagner de vitesse ses ennemis, et à les étonner par ses promptes attaques.

Dans cette extrémité, *Condé*, toujours embastillé, devint sa principale ressource. Il fut sur-le-champ retiré de la prison ; et , comme celui qu'on délivre de ses fers n'a pas de volonté , les premiers jours de sa liberté il consentit à se mettre en opposition avec le parti de la reine mère. D'ailleurs le prince conservait de la rancune contre elle. On n'oublie pas facilement l'injustice d'une longue détention. *Condé* marcha donc avec plaisir à l'attaque de ses anciens amis et de la cour turbulente d'Angers.

A la nouvelle de l'approche de l'armée royale , *Épernon* et *Mayenne*, qui avaient l'intention d'étendre la révolution plus loin que le chef-lieu d'une province , conseillèrent à *Marie de Médicis* de se porter avec eux dans la *Guyenne* ou dans l'*Angoumois*. Cet avis fut combattu par les autres seigneurs qui voulaient tenter au plus tôt le sort des armes pour retourner dans les salons de Paris. Malgré la différence du plan et des intérêts de chacun de ces factieux, ils n'étaient pas moins unanimes dans le projet de faire goûter à la princesse l'idée d'une guerre civile entre une mère et son fils. Qu'importe qu'on ensanglante les liens du sang, pourvu que la guerre seconde notre ambition ou notre vengeance !

Mais *Richelieu*, qui faisait alors ses premiers essais en politique, eut l'adresse d'épargner à la France de nouveaux malheurs. Il traita au nom du roi avec les révolutionnaires, aux conditions les plus avantageuses pour eux ; ce qui toujours aplanit les difficultés avec les factions. Le monarque et la reine mère, rapprochés par l'effet de cette réconciliation, s'embrassèrent et retournèrent ensemble à Paris, parce que le provençal *de Luynes*, non moins intéressé à les tenir divisés, venait de mourir dans son lit. Une mort aussi douce est presque une faveur pendant les dissensions civiles.

Sa place revenait de droit au pacificateur. *Richelieu*,

qui avait la mesure de ses talens, l'ambitionnait depuis long-temps, et chacun disait, pour son éloge, qu'il la méritait. En effet, personne ne pouvait mieux que lui remplacer *Louis* XIII dans son métier de roi. Ce prince avait un extrême besoin d'un suppléant, et l'état de la France semblait, de son côté, demander un despote. C'est sans doute le plus dangereux de tous les besoins; mais l'esprit révolutionnaire de la noblesse l'avait fait naître. Il fallait subir cette nécessité; ainsi, le roi et l'état trouvèrent l'un et l'autre, dans *Richelieu*, ce qui convenait à leur situation respective.

CHAPITRE XV.

Scènes révolutionnaires sous le ministère de *Richelieu*.

RICHELIEU, devenu premier ministre, refit tout le système de la cour. C'est une machine politique qu'il faut parfois remonter; mais il est essentiel de savoir le faire. Il accorda aux jeunes seigneurs, aux vieux courtisans, aux dames de qualité une liberté entière de se livrer aux plaisirs, à la dissipation, à l'oisiveté, aux intrigues de la galanterie. Ce genre de vie ne fait jamais que des ignorans et des dupes; ce qui n'effarouche aucun gouvernement.

Mais cette tolérance fut bientôt suivie d'une défense expresse de se mêler des affaires d'état, de se passionner pour des questions de politique, et surtout d'écouter aux portes du cabinet du roi et des ministres.

Ces ordres du jour ne s'affichent pas aux murs d'un palais; mais on les lit sur la figure de celui qui les rédige. L'air, le ton, la gravité et l'attitude de *Richelieu* le dirent mieux que n'aurait pu faire une affiche ou un placard. Cette nouvelle méthode de gouverner boucha par conséquent toutes les ouvertures et toutes les communications que l'Anglais, l'Allemand, l'Espagnol, le nonce du pape et les chefs de la faction de l'intérieur avaient pratiquées aux murailles du Louvre. Le secret des affaires ne trouva plus d'issue pour sortir et courir en poste au-delà des frontières.

Barricadé en quelque sorte au milieu de son ministère, *Richelieu* devint le maître absolu et indépendant de la pensée et de l'action du gouvernement. Fortifiant ainsi son caractère naturel du secours de la puissance, il ne voulut plus souffrir aucune espèce de contradictions ; il annula toutes celles qui avaient vieilli et rajeuni tour à tour au pied du trône.

Cependant il restait toujours à côté de lui deux oppositions qui gênaient parfois sa marche et ses volontés. Il examina de plus près leur consistance, et résolut de les écarter. Le premier obstacle était *Marie de Médicis*; le second était *Gaston*, frère du roi ; l'un et l'autre opposans cherchaient à perpétuer la vieille routine de la cour, quand le ministre venait de la proscrire comme trop commode pour une noblesse intrigante et factieuse. *Concini* et *de Luynes* ses prédécesseurs n'avaient pas eu la même patience que lui ; l'un avait fait emprisonner le prince de Condé, et l'autre avait exilé la *reine mère*.

Richelieu se proposa pour leçons ces deux coups d'état, en inventant des moyens nouveaux d'exécution : chacun a une méthode particulière de se débarrasser de ses ennemis sur le théâtre de la politique et de l'ambition. Il choisit la façon la plus propre à mettre l'excuse et la justification entièrement de son côté.

Ainsi, il ne frappa pas ses victimes ; il ne fit pas retentir des chaînes autour d'elles. Il eut l'adresse de retenir son bras, armé d'un si grand pouvoir ! Il crut réussir aussi bien, en se bornant simplement à aigrir l'esprit, et de *Gaston* et de *Marie de Médicis* ; à humilier leur orgueil par des mortifications, et à les entraîner par l'oppression à faire des sottises privées et publiques. Cet art à la cour est le plus perfide de la politique ; tout prospère avec un homme habile. Ce système en effet impatienta si fort le fils et la mère, qu'ils désirèrent eux-mêmes de s'évader de la cour, et de sortir du royaume.

L'adroit ministre, bien informé de leurs dispositions, leur en facilita l'exécution, laissant pour cela les routes libres et ouvertes, et supprimant les consignes dans tous les postes de surveillance. Il connut même l'heure précise de leur évasion ; ses imprudens ennemis profitèrent de la liberté des chemins, et arrivèrent à *Bruxelles*, bien convaincus l'un et l'autre d'avoir été plus rusés et plus politiques que le cardinal.

Celui-ci feignit d'avoir été attrapé par les fugitifs. Dès qu'il eut remarqué sur les figures des courtisans l'impression de cet événement, il fit semblant de déplorer sa trop grande confiance. Il eut l'air de s'affliger des suites de cette imprudence, tandis qu'il riait en lui-même du succès de son intrigue. Il se fit accuser par ses amis d'être un homme trop doux, trop respectueux envers les princes, pour songer à des précautions de police à leur égard ; mais en même temps il ferma exactement tous les passages des frontières, afin d'empêcher le retour de la *reine mère*. La princesse n'avait pas cru, en quittant Paris, ne plus cevoir la France. Elle s'était imaginée, au contraire, qu'on l'inviterait à revenir, et qu'on achèterait cher sa docilité ;

mais elle apprit bientôt qu'elle n'était point à la hauteur de la politique du cardinal. Toute sa vieille expérience ne valait pas la théorie nouvelle de son ennemi : l'infortunée ! elle eut sans contredit des torts toute sa vie ; mais ses fautes n'excusent pas le vindicatif ministre qui la réduisit à la misère, et l'obligea à rendre le dernier soupir, sur un méchant grabat, dans la ville de Cologne.

Après les avoir poussés lui-même hors du royaume, le cardinal fit observer avec soin leurs moindres démarches en pays étranger ; il n'oublia pas à leur sujet de pratiquer la maxime qui recommande de ne jamais perdre de vue les gens qu'on persécute. Il sut donc d'une manière certaine que *Gaston* vendait les diamans de sa première femme, ainsi que l'écrin qui appartenait à sa mère, et qu'il employait l'argent de cette vente à solder une armée contre la France.

En effet, le prince fugitif acheta des vagabonds et des vauriens auxquels il confia sa bannière révolutionnaire. Lorsqu'il les eut passés en revue sous les murs de Trèves, il pénétra à leur tête dans le royaume avec l'intention de réunir autour de lui la noblesse séditieuse, et de battre ensemble le cardinal ministre et le roi de France.

Le malin ministre, préparé d'avance à cette invasion, lui laissa faire tranquillement le tour du royaume, ordonnant aux troupes royales de reculer devant lui. Ce nouveau piége était dressé autant contre *Gaston* que contre les gentilshommes qui auraient envie de prendre son parti. Il lui importait de connaître les ennemis secrets du roi et principalement les siens. Il est naturel qu'on pense à soi quand la nature de nos fonctions nous fait des envieux et des jaloux.

Du moment que l'imprudent *Gaston* se fut engagé dans

le centre du royaume, on le serra alors entre deux armées, et on le poussa sur le Languedoc où le duc de *Montmorenci* tenait depuis long-temps une conduite plus qu'équivoque.

Ce seigneur ne tarda pas à accueillir l'armée du révolutionnaire *Gaston*. Il s'unit à elle et devint son général. Sous ce titre il accepta le combat de *Castelnaudari*, qui n'eut pas le temps de se changer en bataille. *Montmorenci* fut défait au premier choc et pris par les royalistes. Il paya de sa tête le crime de sa révolte et de celle de *Gaston*. Quant à ce prince, on lui pardonna à cause des prérogatives attachées au sang royal. On l'excusa en le voyant si bien pleurer dans la ville de *Béziers*. Il convint, après sa déroute, de ses imprudences et des mauvais conseils que lui avaient donnés ses confidens. Il attribua ingénument à ceux-ci les fautes qu'il avait commises ; ce qui ne corrige jamais les favoris et les flatteurs, puisqu'ils ne cessent pas d'employer leur esprit et leurs talens auprès des princes pour n'en obtenir ensuite que des reproches et un désaveu.

CHAPITRE XVI.

Tentative d'assassinat contre *Richelieu.*

Malgré les actes de rigueur, malgré l'adresse de sa politique, le cardinal de *Richelieu* ne parvenait pas, comme il le désirait, à donner de l'aplomb et de l'immobilité à la noblesse du royaume. Il s'apercevait de la répugnance qu'elle avait à se soumettre au régime royal, à adopter le joug des lois, et à concourir, de bonne grâce, à l'harmonie de la paix publique. Les goûts, les maximes, les habitudes que les gentilshommes pratiquaient, étaient devenus des espèces de doctrine, qu'on faisait remonter bien haut dans les siècles passés. On voulait ressembler à ses ancêtres, et n'avoir, pas plus qu'eux, des ménagemens à garder avec la patrie et le trône.

En effet, le souvenir des anciens temps, qu'on allègue toujours pour sa justification, entretenait, parmi les gens de qualité, des sentimens douloureux sur le préjudice que causaient, à leur indépendance anarchique, les progrès des lumières et de la raison. Ils voyaient finir, sous le cardinal ministre, le règne des révolutions et des dissensions civiles ; ils redoutaient d'être condamnés à supporter l'ordre et la soumission, non dans le sens qu'ils avaient toujours donné à ces mots, mais comme l'autorité royale le leur expliquait dans ses ordonnances. Ces considérations les engagèrent à tenter un dernier effort contre le ministre. La lutte devait être décisive entre le cardinal et les seigneurs de la faction nobiliaire : son résultat serait, ou que *Richelieu* périrait par le poignard, ou que la noblesse serait décimée.

Ce problème, douteux jusqu'alors, manqua d'avoir sa solution. Deux gentilshommes, *Saint-Ibal* et *Montrésor*, levèrent le bras sur l'éminence. Ils l'auraient prise en traîtres, si le chef de la conspiration avait osé donner le signal. Tout dépendait d'un simple mouvement de tête. Heureusement pour le cardinal qu'on détourna les yeux, et que les assassins craignirent de se charger, tout seuls, de ce crime. En échappant à une tentative, le ministre n'était pas plus en sûreté pour de nouveaux dangers de la même espèce. Chaque complot tendait à la mort. Très-rarement on le réservait pour l'exil ou le bannissement. Sa perte consolidait l'ancienne olygarchie française dont toute la noblesse s'accommodait si bien.

Mais *Richelieu* considérait, du haut de sa puissance absolue, l'assassinat ou l'exil comme un lot qui ne pouvait convenir qu'à des imbéciles ou des maladroits. Il ne se trouvait dans aucune de ces deux classes. En conséquence, il songea à avoir raison contre ses ennemis. Il voulut éteindre, à tout prix, l'esprit révolutionnaire de la noblesse, et façonner le caractère des ducs, des comtes et des marquis. Il se décida à leur persuader, de gré ou de force, qu'en se refusant à remplir le but de l'institution nobiliaire, ils étaient encore tenus de vivre paisibles et tranquilles dans l'état, comme l'universalité des autres membres de la société. Il s'appliqua à répandre le goût des lettres et des sciences, afin que, la raison s'éclairant par les lumières, il ne restât plus de doute aux esprits sur l'existence des devoirs qui lient l'homme civilisé. Il recommanda la lecture de l'histoire, pour apprendre que le corps de la nation, que la classe plébéienne avait été malheureuse et souffrante dans tous les temps, et que la caste nobiliaire, s'écartant constamment de sa destination naturelle, avait fait, d'un règne à l'autre, un mauvais parti, tantôt aux rois et tantôt aux ministres. Il résolut enfin d'empêcher qu'une minorité, toujours factieuse et oppressive, ne continuât à se substituer audacieusement à la nation entière, aux lois, au souverain et à l'intérêt général.

Cette détermination étant une fois prise, il s'annonça pour l'ennemi irréconciliable de tous les agitateurs ; et, afin qu'on n'ignorât pas quel était son nouveau système de gouvernement, il organisa ses commissaires judiciaires, et s'assura de ses partisans pour les remplir. Elles ne firent grâce ni à *Chalais*, ni à de *Marillac*, ni à *Montesquiou*, ni à *Saint-Marc* ; en vain employa-t-on, pour fléchir son éminence, les sollicitations des femmes : les têtes factieuses tombèrent sans rémission sur l'échafaud. Le cardinal pouvait commettre des erreurs ou pousser trop loin la sévérité ; mais ces inconvéniens arrivent dans toutes les réformes qu'on entreprend dans l'ordre social ; il ne se départit jamais de son inflexibilité, assez heureux, jusqu'à la fin de sa vie, de gagner de la force et de la stabilité par les moyens de rigueur qui les font ordinairement perdre.

En même temps que le ministre effrayait les ducs, les comtes et les barons par les supplices et l'ignominie de l'échafaud, il mettait en œuvre d'autres méthodes de la science de gouverner. Il régularisa les exils et les emprisonnemens : il inventa le système complet des disgrâces et des rancunes ministérielles. Son plan avait tout prévu ; de sorte que quiconque s'avisait de contrarier le roi ou son ministre, ne pouvait pas échapper à son châtiment. Il fallut que *Vendôme*, le comte de *Soissons*, et plusieurs autres seigneurs prissent la route des frontières. La belle duchesse de *Chevreuse* se vit forcée d'éprouver la gêne et les ennuis de l'émigration. Il eut un art tout particulier de jeter les gens hors de la France, lorsque leur présence embarrassait ses mouvemens de restauration, et de les y laisser mourir de misère et de honte. Ces émigrations, selon lui, n'avaient rien de désastreux pour le royaume, parce qu'elles ne lui enlevaient pas des bourgeois industrieux ni des artisans utiles, mais simplement une masse de gentilshommes pernicieux et nuisibles au repos public.

Cependant, en homme habile dans le métier de réformateur, *Richelieu* ne prodigua pas, sans mesure, tous les moyens de sa puissance : il sut user d'économie dans ses actes de rigueur ; les grands coups n'étaient frappés que lorsque la nécessité commandait de mettre à couvert des brouillons et des factieux, le monarque, le crédit royal et sa propre personne. Comme il voulait faire durer long-temps son despotisme restaurateur, il l'associait à la modération ; de sorte que, s'il trouvait, dans les rapports de la police, des gentilshommes plus dignes de pitié que de colère, ne valant pas la peine de demander leur tête, il les remettait à la garde des verroux et des fers ; la Bastille, Vincennes, et les châteaux forts dans les provinces lui répondaient de leur malveillance. Sans doute les prisons n'ont jamais réformé le naturel, mais du moins elles rendent les familles des détenus plus prudentes et plus timides.

Quelque talent qu'il apporta dans l'emploi de ses ingrédiens politiques, il recueillit la haine d'un grand nombre de membres de la haute et moyenne noblesse. Les parens des suppliciés, les bannis, les fugitifs, les prisonniers, ceux-là même qui lui servaient de bourreaux, détestaient, au fond de leur cœur, le flagellateur de la caste nobiliaire. Néanmoins, en dépit de l'esprit du siècle, et malgré l'indignation concentrée de tant d'ennemis, *Richelieu* sut par son génie se procurer une mort naturelle sur le duvet de la puissance ; ce qui n'arrive pas toujours aux grands hommes. Son dernier soupir, exhalé tranquillement sur son lit, fit trembler encore la noblesse de la capitale et des provinces. Il avait si souvent usé de ruses, qu'on craignit que son agonie ne fût elle-même un nouveau stratagème. On ne croit qu'avec peine à ses propres yeux, quand il faut se réjouir de la mort d'un despote.

Au reste, cette injurieuse dénomination née du mal qu'il fit à la noblesse révolutionnaire, se trouva balancée par le bien qu'il procura à l'ordre plébéien. On lui sut gré, en effet, d'avoir assoupli, pour quelque temps du moins, le ton, l'air, les manières de nos comtes, de nos barons et de nos marquis, et de les avoir attelés au char de la paix publique. Ces travaux exigeaient tout son génie, parce que les difficultés de l'entreprise consistaient à frapper, non le peuple qu'on subjugue toujours facilement, mais la noblesse qu'on ne dompte jamais bien. Si cette éminence, néanmoins, essuya des imprécations dans les salons et les boudoirs, elle entendit son éloge dans l'académie royale.

Sa science et son art de machiavéliser avec les hommes ne déplurent jamais aux gens de lettres, puisque même, après la mort de ce ministre, ses louanges devinrent une fondation académique que chaque récipiendaire était tenu de remplir en l'honneur du despotisme ministériel ; nos lettrés auraient volontiers désiré qu'il pullulât des *Richelieu* dans la France, sans songer que de tels génies sont d'un usage dangereux, et que, semblables à la flamme, ils rougissent un état, un empire, avant de l'amollir et de le rendre ductile. Heureusement que l'admiration et les éloges académiques sont impuissans pour provoquer la naissance des hommes de cette trempe. Il faut se borner à les prendre pour modèles ; ce que nos académies n'ont pas cessé de proposer à tous les ministres, ses successeurs, leur dévoilant sa doctrine, leur répétant ses maximes, comme si on ne savait pas qu'un grand homme est inimitable.

CHAPITRE XVII.

Les émigrés de Richelieu rentrent en France sous la minorité de Louis XIV, *et forment la cabale des importans.*

A PEINE le cardinal ministre eut rendu à Dieu son génie et son âme, que les exilés, les bannis, les émigrés quittèrent la Flandre, l'Angleterre, l'Allemagne, l'Italie et l'Espagne pour rentrer dans leurs foyers. A leur arrivée, ils se réunirent aux autres nobles qui avaient souffert, moins sans doute qu'eux, mais qui avaient pourtant supporté des disgrâces, subi des emprisonnemens et dévoré les ennuis d'une vie errante dans les bois. Toutes ces larmoyantes et plaintives victimes prirent le chemin de la cour. Elles se rassemblèrent autour d'*Anne d'Autriche*, devenue la régente du royaume, depuis la mort de *Louis* XIII, et pendant la minorité de *Louis* XIV.

Cette princesse, qui les avait eus, la plupart, pour confidens de ses chagrins et de ses peines secrètes, durant le ministère oppressif de *Richelieu*, les accueillit avec bonté, et leur donna des marques de sensibilité ; elle crut retrouver en eux des amis sages, zélés et mûris par le malheur. On doit prendre de la mesure et de l'aplomb sous le poids d'une longue persécution. Entraînée par le sentiment de leur infortune, sans songer qu'une âme trop tendre nuit à un bon jugement, elle proclama le duc de *Beaufort*, le plus honnête homme de la France. L'événement démentit bientôt ce brevet de vertu : car l'honnête homme de *Beaufort* ne rougit pas de porter le titre de *roi des Halles*, cadeau que lui firent les harangères de Paris, pour le récompenser de ses services révolutionnaires.

Après avoir goûté les douceurs de cet aimable accueil, les nobles victimes s'occupèrent essentiellement de leurs intérêts personnels. Chacune d'elles exposa ses prétentions et ses droits. La liste en est toujours fort longue dans les mains des martyrs de la politique. On devait inventer pour eux de nouvelles grâces, et de nouvelles faveurs. Il fallait un dédommagement remarquable, parce que leur zèle avait été extraordinaire. On ne pouvait rien refuser à ceux qui n'avaient pas voulu obéir au roi et à son ministre, et qui avaient préféré le malheur au devoir de rester fidèles et soumis. Ils ne comptèrent pour rien l'abandon qu'on devait leur faire de tous les emplois, de toutes les charges et dignités de l'état ; c'était le juste prix de leurs souffrances. Ils demandèrent surtout qu'on souscrivît sans contestation, comme une faveur bien acquise, à toutes les vengeances qu'ils se proposaient d'exercer contre les partisans du cardinal ministre.

Un point non moins essentiel, et que les émigrés n'oublient jamais, ce fut celui d'exiger qu'on leur cédât l'autorité, ou que du moins on consentît à ne voir que par leurs yeux. C'est ainsi qu'on apporta, de l'exil, de l'émigration et du fond des prisons, une faim dévorante qui se jeta sur toutes les parties du gouvernement : se résoudre à l'apaiser, c'était produire un bouleversement général, et faire, à son tour, de nouvelles victimes.

Cette considération, toute juste et raisonnable qu'elle était, ne fut appréciée ni par *Vendôme*, ni par de *Guise*, ni par la duchesse de *Chevreuse :* elle ne toucha pas davantage l'âme aigrie et vindicative des trois maréchaux de France, *Vitry*, *Bassompierre* et *Châteauneuf*. Comment pouvait-elle se faire goûter de *Saint-Ibal* et de *Montrésor*, et de cette foule de revenans, hommes et femmes, quand ils n'étaient occupés que de parler de leurs malheurs et de leurs souffrances passées ? Chacun d'eux montrait ses cicatrices, et faisait le compte des jours et des mois de leur prison, de leur exil, de leur émigration : rien de ce qui leur était personnel n'était omis dans les pétitions et dans les mémoires présentés à la régente et aux ministres ; on y insérait l'éloge de son dévouement et de ses services, sans oublier les impostures et les infamies dont on chargeait ceux qui avaient servi le gouvernement précédent.

Néanmoins les plaintes, les doléances, les demandes, les prétentions restant isolées, ne produisaient pas l'effet attendu. Ils s'aperçurent de cet inconvénient, trop important pour eux pour ne pas y remédier. Les brouillons songèrent donc à former une association, à l'effet d'obtenir un crédit plus décidé, et de pousser vivement les volontés paresseuses. Cette réunion fut appelée, par les plaisans du jour, la *cabale des importans.*

En effet, elle vérifia son titre ; car elle harcela, jour et nuit, la régente et son ministère. Elle leur proposa des plans, des avis, des règles, des méthodes, des ordonnances politiques. Elle désigna les ministres, les gouverneurs, les intendans de son choix. Tous ses partisans étaient des gens probes, fidèles, vertueux, et riches en capacité et en raison. On pouvait les adopter sans examen. On ne se trompe pas avec les gens éprouvés par la persécution d'un despote. Il ne peut frapper que des innocens et des cœurs honnêtes. En suivant ainsi sa chaleur envahissante, la cabale finit par promettre à la régente du bonheur pour la France et de la sécurité pour elle; mais ce délicieux avenir dépendait du soin de se remettre entièrement au zèle, à la capacité, aux vertus des victimes du malheur.

Anne d'Autriche, qui n'avait pas profité des doctrines du cardinal de *Richelieu*, écoutait favorablement tous les propos désorganisateurs de la cabale. Elle se souvenait, comme les importans, qu'elle avait gémi sous l'inflexible ministre, et qu'exempte de courir en pays étranger, elle n'en avait pas moins été regardée comme exilée au milieu de la cour. Une femme a bien de la peine de rendre justice à l'ennemi qui l'a fait pleurer. Cette disposition fournit aux intrigans les moyens de gagner sur la régente une grande influence. Tout serait donc arrivé comme la cabale le désirait, si *Mazarin*, nouveau ministre, n'eût pas pénétré le but des menées de ces illustres victimes. Disciple de *Richelieu*, il avait appris à modérer sa compassion, et à juger le langage d'exagération dont se parent indistinctement les persécutés de tous les régimes. Il empêcha la princesse d'accorder les réformes, les destitutions, et le balayage général qu'on lui conseillait de faire dans l'état.

Ce trait de prudence et de sagesse, de la part de *Mazarin*, releva le courage de la portion des nobles qui supportait impatiemment l'insolence des *importans*. Elle montra dès lors plus d'assurance, et se constitua en opposition à leur égard. Ce contre-parti profita habilement du ridicule dont se couvrait la cabale par sa jactance, ses prétendus malheurs et ses sottes prétentions. Il mit une telle persévérance à faire rire aux dépens de ces importans, qu'il vint finalement à bout de leur faire supporter à eux-mêmes les coups qu'ils destinaient aux autres.

En effet, la régente, malgré sa douce prévention en leur faveur, ouvrit les yeux, et s'aperçut que tous ces stygmatisés de la politique se souciaient fort peu de la compromettre, elle, son fils et l'état, pourvu que leur égoïsme et leur haine particulière y trouvassent leur compte. Aidée et soutenue dans cette conviction par son ministre et par les gens raisonnables qui l'entouraient, elle se décida pour le système de gouvernement le plus sage et le plus prudent dans les circonstances. Afin de conserver aux ressorts l'action qu'ils avaient, il fallut écarter les mains ambitieuses qui cherchaient à intervenir dans leur jeu. Il fut donc arrêté dans le conseil qu'on exilerait la duchesse de *Montbazon*, qu'on enfermerait à Vincennes le duc de *Beaufort*, et qu'on disperserait en divers lieux la foule des cabaleurs. On exécuta cette délibération ministérielle avec tant de succès, que la faction haineuse disparut sans bruit et sans convulsion pour le royaume. Tout consiste dans le savoir faire.

CHAPITRE XVIII.

Nouvelle rechute révolutionnaire qui amène la grande et la petite Fronde.

CETTE disparition, quand il s'agit de factieux, ne peut jamais être qu'un changement de livrée. En effet, les importans ne quittèrent la cabale que pour entreprendre la *fronde*. Leur premier soin fut de rendre à la régente le ridicule et les plaisanteries dont elle avait ri à leurs dépens. Ils y ajoutèrent de la malignité et de la médisance, et finirent par compromettre sa réputation en attribuant la protection qu'elle accordait à *Mazarin* à tout autre sentiment qu'à celui de l'estime.

Le ministre également ne demeura pas exempt de leurs atteintes. Il dut à son tour défendre contre les révolutionnaires son administration et sa diplomatie. Ils l'attaquèrent sous deux rapports, l'un comme étranger et Italien, et l'autre comme élève de *Richelieu*. On ménagea si peu les convenances avec lui, qu'il devint l'objet journalier d'une critique aussi amère que menaçante. On mit en œuvre les ruses et les impostures qui font ordinairement fortune dans les salons, dans les lieux publics et au milieu du peuple.

Néanmoins, quoi que fasse un parti, les ministres ont toujours des partisans. Le cardinal *Mazarin* eut l'art d'en créer autour de lui. Ceux donc qui lui rendaient justice sans intérêt, comme ceux qui chantaient ses louanges par reconnaissance, se déclarèrent *mazarins*, et soutinrent la dispute contre les frondeurs, ennemis vrais ou faux de l'Italien.

Les dames de qualité, qui avaient pris un goût décidé pour les factions, ne restèrent point neutres entre les deux partis. Elles travaillèrent à renforcer leurs coteries politiques ; et, pour accaparer le plus de chevaliers qu'on pouvait, elles firent toutes les aimables agaceries que l'esprit de parti sait si bien inspirer. On ne les vit plus frémir au mot de guerre et de révolte. L'habitude de calculer ce que rapporte une sédition et de combiner ce que valent les triomphes d'une faction, leur avait émoussé toute la sensibilité naturelle à leur sexe. Associées aux projets et aux opinions révolutionnaires de leurs galans chevaliers, n'étant pas moins qu'eux préoccupées de leur rang, de leurs titres et de leurs prérogatives, elles se firent un point d'honneur d'égarer les esprits dans la capitale et dans les provinces.

Dans cette agitation générale personne ne voulut faire attention qu'on avait un roi encore enfant ; que les minorités, si on n'est pas raisonnable, sont toujours difficiles et dangereuses ; que par conséquent il était du devoir des nobles de laisser le peuple tranquille et de ne pas intriguer au milieu de lui. Toutefois des gens sages cherchèrent à faire apercevoir qu'un état renferme toujours des individus qui spéculent sur les désordres publics ; qu'on ne fait jamais mieux fortune qu'en s'agitant dans les troubles ; qu'il ne fallait rien espérer des brouillons et des intrigans ; que le cardinal de *Richelieu* avait mis sur la voie pour raffermir tout-à-fait la monarchie et le trône sur des bases solides, et qu'en s'écartant de sa marche constante et régulière, on risquait encore de tout perdre.

Les amis particuliers d'*Anne d'Autriche* ajoutèrent à ces observations, que la régente charmait par ses grâces et sa beauté, qu'elle séduisait par son esprit et ses manières, et que la coquetterie n'excluait point en elle la bonté du cœur. On est toujours écouté quand on fait l'éloge d'une femme ; mais l'impression n'est pas de longue durée. On combattit ces louanges par des allusions indécemment puisées dans sa vie privée.

A leur tour les partisans du ministre avouèrent que, si *Mazarin* était un prêtre rusé, adroit, fin et fécond en stratagèmes de cour, défauts qui ne nuisent pas toujours au succès d'un bon gouvernement ; du moins l'aimable Italien se montrait l'ennemi des moyens violens, et préférait de guérir les têtes factieuses par l'artifice des grâces, de l'argent et des politesses, plutôt que par des lettres de cachet et des arrêts de mort.

Les partis échauffés l'un contre l'autre se parlaient, mais ne voulaient pas s'entendre. Les panégyristes de la cour et du ministère perdaient leur temps et leurs paroles ; cependant, si les frondeurs avaient été de bonne foi, ils auraient trouvé des points de faits desquels on pouvait convenir sans trahir son opinion : car on n'ignorait pas que *Mazarin* s'était fait habilement deux consciences : l'une l'éclairait dans les affaires d'état, et l'autre le guidait dans les soins de son intérêt personnel ; néanmoins aucune de ces deux consciences ne l'avait engagé à dresser des gibets et des potences, et à s'entourer d'espions et de délateurs pour atteindre les factieux qui le harcelaient sans cesse. C'est assurément au moyen des tribunaux et des espions qu'on justifie hardiment tout ce qu'on fait pour soi et pour l'État. On n'avait pas ce reproche à faire au ministre, puisqu'on avait toujours avec lui, malgré ses deux consciences, la vie sauve. C'est le plus grand bienfait que puisse accorder un ennemi puissant.

On était encore obligé d'avouer que cette éminence

aimait les plaisirs autant pour elle que pour les autres, et qu'elle ne songeait jamais à les interdire aux courtisans et au peuple; on savait qu'elle se réjouissait d'entendre le Français malheureux fredonner la petite chanson. Elle en tirait un bon augure pour le repos du royaume et l'acquittement des impôts.

Au reste, chacun pouvait remarquer qu'aucun ministre avant lui n'avait présenté autant de facilité pour pénétrer dans son intérieur. Il offrait, en effet, plusieurs moyens praticables d'arriver jusqu'à son âme ministérielle. Un groupe charmant de sept nièces, avouées, et fixées à la cour, toutes jolies, spirituelles et aimables, entourait continuellement l'heureux cardinal. Aucune de ces nièces ne lui laissait oublier, au milieu de sa puissance, les charmes et les douceurs de la sensibilité. Personne n'eut jamais à se plaindre de cet aimable essaim de beautés, serviables, complaisantes et indulgentes : on se trouvait toujours en force, avec elles, pour attaquer l'âme du cardinal et modérer les coups de son autorité arbitraire. Tous les ministres n'ont pas un abord si facile.

CHAPITRE XIX.

La garde des deux cents gentilshommes à l'Archevêché pour la sûreté du séditieux évêque de *Gondi*.

Les meilleures raisons de maintenir la paix dans l'État se convertirent au contraire en prétextes pour la troubler. Les boute-feux de la fronde tournèrent en plaisanteries les sept nièces charmantes du cardinal, la douceur et les politesses de l'oncle, les grâces et la beauté de la régente. Ils accréditèrent cet esprit et ce goût funeste qui précèdent toujours les dissensions civiles, et qui ne considèrent jamais les choses que dans l'intérêt de la malignité.

On avait besoin de l'appui d'un grand corps qui imprimât à la fronde une physionomie patriotique; car il s'agissait de parler au nom du bien public en désorganisant l'État et le Gouvernement. On ne peut pas avouer en effet que notre affaire principale est de satisfaire la vengeance, l'ambition et la jalousie. Ces passions, que la cabale des *importans* n'avait pas eu le temps d'assouvir, se réfugièrent dans le sein du parlement, et prirent, pour donner le change au public, le manteau du magistrat parlementaire.

Les gentilshommes *Saint-Ibal*, *Montrésor*, *Châteauneuf*, *Laigues*, *Frontailles*, limiers ardens de la faction, vinrent relancer les têtes à mortier. Ils concertèrent les délibérations et les remontrances avec la plupart d'entre elles. Ils acquirent, sur les escaliers du palais de Justice et aux portes des salles d'audience, le titre de *Sauveurs du trône et de la France*. Les dupes leur prodiguaient ce titre sans songer qu'on le donne souvent à ceux qui veulent démolir l'un et noyer l'autre dans des flots de sang. Les parlementaires, qui n'ont jamais su éviter les accointances d'une faction, se prononcèrent hardiment contre la cour. Ils avaient aussi des motifs de se brouiller avec elle. Les uns n'avaient pas pu stipuler avec le ministre sur des intérêts de famille ; les autres croyaient arriver par la révolte à des préférences qu'on leur refusait. Ainsi, le président de *Blanc-Ménil*, prenant la défense de la maison de *Gèvres*, ne songeait qu'à punir la régente de la disgrâce de cette famille. Le conseiller *Longueil des Maisons* ne pardonnait pas à la cour le refus qu'elle avait fait de nommer son frère président de chambre. Le conseiller *Viole* se proposait de venger son ami l'ex-ministre *Chavigni*, à qui l'on venait de retirer le portefeuille. Le magistrat *Charton* ne pouvait endurer que ses confrères eussent plus de crédit que lui à la cour ; enfin, le vieux conseiller *Broussel*, plus désintéressé que ses collègues, n'était pas moins un antagoniste redoutable de la régente et du cardinal par son goût tout particulier pour la popularité. L'ensemble de cette magistrature, quoique moins remarquable par son mauvais esprit, devenait un instrument dangereux, à cause de sa fluctuation et de son jeu politique. C'était cette majorité circonspecte qui, toujours, faisait prévaloir les motions les plus virulentes contre l'autorité royale. Il n'y eut à peu près que les plus adroits et les plus fins d'entre eux qui ne prirent jamais ouvertement la livrée de la fronde. Ce petit nombre d'esprits prévoyans se ménageait la ressource de se ranger, dans la suite, du côté du parti qui triompherait.

Mais de tous les frondeurs, nobles de robe ou d'épée, celui qui marchait avec plus de méthode et de précision vers le bouleversement général, celui qui faisait le plus de dupes dans le parlement, dans les salons et parmi le peuple, c'était le coadjuteur de *Paris*, archevêque de *Corinthe*, *Paul de Gondi*, connu dans la postérité sous le nom du *cardinal de Retz*. Cet habile conspirateur était né pour les intrigues de l'ambition et pour les hasards des guerres civiles. Profond observateur des hommes, pris en masse ou isolément, il savait se glisser, avec adresse, à travers les vices, les passions et les faiblesses humaines pour en dérober le secret. Il n'oublia jamais qu'il travaillait pour sa propre ambition, ce qui lui donna cette constance révolutionnaire qui l'amena à un succès complet. De tels hommes sont toujours les meilleurs juges d'eux-mêmes lorsqu'ils daignent par écrit s'expliquer sur leur compte aux yeux du public. Le prêtre *cardinal* eut le courage de dévoiler sa science factieuse dans des mémoires célèbres que la postérité ne se lasse pas de faire imprimer, quand les éditions vieillissent pendant une longue paix publique. Il s'est montré franc et véridique, afin de ne rien perdre de la réputation qu'il s'était acquise. Il s'est donné, la plume à la main, la célébrité de *Catilina*, que celui-ci n'a dû qu'à *Salluste* et à *Cicéron*. Il dépassa son modèle, puisqu'il ne subit pas le sort du conspirateur romain.

Le jour de la publication de ses mémoires, chacun fit la réflexion que désormais il n'y aurait plus que les sots, les imbéciles et les ignorans qui fussent incapables de deviner, à la mine, l'ingrat, le brouillon, le factieux, l'hypocrite. On convint aussi que, depuis ses complaisans aveux, ni l'épée, ni la robe, ni la soutane ne pouvaient plus en imposer sur le compte d'un fanatique et d'un ambitieux. On vit clairement alors que la fronde n'aurait pas eu lieu si la *cabale des importans* avait été mieux comprimée, mais surtout si on s'était hâté d'accorder à *Paul de Gondi* le chapeau de cardinal. La régente et son ministre, mal conseillés tous les deux, préférèrent de le lui laisser gagner par la voie de la rébellion. Ce chemin-là ne décourage aucun ambitieux. Ainsi le refus d'une barrette rouge fut la cause des douleurs du trône et de la France entière. Que de maux arrivés aux diverses nations de la terre, uniquement parce qu'un roi n'a pas su coiffer les gens à leur guise !

Le gentilhomme tonsuré choisit, pour ses travaux révolutionnaires, le poste le plus commode pour agir. Il n'ignorait point que c'est toujours de la manière de se placer dans une faction que dépendent les progrès de notre fortune politique. Il communiqua donc avec le peuple par des messes, des saluts et des bénédictions ; avec les dames de qualité, par l'esprit et la galanterie, et avec la haute noblesse, par la supériorité et la fécondité des intrigues. Il faut être propre à tout dans les révolutions. Il se constitua, par le choix de son poste, le ressort, l'âme, le tuyau de chaleur de toutes les réunions clandestines. Il y parut encore comme le théologien de la fronde pour apaiser les consciences et résoudre les cas difficiles.

Mais, en embrassant un grand cercle de mouvement, il ne négligea pas de songer à sa sûreté personnelle. Il bastionna son archevêché. Il le remplit de vivres, d'artillerie et d'armes blanches. Les bras, pour le défendre dans son fort, ne lui manquèrent pas. Deux cents gentilshommes gardaient son pavillon, et étaient toujours prêts à faire des sorties. Au milieu de sa troupe révolutionnaire et au centre de sa citadelle épiscopale, il accouchait, sans crainte, de ses projets et de ses plans d'attaque contre la cour. Il y goûtait en repos les heures de méditation, qui se changeaient bientôt, pour la *régente* et *Mazarin*, en des momens cruels d'anxiété et d'alarmes.

La fronde, nourrie et entretenue par de semblables patrons, parvint à sa maturité. On abandonna dès lors les sourdes pratiques et les détours obscurs. On osa parler et agir en plein air. On prit, à l'égard de la cour, le ton et les gestes d'un ennemi déclaré. Ce qui est de pratique constante, les écrits d'une scandaleuse diffamation coururent de mains en mains. La satire et la chanson réveillèrent l'attention ; elles égayèrent les esprits dans les rues et dans les salons.

Au sein de ces préludes sinistres, le parlement fit chaque jour un vacarme horrible dans son quartier. Il servit de foyer et de fournaise aux uns et de salle de spectacle aux autres. Tout Paris accourait à ses audiences séditieuses. De son côté, la noblesse dissidente cherchait le peuple partout où elle pouvait le rencontrer. Elle allait aux halles, fréquentait les quais, se glissait dans les ateliers ; rien n'était capable de la rebuter, ni la rigueur de la saison, ni la honte du métier révolutionnaire, ni l'incivilité des individus. Il s'agissait de tout enrôler pour la révolte. La répugnance n'est pas le faible d'un factieux.

Le vent de la sédition soufflait fortement aux oreilles de la *régente* et de *Mazarin*. Il ne pouvait pas méconnaître ce fâcheux pronostic de l'orage qui arrivait sur Paris. Ils convinrent donc qu'on aurait recours, pour le conjurer, à un coup d'État. L'ordre fut donné d'arrêter les présidens et les conseillers, frondeurs judiciaires, et de conduire à *Vincennes* les motionneurs chaleureux du parlement. On recommanda surtout à l'agent de police de ne pas manquer la prise du vieux *Broussel* que tous les quartiers de Paris avaient unanimement baptisé du nom de *Père du peuple*. Ce titre-là est fort souvent dans un sujet l'antagoniste de celui de roi.

CHAPITRE XX.

Barricades de la Fronde. *Paul de Gondi*, sur l'impériale de son carrosse, haranguant les Frondeurs.

Ces arrestations et cet embastillement, qui frappaient si imprudemment sur l'*idole* du jour, remuèrent tous les esprits de la capitale. Dans l'espace de douze heures, les comités révolutionnaires de la fronde firent cerner, de douze cent soixante barricades, le jeune roi *Louis* XIV et toute la cour. Il ne fut plus possible d'avancer d'un pas dans les rues sans rencontrer une de ces anciennes fortifications de la ligue. On n'est jamais indolent lorsqu'on travaille pour l'intérêt d'une faction.

Le roi et la régente, assiégés de la sorte dans le palais, ne virent accourir à leur défense que quelques courtisans. Ce secours pouvait leur devenir plus nuisible qu'utile: car ces gentilshommes n'étaient pas venus pour repousser le danger, mais pour l'accroître par leur air de suffisance et par leur ton de légèreté.

En effet, ils se permirent, dans le cabinet de la régente, de plaisanter sur le compte des prisonniers parlementaires, de se moquer de l'agitation du peuple, et de censurer les conseils et les avis de prudence qu'on se hasardait de donner dans le péril de cette journée. Quels pilotes payés souvent pour sauver le vaisseau du naufrage !

Pendant ces fades plaisanteries, les rapports alarmans se succédèrent dans l'appartement du roi. Il convenait de quitter le ton badin : car les frondeurs n'étaient pas d'humeur de voir rire la cour. Les plus imprudens du conseil royal furent à même de se convaincre du ton sérieux que prenait incessamment la révolte. Ils entendirent, de leurs propres oreilles, le bruit qui assiégeait le palais. Ils distinguèrent les voix qui redemandaient avec fureur le vieux conseiller *Broussel* et ses autres collègues. Ils virent des fenêtres de la salle les bouquets de paille que la fronde arborait comme un ralliement de l'opinion générale. La dame *Martineau* avait fait battre du tambour dans son quartier, et marchait vers le *Louvre* à la tête des artisans et des ouvriers. Le chancelier et le lieutenant criminel de Paris avaient tenté de se présenter aux barricades; mais les huées, les propos, les injures les avaient promptement repoussés. Le sang avait déjà coulé. Un piquet de gardes-suisses venait d'être surpris et massacré. Le maréchal de la *Meilleraie*, qui avait voulu affronter la sédition, reculait à la grêle de pierres qui tombait sur sa troupe. Tout présageait qu'on ne tarderait pas à substituer aux cailloux les balles des arquebuses. A ces nouvelles désespérantes, les courtisans interrompirent leurs bouffonneries : mais ils ne donnèrent pas pour cela de conseils plus sages à la régente.

Cette princesse, honteuse de céder à la noblesse frondeuse, rejeta prières, instances et sollicitations pour la délivrance des détenus de Vincennes. Souvent une femme ne montre du courage que parce qu'elle ne sait pas juger le danger qui la menace. L'émeute, qui ne l'effrayait pas, n'était à ses yeux que l'effet de quelques ambitions mécontentes. Elle n'y voyait que la rage impuissante de la cabale des *importans* disgraciés. Elle se persuada qu'on ferait entendre raison à la multitude égarée, ignorant que la voix des chefs d'une faction couvre toujours la voix du souverain.

Pendant que la régente luttait ainsi contre le conseil de donner satisfaction à la fronde, complaisance qui aurait embarrassé le comité d'insurrection et apaisé la foule soulevée, furieuse d'être privée du *Père du peuple*; l'archevêque de Corinthe, *Paul de Gondi*, entra dans son cabinet. Un factieux triomphant ouvre toutes les portes. On ne s'attendait pas à sa présence. Il venait jouer sa comédie. Il feignit, en abordant la reine mère, de partager les alarmes de cette journée. Il ne garantit pas de pouvoir calmer la multitude ; mais il offrit son zèle et son dévouement pour le tenter. Cette hypocrisie fut devinée par tous les assistans. Le prélat, en effet, ne se présentait à la cour que pour mesurer des yeux les degrés d'effroi et d'inquiétude, et pour savoir s'il fallait ralentir ou redoubler l'action de la révolte.

Naturellement une conversation piquante dut s'engager entre la régente et le coadjuteur de Paris. Elle devint en effet remarquable par l'esprit, la finesse, les allusions, les gestes, l'ironie, l'air et le ton avec lesquels on soutient et on échauffe un combat politique. La position des deux champions était bien différente l'une de l'autre, mais elle comportait l'emploi des mêmes ressources dans l'esprit et dans l'artifice. Ils paraissaient égaux, quoiqu'il y ait toujours une funeste inégalité entre une femme et un prêtre ; ce qu'on avait déjà remarqué dans les cardinaux *Richelieu* et *Mazarin*, et ce qu'on pouvait trouver confirmé par les succès de l'archevêque de *Corinthe*.

En finissant l'entretien, *Paul de Gondi*, qui croyait avoir sauvé les apparences, et qui, d'ailleurs, n'avait pas concentré tout son plan dans l'émeute d'une seule journée, quitta l'appartement du roi pour aller aborder la sédition, ouvrage de ses mains. Il s'avança effectivement vers le centre du tumulte avec l'air d'un pacificateur ; mais il eut une peine extrême d'y parvenir, tant il avait épaissi les rangs de la rébellion ! On ne pouvait déloger les gens sur son passage. On l'étourdissait par des cris. On lui montrait les bouquets de paille ; on lui demandait la liberté des prisonniers. Enfin, après des efforts inouïs, il arriva à l'endroit où il voulait se faire entendre.

N'ayant pas de théâtre pour être aperçu et écouté de tout le monde, il monta, dans un saint zèle, sur l'impériale de son carrosse ; et, de cette tribune mobile, il harangua ses frondeurs, leur recommandant la prudence, le bon ordre et le silence le reste de la journée.

Quelle chaire pour un archevêque ! Le choix bizarre de la tribune, le caractère sacerdotal du gentilhomme, les culbutes qu'il était toujours prêt de faire, chaque détail de cette farce révolutionnaire, fit rire les spectateurs. Dès lors la gaieté disposa tous les esprits à la raison et au repos. Il fut donc résolu au même instant de négocier avec la cour de préférence à la combattre.

Tout en congédiant la multitude *empaillée*, le projet de la noblesse frondeuse ne fut pas de laisser refroidir les dupes. On avait encore trop de choses à faire pour commettre l'imprudence de rendre le peuple de Paris sage, soumis et tranquille. Le vieux *Broussel* et ses compagnons parlementaires étaient toujours tenus, sous la clef, à *Vincennes* ; on n'avait pas assez humilié la *régente* et *Mazarin* ; la fronde avait encore des parties faibles qu'on voulait restaurer ; tout le crédit royal n'avait pas passé dans les mains des révolutionnaires. En attendant qu'on eût le temps d'accomplir ces grands desseins, les chefs de la faction entretinrent la chaleur plébéienne par la guerre des épigrammes, des vaudevilles, des pots-pouris. Les colporteurs à gage se répandirent dans les quartiers de la ville; et, à chaque coin de rue, on entendit un de ces gosiers qui impriment si bien aux groupes tous les tons de la révolte.

CHAPITRE XXI.

Fuite du jeune Roi et de la Régente. Le Coadjuteur se fait arrêter aux barrières, afin de ne pas suivre la cour à *Saint-Germain*.

CETTE tactique diffamatoire, pratiquée par toutes les factions, produisit le double effet de convaincre *Anne d'Autriche* de son impuissance contre la noblesse de la fronde, et de l'obligation où elle était de contenter le peuple parisien. Elle signa donc, les larmes aux yeux, la mise en liberté des parlementaires prisonniers. Mais, pendant que les factieux faisaient porter en triomphe le vieux conseiller *Broussel*, et crier, pour lui, plus de *vivat* que pour le *roi*, la régente sortit des murs de la capitale, emmenant avec elle le jeune monarque, les ministres, et les princes d'*Orléans* et de *Condé*. Sa retraite signalait *Paris* comme le foyer de la rébellion. Cette cité n'a jamais été fort scrupuleuse sur les titres qu'on lui a donnés. La noblesse se trouvait également, par cette fuite, obligée de se prononcer entre la cour et la fronde. Il fallait se parer, ou du bouquet de paille, ou de la cocarde blanche. C'est souvent pour bien des gens une affaire sans conséquence que le choix d'un parti. Beaucoup de seigneurs adoptèrent simplement l'étiquette, en suivant la régente à *Saint-Germain*, se proposant de revenir bientôt au milieu des frondeurs.

Ce coup de tête d'*Anne d'Autriche* déconcerta un moment les plus hardis ; mais, chez les révolutionnaires exercés, la surprise et l'irrésolution ne sont pas de longue durée. En effet, le parlement, redevenu complet par la rentrée des prisonniers, attaqua, le jour même, sans retenue et directement, le cardinal *Mazarin*. Un arrêt solennel déclara le premier ministre pertubateur du repos public, et ennemi de l'État et du trône. Il lui fut ordonné de quitter le royaume sous peine d'être mis hors la loi. Personne n'observa à ces magistrats factieux qu'ils dépassaient toutes les règles de la justice et de la raison, en enlevant malgré lui son ministre au souverain. On ne voulut pas voir non plus qu'il y avait des moyens plus honnêtes et plus conformes aux lois de marquer son mécontentement, sans vouloir punir ainsi un fonctionnaire à qui on ne laissait pas le droit naturel et positif de se défendre. Ces réflexions furent étouffées par des cris d'applaudissement. On vanta cet acte révolutionnaire comme un chef-d'œuvre de caractère, d'indépendance et d'énergie. On avait besoin d'un titre légal pour faire une guerre ouverte à la régente dans la personne de son ministre.

Cet arrêt de proscription fut rendu en l'absence de tous les hauts personnages de la faction. Ceux-ci avaient suivi la cour à *Saint-Germain*, laissant pour quelque temps à l'archevêque de *Corinthe* toute la charge de la fronde. Ils n'avaient pas peur que le fardeau fût au-dessus des forces du prélat. Ils connaissaient tout le mérite de cet athlète révolutionnaire.

Cependant, quoique *Paul de Gondi* eût les meilleures dispositions pour la science des conspirations, lorsqu'il se vit seul dans la capitale, exposé aux regards de la cour de *Saint-Germain*, il réfléchit sur sa bizarre position.

Son but n'avait jamais été que d'obtenir, par la révolte, le chapeau de cardinal et le timon des affaires de l'État. Il lui importait de ne pas transporter l'autorité dans un seul parti. Il fallait simplement la garder dans ses mains entre la cour et le peuple, afin de faire concourir l'un et l'autre à l'accomplissement de ses vues.

En calculant sa nouvelle situation, il s'aperçut qu'il ne pouvait pas, à l'exemple des autres frondeurs, quitter Paris, et laisser, par son absence, la faction sans son chef visible; ce qui produirait peut-être un détraquement parmi les ressorts inférieurs : car il faut toujours aux factieux un directeur de confiance; mais, d'un autre côté, il ne désirait pas paraître avoir de plus mauvaises intentions que les autres chefs de la fronde, ayant pour maxime qu'on ne doit pas compter régulièrement sur des rebelles, et que tout est hasard dans la vie révolutionnaire. Celui que nous abattons aujourd'hui se relève le lendemain et nous abat à son tour, vicissitudes fréquentes dans les dissensions civiles.

Afin donc de concilier les deux intérêts politiques, il s'avisa d'une petite ruse ordinaire aux chefs de parti qui songent plus à l'avenir que les dupes qu'ils font agir. Il feignit de vouloir également se rendre à *Saint-Germain*, et faire preuve de dévouement pour la cour. Son carrosse parvint jusqu'aux barrières. Ses écuyers franchirent le corps-de-garde; il commandait à son cocher de diriger sa route vers *Saint-Germain*; mais les affidés de l'astucieux prélat se présentèrent à la portière et l'invitèrent à retourner sur ses pas. On l'accusa d'être un serviteur trop dévoué au roi, à la régente et à *Mazarin*. Il se fit répéter cette accusation plusieurs fois. Comme les paroles ne laissent pas de traces de violence, il avait ordonné qu'on brisât son carrosse, afin que la cour ne pût plus douter de ses bonnes intentions envers elle. Cet acte n'est jamais, pour une foule trompée, fort difficile à faire. En conséquence, la voiture de notre archevêque fut mise en pièces par les mutins qui eurent soin, toutefois, d'accabler de marques d'amitié et de tendresse l'hypocrite prélat.

Lorsqu'on eut brisé les glaces et les panneaux, on reconduisit en pompe *Paul de Gondi* dans son archevêché. Pendant la marche triomphale, seul, il conserva une mine sérieuse et un maintien grave, parce que sa police lui avait appris qu'il restait dans Paris des espions de la cour. Il aurait craint, en se déridant le front, de perdre le fruit de son stratagème. Il se dédommagea de la contrainte aussitôt qu'il se vit rendu à l'intimité de ses confidens.

CHAPITRE XXII.

Plusieurs Nobles quittent la cour de *Saint-Germain* pour rejoindre la Fronde dans *Paris*.

En rétrogradant ainsi, l'archevêque de *Corinthe* se condamnait à se charger du siége de la capitale ; car la cour allait investir de troupes la ville, et l'attaquer par le canon et la famine. Cette crainte n'ébranla pas son courage. Il se hâta, au contraire, de fixer son choix sur les généraux qui devaient avoir la conduite de la défense de la place. Il sentit bien qu'une pareille besogne ne pouvait pas le concerner. Il n'était plus de mode de voir un commandant d'armes en mitre et en rochet.

Mais il se trouva quelque temps embarrassé pour la distribution des postes ; car il y avait alors dans la ville une grande pénurie de capitaines de renom. Tous ceux qui promettaient des talens et du zèle restaient encore immobiles à la cour de *Saint-Germain*. Aucun de nos frondeurs de marque ne s'ébranlait pour revenir dans la capitale. On eut peur un instant que les princes, les ducs, les comtes et les marquis n'eussent rompu franchement avec la fronde ; mais ce ne fut là que l'effroi que donne d'ordinaire l'impatience de commencer une révolte ; car on fut bientôt rassuré par l'arrivée du duc d'*Elbeuf*, du prince de *Conti*, des ducs de *Bouillon*, de *Longueville*, de *La Mothe* et de *Larochefoucauld*. Le dévot duc de *Luynes* préféra également, comme eux, l'archevêque de *Corinthe* à son souverain. A la suite de ces seigneurs révolutionnaires, on vit entrer dans Paris une foule de gentilshommes, qui tous apportaient des talens militaires, de l'expérience politique et de l'esprit d'intrigue. Chacun est utile dans une faction.

L'apparition d'un si grand nombre de complices combla de joie l'heureux prélat. Il se mit sur-le-champ, avec sa prudence accoutumée, en seconde ligne, pour faire place au prince de *Conti*. Il cherchait dans la fronde autre chose que l'honneur du rang. Il se contentait du chapeau de cardinal. C'est pour une barrette rouge qu'il devint mauvais citoyen et conspirateur.

Après avoir organisé le personnel de la défense de la capitale, il ne fut pas le dernier à s'apercevoir que l'argent, ce nerf de la bonne et de la mauvaise cause, manquait dans la caisse de la fronde. Heureusement que le prélat, adroit et habile en toutes choses, savait parfaitement l'art de le soutirer des mains des plus avares. Il ne rêva pas long-temps pour trouver qu'il avait besoin, pour sa ruse, de l'assistance de deux duchesses. Ce furent les dames de *Bouillon* et de *Longueville*, frondeuses autant par goût que par ambition, qui se prêtèrent généreusement à seconder son charlatanisme.

Paul de Gondi les fit monter au balcon de l'hôtel de ville. Il les étala aux yeux du public, leur recommandant l'emploi de leur aimable coquetterie. Les deux duchesses, ayant groupé autour d'elles leurs garçons et leurs filles, tous brillans de grâces et d'attraits comme leurs mères, prodiguèrent aux Parisiens, qui si facilement s'engouent pour des yeux de princesses, les sourires, les gestes, les façons, les regards de la bienveillance et les baisers de main. Rien ne lasse les femmes lorsqu'elles sont l'objet d'un spectacle. Elles jetèrent avec profusion, sur la place de Grève, les écharpes bleues et les bouquets de paille que la foule se disputa en leur présence.

Pendant que ces deux enchanteresses enivraient les esprits de cette représentation révolutionnaire, les agens de l'archevêque de *Corinthe* montaient la musique des *bravo*, des *vivat*, des acclamations délirantes. Bientôt le trépignement des pieds et les éclats de la voix partirent des fenêtres, des greniers, des toits des maisons et de tous les points de la place publique. Les hommes agitèrent leurs toques, et firent trembler l'air de leurs battemens de mains. Les femmes se chargèrent de pleurer de joie et de tendresse. Elles exaltaient la beauté, les charmes et le bon cœur des duchesses. Elles s'extasiaient en contemplant les grâces naïves de leurs enfans. On n'est jamais plus exagéré dans ses éloges que lorsqu'on les adresse aux gens de qualité.

Ce stratagème politique produisit deux millions d'offrandes révolutionnaires. On ajouta à cette ressource le pillage des bourses appartenant aux Parisiens suspects de *mazarinisme*. On enfonça pour cela, sans autre forme légale, les armoires et les coffres, et on s'empara de tout l'argent qu'on y trouva. On usa également de la voie de réquisition pour se procurer des chevaux de cavalerie et de train d'artillerie. Les jeunes frondeurs eurent le droit de s'introduire dans les écuries des hôtels garnis et des auberges, et de saisir les chevaux de main et de trait, pour se monter en hussard ou en dragon. On obligea en outre différens particuliers de la ville de céder gratuitement l'attelage de leurs voitures. Ainsi chacun, de gré ou de force, contribua à la formation des corps de gendarmes et d'artilleurs. Les factions ne connaissent pas d'autre code moral à pratiquer envers la propriété.

Paul de Gondi, pour le bon exemple et pour justifier ses réquisitions, leva à ses dépens un régiment de dragons. Ce n'était pas le premier sacrifice que le généreux gentilhomme faisait à la fronde. Le saint homme d'évêque avait déjà employé, aux divers rouages de la faction, une somme de deux cent mille livres. Il ne regretta jamais l'usage de cet argent, parce qu'il pensait, comme la noblesse de son temps, que la fortune doit d'abord fournir aux besoins pressans de l'ambition et de l'intrigue, et que, s'il en reste, on peut alors la faire servir à des actes de charité et de bienfaisance. A-t-on bien souvent suivi d'autres maximes et d'autres règles quand il s'est agi des deniers de l'État?

CHAPITRE XXIII.

Turenne, frondeur, tente de corrompre la troupe qu'il commande. On appelle en *France* l'Archiduc des *Pays-Bas* au secours de la Fronde.

Les cavaliers de la fronde, revenant de la découverte, rapportèrent bientôt la nouvelle que la capitale était cernée par les troupes royales. On les avait repoussés jusqu'aux portes de la ville sans leur donner le temps de reprendre haleine. La régente avait recommandé une vive attaque, impatiente de punir l'insolence du parlement et l'audace des chefs de la faction. On coupa les vivres aux Parisiens; mais on employa des forces trop faibles pour maintenir un blocus rigoureux. Huit mille hommes seulement bouchaient les avenues de la capitale. Quoique *Condé*, déjà célèbre par les deux victoires de *Lens* et de *Rocroi*, les commandât, néanmoins on disait que ce siége manifestait, dans la régente, beaucoup de colère et fort peu de moyens de la satisfaire.

Aussi arriva-t-il que cette armée n'intimida nullement les rebelles. Elle ne produisit point la famine qu'on craint plus que les boulets de canon. La plupart des arrivages se trouvèrent souvent libres ou mal défendus. Les vivres et les déserteurs pénétrèrent facilement dans Paris. Des officiers expérimentés dépassaient sans risque la ligne du blocus. On vit aborder sans interruption les courriers, les espions, les messagers, trompant les consignes et apportant des nouvelles fraîches de l'intérieur du royaume.

Par l'effet de cette indulgence, les chefs de la fronde conservèrent, pendant tout le siége, des relations secrètes avec la noblesse des provinces. On venait assidûment leur apprendre les détails des émeutes qu'on avait organisées tantôt à *Caen* et à *Rennes*, tantôt à *Bordeaux*, et dans les autres lieux dévoués à la fronde. Ils lisaient journellement la relation des exploits, des coups de main, des expéditions qu'exécutaient les gentilshommes pour la propagation révolutionnaire. Ces nouvelles, qu'on a le bon esprit d'exagérer ou d'inventer parfois, suivant le besoin des circonstances, devinrent la pâture habituelle des Parisiens frondeurs; de sorte que les sots, les fanatiques de parti et les dupes de guerre civile passaient continuellement d'un mensonge à l'autre, sans se douter qu'ils fussent les jouets de la politique et de l'ambition des meneurs.

On affecta surtout de répandre dans les rues de la capitale le récit de la trame criminelle dont *Turenne* se rendit coupable. Les grands capitaines n'ont pas tous commencé leur réputation et leur gloire par du civisme et de la vertu. Ce gentilhomme commandait, au nom du roi, une troupe allemande sur les frontières du royaume. Malgré le serment qui le liait à son souverain et au repos de sa patrie, il tenta la fidélité des colonels et des soldats qui étaient à ses ordres. Il voulut tourner leurs armes contre la cour, et employer leurs bras à la défense de la fronde.

On n'expliqua pas davantage le fait au public. On lui cacha le mauvais succès de la tentative. Les Parisiens n'apprirent que fort tard la trahison de *Turenne*, que le manque d'argent avait empêché de réussir. En effet, dès que le cardinal *Mazarin* eut été informé de la mésaventure du général, il s'empressa de faire avec les mêmes mercenaires un meilleur marché, et de payer tout comptant. L'or à la main est toujours préféré aux promesses.

En conséquence, *Turenne*, abandonné de sa troupe, n'eut précisément que le temps de repasser le *Rhin* pour cacher sa honte et éviter l'indignation de son souverain.

Il survint un autre désagrément à la fronde qu'on prit également soin de dérober à la connaissance des Parisiens. Les événemens heureux tiennent seuls en haleine les factieux. On s'attendait tous les jours dans Paris à voir arriver l'archiduc des *Pays-Bas*; ce que la noblesse frondeuse avait promis avec ostentation au public ennuyé du siége.

Ce prince étranger s'était, en effet, rendu à l'appel que lui avaient fait tous les ambitieux de la fronde. Ils l'avaient sollicité de venir soutenir l'arrêt du parlement contre *Mazarin*, et de les aider efficacement à faire la loi au monarque. Ce n'était qu'une simple stipulation pour une guerre civile; ce qui, aux yeux de tous ces gentilshommes, n'intéressait en rien l'honneur ni la probité.

L'archiduc se mit réellement en route pour Paris. Il arriva même jusqu'à *Reims*; lorsque tout à coup, changeant de résolution et de parti, il tourna le dos à la noblesse révolutionnaire, et rentra dans les limites de ses États. On reconnut encore la souplesse et l'habileté du ministre qui excellait dans l'art de diviser et de morceler les forces d'une faction.

Les dupes de la capitale ne furent informées de ce nouveau contre-temps qu'après l'accommodement survenu entre la régente et les chefs de la fronde. Cet accord n'eut lieu, entre la cour et les factieux, qu'après de longues et insidieuses discussions. Les parlementaires traitèrent de leurs droits et de leurs priviléges; les généraux et les nobles n'oublièrent ni leurs dignités, ni leurs places, ni leurs pensions. On exigea des charges à la cour et des tabourets chez la reine ; enfin on signa la paix. Que de tréves, que de paix les nobles du royaume n'ont-ils pas signées, les armes à la main, comme insurgés et comme factieux, avec nos rois jeunes ou vieux ! Le recueil de ces traités serait aussi curieux que celui des ordonnances émises pour leur accorder des terres, de l'argent, des grâces et des honneurs.

CHAPITRE XXIV.

Turenne fait la guerre au roi *Louis* XIV. L'épouse de *Condé* soulève la *Guyenne*. Club révolutionnaire de trois cents gentilshommes assemblés au réfectoire des *Cordeliers*.

La réconciliation ramena la cour dans la *bonne ville de Paris*. La régente y reparut de nouveau avec son ministre *Mazarin*. La présence de celui-ci fit froncer le sourcil à plus d'un frondeur de bonne foi : c'est que les chefs n'avaient pas jugé à propos de les mettre dans la confidence du traité. Personne n'avait donné l'ordre de huer, de siffler ou de faire pire encore ; la vue du cardinal n'excita donc aucune commotion. Il traversa tranquillement la capitale en dépit de l'arrêt du parlement, et vint coucher dans son hôtel.

Mais, si le ministre eut lieu d'être content du calme et de l'indulgence du peuple parisien, il ne tarda pas d'avoir des sujets d'inquiétude de la part du prince de *Condé*. Celui-ci revenait avec lui de la cour de *Saint-Germain*. Il n'avait pas quitté le roi ni la régente. Il avait dirigé le blocus de Paris ; il était couvert de lauriers cueillis à *Rocroi* et à *Lens*.

Un pareil antagoniste, irréprochable dans sa conduite

politique, était à craindre s'il devenait une fois ambitieux. Il avait donné trop de preuves de royalisme pour le confondre avec les princes et les seigneurs dévoués à la fronde. Au reste, eût-il même secrètement quelque goût pour la révolte, on ne pouvait plus faire à personne des reproches de cette nature. Le traité de paix appelait tout le monde à l'oubli et au pardon. Le gouvernement devait lui-même user de la plus grande discrétion à ce sujet ; car les frondeurs, pour éviter toute remontrance sur ce point, avaient la malice et l'adresse de faire déjà parfaitement les endormis. Pourtant, une faction ne dort pas toutes les fois qu'elle en a l'air.

Dans cette circonstance, *Mazarin* ne devina jamais mieux un ennemi ; car le prince de *Condé*, impatient du joug du cardinal, se brouilla ouvertement avec lui. Chacun avait remarqué que difficilement on voudrait maintenir l'équilibre entre un prince avide de tout et un ministre économe sur tout. L'un demandait toutes les grâces et toutes les préférences ; l'autre, au contraire, ne voulait accorder que peu de choses et le plus rarement qu'il pourrait. La mésintelligence devait donc éclater.

Condé prévint en cela le ministre : il fut le premier à ne plus rien ménager, et tomba avec aigreur sur la conduite publique et privée du prélat italien. Celui-ci s'humiliait souvent, et toujours patientait. Ces deux qualités soutiennent long-temps les gens à la cour. Railleries, saillies, propos malins, allusions, équivoques, jusqu'à l'air de mépris, le prince se permit tout contre l'éminence.

Un personnage de son rang, qui abuse du droit de son titre et de sa qualité, fait bientôt des disciples. Les jeunes gentilshommes de sa suite imitèrent son ton badin et ses impertinences. Ils devinrent moqueurs et insolens. Après avoir épuisé la raillerie sur le compte du ministre du roi, ils cherchèrent à s'exercer sur d'autres personnes ; ce qui indisposa beaucoup de gens contre le prince de *Condé* qui les autorisait par son exemple. Ils finirent par donner naissance à cette classe de *petits maîtres* dont le titre a déjà traversé un siècle et demi, et qu'on a copiés avec moins de succès partout ailleurs qu'en France. On les nomma de la sorte, parce qu'on signale d'un seul mot tous les ridicules, les sottises, les absurdités et la suffisance de cette élégante profession.

Condé, en se rendant ainsi formidable à *Mazarin*, eut la maladresse de devenir insupportable à une partie des seigneurs de la cour, à la régente elle-même et à la fronde. L'orgueil qu'il empruntait de ses premières victoires, y contribua infiniment. Beaucoup de têtes, chargées de lauriers, ne sont ni souples ni tolérantes. Il était né, d'ailleurs, avec un caractère dominateur qui ne concilie jamais ni les esprits ni les cœurs.

Fier de ses facultés personnelles, il prétendit marcher seul au milieu de la politique italienne et révolutionnaire du temps. Il dédaigna tous les partis ; il rejeta leurs offres avec hauteur; il déclara qu'il n'en reconnaissait de légitime et de raisonnable que le sien. Cette vanité, soutenue par son épée, heurtait contre des rivaux qui, sans avoir plus de modestie, avaient plus d'adresse que lui. On se réunit donc pour lui faire sentir qu'une ambition démesurée devait porter sur une autre base que la fatuité et l'arrogance. On s'appliqua à refuser à cette ambition tous les sacrifices qu'elle exigeait, puisqu'elle se montrait dépourvue des charmes qui l'accompagnent dans les autres individus. On ne court pas au-devant de celui qui révolte notre amour-propre.

Néanmoins, quelque disposition haineuse qu'on éprouvât contre *Condé*, on voulut encore garder envers lui des procédés et des convenances. *Anne d'Autriche* se chargea de lui faire la leçon. C'était la recevoir d'une bouche pleine de grâces. Elle l'exhorta à ne plus mettre ses services à un si haut prix, à retenir sa langue médisante, à respecter les réputations, surtout celles qui appartiennent à la mère et au ministre du roi. Elle lui conseilla également de prendre la peine d'estimer ses rivaux et les personnes utiles à l'État. Elle lui assura qu'on ne gagne l'amitié des autres qu'autant qu'on a soin de montrer celle qu'on leur doit. Le point sur lequel elle insista plus particulièrement, ce fut celui de ne pas réveiller la fronde; ce que lui, sa famille entière et la tourbe de ses gentilshommes ne considéraient pas avec assez d'attention, affectant toujours un ton de menaces quand il s'agissait de l'autorité royale.

Ces exhortations, accompagnées de toutes les cajoleries qu'une femme aimable et adroite sait inventer, ne produisant aucune conversion dans le vainqueur de *Rocroi* et de *Lens*, la régente, fatiguée de son orgueil et de son ambition, et toujours inquiète sur ses projets révolutionnaires, eut le courage et la force d'ordonner la détention de *Condé*. Elle lui associa le prince de *Conti* et le duc de *Longueville*. On les enferma en premier lieu au donjon de *Vincennes*; on les envoya ensuite au château de *Marcoussi*, et finalement on les transféra à la citadelle du *Havre*.

Ce coup d'état servit d'occasion et de prétexte à tous les partis de sortir de leur indolence hypocrite. La cour se trouva dans l'embarras lors de cette oscillation révolutionnaire. Elle n'avait pas assez calculé ce qu'elle pourrait entreprendre contre la masse de la noblesse si elle s'intéressait trop vivement au sort des trois prisonniers. En conséquence, elle éprouva la mortification de voir reparaître chaque faction sur la scène ordinaire, sans être elle-même en état d'en pouvoir dominer aucune. La principale, qui était celle de la *fronde*, recommença de nouveau ses agitations et ses intrigues.

Les comtes et les marquis qui portaient le *bouquet de paille* sous leurs habits, toujours tentés de le mettre à la boutonnière, se réconcilièrent sur-le-champ avec les princes prisonniers de la cour. Ils s'unirent ensemble, comme à peu près les vents contraires qui se mêlent et se confondent pour compléter un orage. *Paul de Gondi*, qui avait essuyé lui-même les hauteurs et les duretés du prince de *Condé*, fit semblant de ne plus voir en lui qu'un prince malheureux et persécuté. Il profita de sa détention et de l'imprudence de la cour pour reprendre les forces et l'influence qu'il avait acquises pendant la première fronde.

Tandis que le coadjuteur de Paris renonçait de la sorte une seconde fois à lire son bréviaire pour aviser au bien de la faction, *Turenne*, de son côté, rentré en France, campé à *Stenai*, avec nos ennemis les Espagnols, s'empara également de la circonstance pour porter les armes contre sa patrie et lui faire le présent d'une guerre civile.

On vit en même temps, dans une autre partie de la France, le duc de *Larochefoucauld* conduire à *Bordeaux* l'épouse de *Condé*, cherchant à exciter les comtes et les barons du midi déjà en rébellion contre l'autorité royale. La princesse, surmontant la timidité de son sexe et se livrant à l'esprit révolutionnaire du temps, prit hardiment l'épée, lorsque son époux, prisonnier, ne tenait dans ses mains qu'un arrosoir. La femme voulait couper des têtes, quand le mari ne pouvait qu'arroser des tulipes et des œillets. Au surplus, elle vengeait le père de ses enfans et l'honneur de sa famille. On est convenu de faire alors d'une telle femme une héroïne.

Dans cette frénésie générale qui mettait la France en combustion, la régente et *Mazarin* se hâtèrent d'organiser partout des points de résistance. Ils levèrent des troupes pour les opposer à celles des chefs de la rébellion. *Anne d'Autriche* s'appliqua particulièrement à combattre l'épouse de *Condé* qui obtenait des succès d'enthousiasme dans la ville de *Bordeaux*. Elle ne fut pas malheureuse contre son ennemie. Le sort, qui protégeait encore la race des *Bourbons*, ne balança pas entre ces deux femmes en colère. *Bordeaux*, vivement pressé, se soumit ; la *Guyenne* désarma, et la révolte s'assoupit parmi les gentilshommes *gascons*.

Ce succès royal fut suivi d'une victoire non moins importante que les troupes du roi remportèrent sur le révolutionnaire *Turenne* dans la journée de *Rethel*. On le poussa jusqu'au *Rhin*, au-delà duquel il fut obligé d'aller déplorer sa défaite, ce qui lui causait plus de peine que la honte de combattre son pays et son souverain. L'armée victorieuse se replia ensuite pour chasser, d'un côté, les Allemands et les Espagnols, et tenir, d'autre part, en respect le duc de *Bouillon* et les autres seigneurs insurgés.

Ce triomphe rivait les fers des trois princes prisonniers au Havre. Comment se flatter d'une délivrance prochaine ? Car ce n'est jamais à ses ennemis victorieux qu'on va demander les clefs de sa prison ; mais, quelque contraire que leur fût le sort des armes, il restait encore aux princes détenus la protection d'une puissance souvent plus efficace que des soldats en bataille. La fronde ressuscitée promettait de rompre les portes de leur prison. Elle avait juré de donner cette mortification au jeune monarque, à sa mère et à son ministre. Les factions tiennent souvent parole contre les rois.

Mais, pendant qu'on organisait une démarche décive pour la cause des trois prisonniers, les frondeurs furent condamnés, malgré leur dépit secret, à chanter des *Te Deum* en l'honneur des succès militaires de la régente et de *Mazarin.* C'est une dure corvée pour des factieux que celle de remercier le ciel des victoires qu'ils maudissent dans leur cœur. La noblesse parisienne, néanmoins, se rendit au pied des autels ; elle s'unit aux prières communes, libre de remplacer mentalement, par des reproches amers, les chants d'allégresse qu'elle était forcée d'adresser à la divinité.

La petite fronde, cependant, ne se dissimulait pas la nécessité de prendre une autre attitude que celle des menaces ; il semblait qu'une sorte d'énergie était survenue à la cour : car elle parlait avec un air plus assuré et sur un ton plus ferme ; il était donc possible qu'elle se déterminât, d'un instant à l'autre, à attaquer les factieux dans leur centre principal. Les frondeurs calculèrent ce changement de position ; et, n'ayant pas la sottise de hasarder tout en un jour, ils employèrent un autre mode de conduite. On les vit tout à coup devenir polis, honnêtes, circonspects, prenant des formes, observant des procédés, se piquant de modération et de retenue envers la cour. On fit entendre qu'on ne voulait obtenir l'élargissement des princes que comme une grâce accordée à des prières et à d'humbles instances. En effet, par suite de ce nouveau plan politique, le parlement intercéda auprès du monarque par de nombreuses députations. Il le supplia de rendre les trois illustres victimes aux vœux de la nation ; il ne parla pas seulement en son propre nom, mais il se constitua l'interprète de tous les Français, quoique bien des gens ne l'eussent pas chargé de cette commission : c'est assez l'usage de tous les corps délibérans de se donner pour les organes de leur pays.

Ces magistrats intercesseurs représentèrent en outre au souverain qu'il convenait, en rendant la liberté aux princes, d'accorder à leurs familles et à tout le royaume une satisfaction fort simple et toute naturelle. On ne pouvait pas modérer avec plus de générosité sa vengeance, lorsqu'on ne demandait que le renvoi définitif du cardinal ministre. Cette compensation, agréable au parlement, à la noblesse et aux prisonniers, gagnerait infailliblement tous les cœurs au monarque, et rétablirait l'ordre et la paix dans la France.

Afin que personne ne doutât des bonnes dispositions qui animaient les chefs de l'opposition révolutionnaire, on appela la religion en témoignage de la sincérité de la fronde. Les factieux retournèrent de nouveau dans les églises ; ils assistèrent à des prières publiques, à des saluts et à des bénédictions ; on commanda aux prêtres de demander au ciel l'union, la paix et le repos ; on fit toutes les protestations qu'on prodigue ordinairement dans les cérémonies religieuses : mais le ciel écoute rarement les cœurs qui n'aiment pas la patrie.

Pendant qu'on se donnait ainsi un faux air de componction, il y avait, dans le réfectoire des cordeliers de la capitale, une assemblée délibérante de *trois cents gentilshommes* arrivés de tous les points de la France. Ils se décoraient du titre de députés des provinces. Ce club prit aussi un intérêt très-vif à l'élargissement des princes prisonniers ; mais, cet objet ne pouvant pas prolonger bien loin ses délibérations, il lui substitua des matières d'ordre public : ce qui donne plus de ressort à l'esprit révolutionnaire.

En vain on représenta à ces nobles clubistes qu'ils s'étaient formés sans l'autorisation du roi, et qu'ils se maintenaient en corps délibérant contre le bon ordre et les lois ; l'assemblée factieuse n'en continua pas moins ses discussions législatives. Elle accueillit les motions qu'on s'empressa de faire sur les finances, sur l'administration, sur la haute police, et sur toutes les affaires qui concernaient l'État et le trône. Chaque jour elle usurpa du terrain sur la compétence royale ; elle marcha avec tant de promptitude dans ses délibérations, qu'elle touchait au moment de mettre le roi en tutelle.

Mais cette gentilhommerie, peu experte dans la science législative, s'embarrassa elle-même dans ses propres travaux ; ne sachant plus comment on arrive au but qu'on se propose, elle chercha à secouer le fardeau qu'elle s'était imposé. Une députation arriva, de sa part, auprès du roi pour lui demander la convocation des états généraux, et lui fixer en même temps l'heure et le lieu de la réunion des trois ordres. Le club, ayant ainsi émis son dernier vœu et intimé sa volonté suprême, fit la clôture de ses séances, laissant aux Français l'exemple remarquable de forger de la politique et de la législation révolutionnaire dans des couvens de cordeliers ou de jacobins.

Toutefois, cette clôture n'était que provisoire : car aucun de ces clubistes ne désempara pas de Paris, se tenant toujours prêt à reprendre la tribune, si la cour avait l'air de vouloir se dégager des mains de la noblesse. La cour, en effet, désirait de sortir de l'oppression nobiliaire ; mais ce nouveau rouage de sédition qu'on avait placé dans le réfectoire des cordeliers, la tenait dans la crainte et la circonspection. Rien ne pouvait empêcher que ces députés sans titre et sans mission légale ne se confondissent avec les frondeurs de la capitale. Cette union doublait les difficultés.

A la vue de cette accroissement d'ennemis, le cardinal *Mazarin* sentit ses forces l'abandonner. Il avait la tête fatiguée de la complication de tant de manœuvres ! Il ne voyait plus de possibilité à lutter plus long-temps avec avantage contre une noblesse qui infectait de ses impostures l'opinion publique. En habile politique, au lieu de se cabrer, il prit le parti de fléchir. Il jugea à propos de se condamner lui-même à la retraite. Dans cette résolution, son éminence, ne faisant part de son projet qu'à la régente, et bornant ses adieux au jeune monarque, se retira sans bruit à *Saint-Germain*. Elle attendit, dans sa solitude, le dénoûment des scènes révolutionnaires qu'on annonçait. Son départ influa sur l'esprit d'*Anne d'Autriche*, qui, de son côté, désirait également se délivrer du mauvais air de la capitale. Que de déménagemens n'a pas fait faire à nos rois la *bonne ville de Paris* !

CHAPITRE XXV.

Une dame de qualité signe, au nom du Lieutenant général du royaume, l'ordre d'empêcher la Cour de sortir de *Paris*.

La fuite que méditait la régente ne réussit pas comme celle du ministre *Mazarin*. Les princes, en se déplaçant, ont trop de témoins de leurs apprêts pour qu'on ne trouve pas dans ceux-ci des malveillans ou des indiscrets. C'est le sort des rois de n'être pas maîtres de leurs secrets. Celui d'*Anne d'Autriche* fut aussitôt éventé. Dès qu'on en eut connaissance, la noblesse parisienne, par cela même qu'elle ne redoutait plus la présence du roi et de la régente, s'obstina à leur barrer le chemin. Elle ne voyait plus d'inconvénient à les garder au milieu d'elle, puisqu'elle se promettait de ne plus les respecter. D'ailleurs, la politique indiquait qu'il était essentiel de tenir séparés l'un de l'autre, *Mazarin* et *Anne d'Autriche*. Ces deux têtes réunies ensemble faisaient toute la force du trône. Il est assez rare qu'une seule suffise pour cela.

Pendant qu'on chargeait les voitures de la cour pour le départ, *Paul de Gondi*, averti de ces préparatifs par une voie sûre, sortit de son palais épiscopal, et courut chez le prince *Gaston d'Orléans*. Il venait lui faire part de la nouvelle, et monter son imagination en l'effrayant sur le danger de laisser partir le roi et la régente. Ce n'était pas la première fois qu'il abusait de la faiblesse et de la complaisance du prince. Dans cette circonstance, tout dépendait de la bonne volonté de cette altesse ; car, comme lieutenant général du royaume, elle disposait des postes et des patrouilles, et avait le droit de mettre sur pied la troupe bourgeoise et la troupe soldée. Il n'y avait que ce mouvement militaire à ordonner pour retenir le monarque prisonnier au château. *Paul de Gondi* insistait donc auprès de lui pour obtenir cet ordre, et employait toute son influence pour le lui faire signer.

Mais le prince repoussa la demande de l'archevêque de *Corinthe*. Il fut sourd à ses longues et vives sollicitations. La délicatesse et son devoir l'éloignèrent également de l'idée d'enfermer son souverain dans la ville. Ce refus avait quelque mérite alors ; car le prélat, trop souvent son conseiller, n'était pas habitué à échouer dans de semblables affaires. Les caractères faibles ont parfois des momens de bonheur pour éviter la honte d'une mauvaise action.

L'obstination du lieutenant général étourdit la trop grande confiance que *Paul de Gondi* avait mise dans cette démarche ; mais il sut la supporter sans dépit et sans aigreur. L'amour-propre nuit souvent à un factieux. Ne pressant donc pas davantage la volonté de *Gaston* devenu, contre son attente, si revêche à ses conseils, il se tourna du côté de la princesse d'*Orléans* et de mademoiselle de *Chevreuse*, toutes les deux appelées à la délibération, et chacune d'elle ayant déjà donné son avis. Elles avaient mieux saisi que le prince la pensée révolutionnaire du prélat, et l'approuvaient dans tous ses résultats politiques. Le sexe n'est pas toujours incapable d'apprécier le prix des coups d'audace qu'exigent les circonstances. Comme leurs propres instances auprès du lieutenant général n'obtenaient pas un meilleur succès, madame d'*Orléans*, encouragée par son titre d'épouse, qui n'est pas toujours un titre de dépendance dans certains ménages, et d'ailleurs pressée par l'heure de l'insurrection, crut devoir se dispenser de l'approbation de son mari. Elle usurpa les fonctions de lieutenant général du royaume, et signa pour lui l'ordre de convoquer les troupes et les habitans. Que de factions ont eu d'obligations au dévouement des femmes !

Cette consigne féminine remise dans les mains du prélat, celui-ci se hâta de se rendre à son état major. La copie de l'ordre expédiée sur-le-champ à chaque comité insurrectionnel, tous les quartiers de la ville se levèrent simultanément. On prit dans l'instant les armes partout, et l'on vint circuler autour des avenues du palais du roi. Personne, il est vrai, ne menaça de repousser par la violence les augustes voyageurs; mais on ferma si exactement toutes les issues, qu'il ne restait d'autres moyens de sortir de Paris que de passer par-dessus les hommes et les arquebuses. Les rois n'ont pas l'habitude de forcer les consignes, surtout dans les temps de faction.

La régente se voyant trahie, ce qui n'était pas nouveau pour elle, ne se déconcerta pas. Elle contint habilement ses larmes et son indignation ; les apprêts du départ furent contre-commandés ; on déchargea les voitures, et la plus grande tranquillité régna dans le château. La reine mère fit coucher le jeune roi, et porta la complaisance jusqu'à tenir ouvertes les portes de son appartement. Elle voulut que les incrédules vrais ou faux pussent vérifier par eux-mêmes que le monarque était dans son lit et non à Saint-Germain, auprès du cardinal *Mazarin*. Cette prudence prévenait toute erreur funeste, ce qui n'est jamais indifférent lorsqu'on a besoin de calmer une sédition. Ainsi, chacun eut la faculté de se convaincre qu'il avait parfaitement réussi à empêcher son souverain d'user de sa liberté. Cette satisfaction n'est jamais de trop pour des factieux.

Le lendemain de cette scène révolutionnaire, la fronde, toujours astucieuse dans sa politique, envoya à la cour le parlement en robes rouges pour réparer l'affront de la nuit par un mot d'excuse. Il vint, en effet, déclarer au roi que la peur d'une nouvelle guerre civile avait été la seule cause du mouvement séditieux ; on n'avait point eu d'autre intention que de fermer simplement les portes. On ne pouvait trop prendre de précautions pour conserver la paix quand un ministre ne rêvait qu'aux moyens de la troubler. Cette harangue hypocrite se termina, selon l'usage, par les protestations de loyauté, d'amour et de fidélité de la bonne ville.

Il fallut se contenter de cette justification et de ces hommages de respect, quoiqu'ils fussent insuffisans pour effacer les torts de l'insurrection. Ils laissaient toujours aux révolutionnaires la liberté de rire de l'événement aux dépens de la régente et du ministre. Tous les déboires qu'on donne aux rois se prêtent facilement à la plaisanterie. C'est l'amusement des factions.

Cet acte de révolte procura à la noblesse de la fronde un autre succès qu'elle ne négligea pas de poursuivre avec autant de constance que d'amour-propre. Dans les explications qui eurent lieu à la suite de la résistance qu'on venait d'opposer au départ du roi, les meneurs de la faction s'aperçurent de l'envie que la régente avait de négocier un accommodement. Elle désirait le retour du cardinal *Mazarin*, et voulait avoir des garanties pour l'effectuer avec sûreté. On pouvait donc faire une échange de sa personne avec celles des prisonniers du *Havre*. Cette restitution réciproque devait satisfaire les deux partis. On se rend ainsi, de guerre lasse, les gens dont on a le plus à craindre, parce que tout est inconséquence dans l'anarchie.

Comme on traitait sérieusement, à Paris, de la délivrance des deux princes et du duc de *Longueville*, le cardinal ministre n'oublia pas de prendre tout l'honneur de la conclusion. Il faut savoir faire des avances à des factieux. En conséquence, sans attendre la signature du traité de réconciliation, il imagina de faire une démarche honorable envers les détenus. Il partit de *Saint-Germain*, et alla dîner avec eux dans la citadelle du *Havre*. A la fin du repas, il fit baisser le pont-levis, et remit aux champs les prisonniers, qui, d'un même trait, arrivèrent dans *Paris*. S'il avait forgé leurs chaînes, il avait du moins le mérite d'être venu les rompre lui-même. Ces sortes de réparations ne sont pas connues de tous les ministres.

La délivrance des princes réjouit la noblesse révolutionnaire qui la regarda comme l'ouvrage de sa politique et comme le triomphe de la faction sur la cour : elle ne porta pas plus loin ses observations ; mais le public, moins prévenu par l'amour-propre en faveur de ce succès, chercha malignement à savoir si la prison modifiait jamais le caractère et les passions. On convint, en observant de près l'allure de *Condé*, qu'elle ne corrige ni les grands seigneurs ni les goujats.

CHAPITRE XXVI.

Brandissement des épées et des poignards sur les escaliers du palais de Justice. Le cou de l'archevêque de *Corinthe* pris entre les deux battans de la porte de la salle d'audience.

Le héros de *Rocroi* et de *Lens* rapporta, en effet, de la citadelle du *Havre* la même passion de dominer, la même envie de tout envahir, et, de plus, un surcroît d'ambition pour vivre indépendant avec une couronne royale ou ducale sur la tête. Son premier soin, en arrivant, fut d'exiger deux gouvernemens à la fois, celui de *Guyenne* et celui de *Provence*. Une pareille investiture ne lui parut pas complète si on n'y ajoutait encore les droits régaliens, la possession libre des forts et des citadelles, la haute police des villes, enfin tout ce qui formait, selon lui, une dépendance naturelle de ces deux importantes provinces. C'était demander, en d'autres termes, la circonscription d'une souveraineté et l'érection d'un trône. Il avait eu le temps, dans sa prison, de chercher, en imagination, la place de son royaume.

Le ridicule de cette exagération ambitieuse n'amusa pas long-temps la régente et son conseil. *Anne d'Autriche* s'en occupa sérieusement, ne se dissimulant pas le danger que pouvait courir la famille des *Bourbons* à côté de la famille de *Condé* devenue son égale. Après avoir mûri toutes les réflexions politiques qu'on est dans le cas de faire, quand notre fortune est en péril, elle prit le parti de repousser avec énergie le rival qui voulait porter la main sur la couronne capétienne.

Mais cet effort de résistance ne pouvait pas égaler en

elle l'obstination et l'avidité de son adversaire, le prince de *Condé*. Elle sentait que son autorité toute seule était trop incertaine pour se maintenir avec succès contre lui. Les circonstances lui faisaient craindre la défaite du trône : car la fronde, qui se nourrissait de tout ce qui pouvait nuire à la consolidation de la puissance royale, l'intimidait sans cesse par ses intrigues et son attitude. On avait lieu d'appréhender qu'à la fin *Condé*, mieux conseillé et plus adroit, n'employât la noblesse frondeuse selon ses vues et ses plans, et ne la fît servir à emporter de force les deux provinces, sujet de l'intrigue du moment.

Déterminée à conserver intacte la couronne à son fils *Louis* xiv, et sentant le besoin d'un secours efficace pour réduire à des bornes l'ambition de *Condé*, elle ne dédaigna pas de faire usage d'un expédient qu'on blâme, seulement alors qu'il ne réussit pas. Elle fit un effort sur son amour-propre, ce qui sera toujours une éloge pour une princesse, et implora l'assistance et les conseils d'un homme qu'elle n'aimait pas, mais dont elle estimait les talens; ses yeux se fixèrent sur le fameux coadjuteur de Paris. C'était certainement s'adresser à la meilleure enseigne de la faction. Avec un pareil apui, on pouvait se flatter de balancer le crédit de *Condé*, et même concevoir l'espoir d'abaisser son humeur hautaine. La régente désirait un succès de plus, si on arrivait jusque-là ; c'était de pousser hors de Paris un prince qui affectait avec le roi des airs de rivalité ; elle imaginait, comme le vulgaire le pense, qu'on n'a plus rien à craindre d'un ennemi aussitôt qu'il n'est plus sous nos yeux.

En conséquence, *Anne d'Autriche*, pleine de ses douces espérances, écrivit de sa main un billet à l'archevêque de Corinthe. Elle l'invitait à se rendre chez elle vers le milieu de la nuit, ayant soin de lui offrir des sûretés pour sa personne. Cette offre seule accusait le démérite du prélat et les malheurs du temps. Quelle civilisation chez laquelle on ne marche qu'avec des sauf-conduits?

Le galant archevêque, revenu de sa surprise et se confiant à son étoile ordinaire, baisa avec respect la lettre de la princesse, rejeta toute espèce de caution pour sa liberté ou sa vie, et vola au rendez-vous de la reine mère.

Cet incident dérangeait pourtant les heures de retraite de l'apostolique prélat; car il s'était presque fait ermite depuis quelques mois. Notre coadjuteur avait effectivement songé à mettre un intervalle entre un chef de parti et un archevêque. Du moment qu'il eut pris cette sainte résolution, il ne s'occupa plus que de sermons, de saluts et de messes solennelles. Il avait prévu que sa conversion surprendrait bien du monde. Il tint ferme contre les quolibets, les plaisanteries et les méchans propos. Il sentait qu'il avait absolument besoin de cette réforme qui refaisait les bases de sa conscience aussi délabrée que la santé de son corps l'était par les fatigues et les travaux révolutionnaires de la fronde. Au reste, l'homme est incompréhensible dans ses métamorphoses, surtout un coryphée de parti.

A l'heure indiquée par le billet, la régente et *Paul de Gondi*, se trouvant réunis, abordèrent la question. Il fallait convenir entre eux de la marche à suivre contre le prince de *Condé*. La matière valait la peine d'être discutée; elle était digne de l'un et de l'autre personnage; on dit dans le public, qui finit toujours par savoir tous les secrets de la cour, que les deux politiques mirent dans leur conversation de la franchise et de l'abandon. C'était la première fois que cela leur arrivait. Ils avaient besoin de s'entendre contre un ennemi commun. Rien ne donne plus de bonne foi aux hommes que la même crainte.

Néanmoins leur entretien n'excluait pas la finesse, l'esprit, l'adresse, un aimable artifice, une tournure enjouée et piquante. Ils cherchaient réciproquement à renouer ensemble, à se provoquer mutuellement à une sincère réconciliation, et à faire l'un par l'autre ce qu'aucun d'eux ne pouvait exécuter isolément.

Le prélat promit de suspendre le cours de ses pénitences et de reparaître de nouveau dans l'arène des factions. Il assura la régente qu'il viendrait à bout de chasser de Paris le prince de *Condé*, et de le brouiller avec *Monsieur* (le duc d'*Orléans*). Un factieux habile n'est pas un fanfaron la plupart du temps. La promesse qu'il venait de faire lui fut payée sur-le-champ par un serrement de main de la part d'*Anne d'Autriche*. Les femmes ont la reconnaissance prompte.

De Gondi pourtant mit une réserve à ses engagemens, celle de pouvoir tromper ses gentilshommes, ses amis et la fronde entière. Il conserverait toutes les apparences de la haine et de l'humeur révolutionnaire contre le cardinal *Mazarin*. Cette condescendance de la part de la cour lui était indispensable pour accomplir son jeu politique. Sans cette hypocrisie, il serait hors d'état de concourir en secret aux propres intrigues du ministre. On ne réussit dans les affaires d'état qu'avec un masque. C'est ainsi qu'il en usait avec les dupes qu'il faisait chaque jour. Néanmoins le prélat ne trompa jamais que la bonne foi de ceux qui ne l'avaient pas surpris au naturel dans l'intérieur de son archevêché.

Le coadjuteur tint en effet religieusement parole à la régente. Il se brouilla sans délai avec le prince de *Condé*.

Son animosité fut d'autant plus violente qu'elle était simplement de commande : car les passions franches et sincères ont toujours plus de modération. On vit bientôt mettre tous les anciens ressorts de la fronde en mouvement. Il ne fut pas difficile d'exaspérer, par la contradiction, le caractère altier et fougueux du jeune héros de *Rocroi* et de *Lens*.

La manœuvre révolutionnaire dépopularisa en peu de jours le prince ambitieux. Elle lui fit perdre également la considération et l'influence qu'on lui accordait au parlement. Rien n'est plus commun que l'art de faire tomber de toute sa hauteur l'homme le mieux affermi dans l'opinion publique. La noblesse de la fronde s'acquitta à merveille de cette intrigue. On employa à cette œuvre charitable le secours des presses de la capitale et l'audace des imposteurs de salon. On répandit avec profusion dans le public des caricatures, des écrits badins, des pamphlets mordans. On occupa les écrits de l'ambition de *Condé*, de ses projets d'indépendance, de sa cupidité, de ses humeurs inquiètes et tracassières ; on oublia de parler des lauriers dont sa tête était chargée, et des qualités estimables de son cœur ; on ne fit grâce à aucun de ses défauts. On eut la malice de dessiner la carte des deux gouvernemens qu'il exigeait, et des frontières qu'il prétendait leur donner. On sut si bien enluminer cette topographie, que *Condé* avait l'air d'avaler la *France* entière. L'esprit d'invention vient toujours égayer l'humeur sombre des troubles civils.

Cette fécondité était de tous les jours, et créait les titres et les annonces les plus bizarres. Tantôt on criait dans les rues la *lettre du marguillier*, les *intrigues de la paix*, la *parabole de l'ermite*, ouvrages que les uns achetaient, que les autres empruntaient, et que tous lisaient avec avidité. Tantôt on affichait au coin des places le *Solitaire*, les *Intérêts du temps*, les *Caprices du monde*. Le meilleur commerce fut celui des colporteurs et des libraires, qui firent fortune avec la médisance, la calomnie et les injures. Ces honnêtes détaillans tiraient toutes leurs marchandises de la manufacture de l'archevêché ; ce qui faisait demander chaque matin à tous les lecteurs parisiens, si leur prélat était devenu père d'un nouvel enfant pendant la nuit.

Pendant que l'infatigable *Paul de Gondi* préparait les voies d'une manière si généreuse et si loyale, cherchant à atteindre le prince de Condé ; la régente de son côté manœuvrait également dans la même direction. Elle ne voulait pas laisser au prélat tout l'honneur de la chute de l'ennemi commun. Elle le fit dénoncer au parlement par le procureur général comme *criminel de lèse-majesté*. Les chambres assemblées, reçurent avec empressement cette accusation, ce qui ne surprit personne, et fixèrent le jour où la cause serait solennellement plaidée.

Condé, grièvement inculpé, se défendait par des mémoires et par des consultations d'avocat ; mais dans aucun de ses écrits il n'oubliait sa finale éternelle, celle de demander le renvoi formel du cardinal *Mazarin* et la destitution de tous les membres du conseil du roi. L'archevêque de Corinthe répondit au prince pour *Anne d'Autriche*. Il disculpait sous l'anonyme le ministre favori, le comblait d'éloges, et promettait toutes les forces de la fronde pour empêcher l'éminence de faire la culbute définitive

Le jour de la plaidoirie au parlement étant arrivé, les chefs des deux partis rassemblèrent leurs escrimeurs gentilshommes. Ils allaient se trouver en face les uns des autres dans les salles du parlement. On prévit facilement toutes les provocations violentes auxquelles donnerait lieu ce champ de bataille; paroles, gestes, regards, attitude, air de dédain et de mépris, tout devait contribuer à monter les âmes à la hauteur d'un combat à outrance. Chacun en effet s'attendit à une lutte sanglante. On en parla de bonne heure dans les salons, dans les réunions publiques, à la cour, dans les provinces. Cette conviction empêcha les dames timides ou craintives de solliciter des cartes d'entrée et de se montrer aux tribunes.

Avant l'heure de l'audience et de très-grand matin, la noblesse s'était déjà rangée sous la bannière de sa faction respective. Elle remplit les salles, les corridors, les guichets, la buvette, les escaliers, le perron et la cour. L'archevêque de *Corinthe*, en parcourant la haie qui s'ouvrait devant lui, montra sous son manteau épiscopal le bout du poignard, qu'on nommait plaisamment *bréviaire*. *Condé* portait avec non moins d'ostentation son épée de bataille, si connue depuis les journées de *Rocroi* et de *Lens*.

Comme les deux bandes révolutionnaires s'étaient développées parallèlement sur un terrain, partout resserré entre des murs et des piliers, elles se trouvaient presque amalgamées. Chaque chevalier, après avoir satisfait aux règles de la contenance guerrière, regarda moins fièrement son homme placé en face. Il salua, il aborda et conversa avec son adversaire. On se fit bonne mine comme parent, comme ami, comme gens du même quartier; à la fin, les rangs se confondirent, et les pelotons prirent l'air, le ton, le langage de la politesse et de l'estime.

Mais cette harmonie n'existait que par intervalle; car, aussitôt qu'un éclat de voix, un murmure, ou la moindre agitation parvenait du fond de la salle d'audience, alors nos gentilshommes se démêlaient sur-le-champ, se séparaient, se plaçaient en ligne de bataille, tiraient leurs épées, et attendaient le signal pour s'entr'égorger au bénéfice d'un évêque et d'un prince.

On aurait vu infailliblement les salles et les escaliers du parlement encombrés de cadavres, si l'illustre *Molé*, premier président, et les conseillers, ne se souciant pas d'assister à l'agonie de tant de fous et d'insensés, ne se fussent promptement interposés entre *Condé* et *Paul de Gondi*. En magistrats prudens, ils prirent le parti de ne donner raison ni à l'un, ni à l'autre, ce qui n'est pas ordinaire à la magistrature. Ils les supplièrent tous les deux de congédier leurs escadrons dorés.

Condé exécuta ce renvoi par son aide de camp. Au contraire, *Paul de Gondi* se chargea lui-même de porter aux siens l'ordre de la retraite. Il les connaissait plus mutins que les autres, par la raison qu'ils servaient sous les enseignes d'un prêtre. Mais cette complaisance faillit coûter la vie au prélat.

Comme celui-ci rentrait dans la grand'chambre pour continuer la discussion, le duc de la *Rochefoucauld*, tout *condéiste*, lui prit le cou entre les battans de la porte de la salle. Il pressa si fort la gorge de l'archevêque de *Corinthe*, que déjà les yeux du patient lui sortaient de la tête. Le malheureux prélat se démenait de toutes les manières dans le fatal trébuchet; mais le duc incivil ne voulait pas lâcher le renard, un peu pantois de sa mésaventure. Il était résolu de charger sa conscience de la mort d'un évêque, quand, heureusement pour *Paul de Gondi*, on s'aperçut, malgré le tumulte et la confusion, du danger qu'il courrait : on s'empressa de le dégager.

il dut ce service obligeant à *Champlâtreux*, qui l'aida à deux mains, à sortir de la souricière.

Cet incident fit faire volte-face à ses spadassins, qui avaient déjà tourné le dos au palais de justice. La troupe de *Condé* en fit de même, et dans l'instant il y eut quatre mille épées ou poignards mis au jour. Chaque parti reprit son poste, et on allait se charger avec fureur lorsque, par un de ces hasards fort rares dans les cohues révolutionnaires, les esprits de part et d'autre se ravisèrent, et se donnèrent le temps de la réflexion.

Cet instant de bon sens sauva tout ; le sang de ces généreux citoyens fut épargné. Le roi n'eut pas à regretter la vie de tant de gentilshommes ; il était forcé de s'en féliciter comme d'une faveur du ciel. Pouvait-il, sans danger, manifester son indignation secrète contre une noblesse qui préférait à lui et à l'État les chefs des deux factions dominantes ? Il dut se réjouir avec tout le monde de cet heureux événement ; on est quelquefois contraint d'applaudir au salut de nos plus dangereux ennemis.

CHAPITRE XXVII.

Condé et ses nobles partisans font la guerre au roi *Louis* xiv. Mademoiselle d'*Orléans* ferme au Roi les portes de la ville d'*Orléans*, et ouvre celles de *Paris* au rebelle *Condé*.

Après la journée orageuse du parlement, le prince de *Condé*, jetant un regard sur le théâtre où il s'agitait en factieux, observa que sa position était devenue personnellement périlleuse. La majorité parlementaire se déclarait ouvertement contre son parti. La capitale, partagée entre lui et l'archevèque de *Corinthe*, ne lui offrait, parmi la noblesse de robe et d'épée, que la plus petite portion des soldats révolutionnaires.

Ce qui lui parut surtout propre à entraver la marche de son ambition, c'est que le jeune monarque venait d'annoncer à la *France* sa majorité de quatorze ans, et de revêtir toute la plénitude de l'autorité royale. L'air et le ton du souverain faisait présager une maturité précoce, et une ferme résolution de vouloir exiger l'obéissance. *Mazarin*, quoique éloigné de *Paris* ne conservait pas moins son ancienne influence. *Anne d'Autriche*, en déposant le poids de la régence, continuait toujours à montrer à *Condé* de fâcheuses dispositions.

En combinant ces divers aperçus politiques, et ne se trouvant plus les moyens de maintenir auprès du roi et dans son conseil, des personnes dévouées à sa cause, le prince sentit profondément la pénurie de ses ressources; il ne se dissimula pas que, les circonstances ayant diminué ses forces et ses espérances, il était exposé plus que jamais au ressentiment de la fronde et de la cour.

La revue de ses moyens de résistance, quoiqu'elle ne flattât pas son orgueil, ne l'engagea pas néanmoins à se soumettre en bon citoyen ni aux lois ni à son prince. Il voulut cependant, avant de prendre un dernier parti, consulter ses gentilshommes et interroger leur politique ; il livra sa destinée à leur décision ; mais que peut-on conseiller de sage et de juste durant l'effervescence des factions ? l'idée de la paix donne toujours un mouvement fébrile aux partisans des guerres civiles ; aussi ses confidens, aussi malades que lui de la contagion révolutionnaire, lui prouvèrent l'urgence d'une révolte déclarée contre le souverain.

Condé, vaincu autant par son naturel factieux que par les perfides conseils des seigneurs qui l'entouraient, se décida à tirer l'épée contre le roi et la patrie. Sans chercher à se distinguer des révolutionnaires qui l'avaient précédé dans la même carrière, se traînant au contraire honteusement sur les traces de l'ancienne noblesse séditieuse, il traita avec les ennemis de son pays et accepta leurs secours. L'Espagne lui procura une armée sur mer et sur terre. Il était dans l'intention de prendre le royaume par tous les bouts, ce que pratiquent assez souvent les traîtres à leur pays. Il obtint d'abord un peu d'argent, et ensuite il ne vit plus arriver que des promesses.

Ses complices se chargèrent des autres détails de la rébellion. Ils envoyèrent des émissaires dans les provinces. Ils firent prononcer la haute et moyenne noblesse de la *Guienne*, du *Poitou*, de l'*Angoumois*, de la *Saintonge*. Quelques autres parties de la France s'empressèrent de faire d'elles-mêmes des offres de service. On s'est de tous temps dévoué avec plus de facilité à la cause d'un ambitieux qu'aux devoirs qui nous lient à la patrie.

Ce brillant début accrut les espérances de *Condé.* Il réussit également à persuader à *Gaston* d'*Orléans*, oncle de *Louis* XIV, de faire cause commune avec lui. Il obtint en effet de la complaisance de ce prince la remise des soldats et des officiers que celui-ci soldait pour son compte. Il apprit en même temps qu'il lui arrivait à *Stenai* six mille Allemands que son ami le duc de *Nemours* avait enrôlés au-delà du *Rhin.*

Louis XIV, en perdant *Condé* devenu tout à la fois rebelle et traître, le fit remplacer par *Turenne* qui, à la fin, avait abandonné les drapeaux de la révolte. Ces deux capitaines du siècle se cherchèrent bientôt à travers les plaines et les champs de la *France.* Ils se rencontrèrent à *Bleneau.* Les champions des guerres civiles aiment à se battre aussitôt qu'ils s'aperçoivent. Le combat fut donc ordonné, sans tenter auparavant les moyens d'épargner l'effusion du sang français.

Ce ne fut pas la faute de *Turenne*, si le roi perdit le succès de cette journée; car *Condé* ne dut le triste avantage de battre son souverain qu'à la mésintelligence des généraux royalistes. Cette jalousie, qui passe ordinairement des salons à l'armée, est le fléau de plus d'une monarchie européenne. On ne put non plus reprocher au même capitaine l'insolence de la ville d'*Orléans* qui osa fermer ses portes au roi.

Cette cité qui a eu, comme tant d'autres villes françaises, ses jours d'infidélité, avait remis la garde de ses murailles et les clefs de ses portes à mademoiselle d'*Orléans*, fille de *Gaston.* La jeune personne, quoiqu'elle ambitionnât le titre de reine de France que *Mazarin* lui avait fait espérer, ne voulut pas reconnaître la voix de *Louis* XIV, lorsqu'il vint demander à coucher dans léans. Elle le fit avertir de se retirer et de chercher autre part une retraite pour la nuit ; et comme, malgré cet avis salutaire, on s'obstinait à frapper à la porte, elle foudroya du haut des remparts le drapeau blanc de l'armée royale. On ne fut que médiocrement scandalisé de cet attentat révolutionnaire, tant l'esprit de faction est indulgent pour les procédés de ce genre.

Cette mauvaise réception obligea les généraux royalistes de conduire l'armée par une autre route. L'audace d'une gentille demoiselle fit essuyer ce premier affront au jeune monarque ; il a toujours pensé depuis lors que le trait hardi de l'amazone lui avait porté bonheur pendant les trente années de ses victoires. Une femme a plus d'une fois présidé à la destinée des grands princes.

Comme *Turenne*, en tournant les murs d'Orléans, prit le chemin de la capitale, *Condé* de son côté se mit en marche pour le prévenir. Ce prince avait envie de rétablir son parti dans Paris ; mais son projet, facile à deviner, ne pouvait s'effectuer qu'après une bataille. Elle eut lieu en effet à la porte de Saint-Antoine. Elle fut sanglante, long-temps disputée, et malheureuse pour les rebelles. La faction *condéiste* paraissait toucher à sa ruine. On la dévorait sous les murs de la capitale ; on la hachait à coups de sabre. Il n'y avait plus pour elle d'autre salut que de se réfugier dans les rues de la ville.

Mais les portes étaient fermées, et l'hôtel de ville en avait les clefs. Le roi venait d'expédier de *Charonne* la défense formelle de les ouvrir. Cet ordre royal n'effraya pas mademoiselle *d'Orléans*. Elle avait quitté précipitamment la ville d'Orléans, pour venir réchauffer les anciens amis de *Condé* et de *Gaston* son père. Le sexe conserve toujours l'espoir du succès durant une faction.

La jeune heroïne arracha des mains de son père, toujours lieutenant général du royaume, l'autorisation d'ouvrir les portes de la ville aux débris de l'armée de *Condé*. Elle courut, escortée d'un grand nombre de chevaliers à l'hôtel de ville, montra l'ordre paternel, et força, par des cris menaçans, les échevins à désobéir au roi.

Il était plus qu'urgent d'arriver avec les clefs : car le prince factieux n'espérait plus pouvoir sauver un seul soldat de son armée. Il perdait lui-même ses forces et son courage avec son sang.

Mademoiselle, aussi active que son imagination était ardente pour la révolte, avait déjà dépassé les barrières. Elle embrassa son cousin, pleura avec lui sa défaite, et l'entraîna dans Paris. Bientôt les blessés, l'artillerie, les bagages et le reste des soldats existans, défilèrent à la hâte par la porte qu'on ferma incontinent avec grand soin sur les troupes du roi.

Turenne frémissait de colère en voyant ainsi sa proie échapper de ses mains. Il combattait alors la faction avec une chaleur égale à celle qu'il avait montrée pour sa défense. L'homme communément devient inexorable envers le parti qu'il a abandonné ou trahi. Il veut donner des garanties de sa conversion. Il les établit sur les cadavres de ses anciens amis, ou dans le sang de ses complices de la veille. Dieu nous sauve des mains d'un héros converti.

En apprenant à *Charonne* la nouvelle de l'entrée de *Condé* dans la capitale, le roi, le reine mère et les courtisans reconnurent dans cet événement inattendu l'audace de mademoiselle d'*Orléans*. On ne tarde pas à se faire une réputation, quand on ne garde plus aucune convenance. On admira pourtant la hardiesse de son courage féminin ; on la compara aux dames de l'ancienne *Rome*.

Mais la censure égala les éloges. Elle avait, au jugement de la cour, la voix rude, le teint rembruni, et la démarche de la sédition ; il fut donc résolu qu'on romprait son mariage projeté avec *Louis* xiv. On n'a jamais bien su ce qu'on avait perdu en séparant deux âmes aussi extraordinaires.

CHAPITRE XXVIII.

La faction condéiste domine dans *Paris*. On brûle les Échevins et l'Hôtel de Ville.

Condé, après s'être rafraîchi des fatigues du combat de la *porte Saint-Antoine*, crut de son devoir de remercier les Parisiens du service révolutionnaire qu'ils avaient permis qu'on lui rendît. Le public l'aurait dispensé volontiers de ses complimens : car les gens pacifiques et amis de l'ordre et des lois ne l'avaient servi que malgré eux. Quoique *Condé* en fût très-convaincu, néanmoins un mot de reconnaissance n'est jamais mal accueilli ; il se dirigea, avec ses partisans et *Gaston* son parent, vers l'hôtel de ville. Après les remercîmens, qui au fond n'étaient qu'un prétexte pour parler d'autres choses plus importantes, il dit qu'il convenait de monter des canons sur les remparts, et d'adopter un plan de défense ; que probablement le jeune roi ne voudrait pas se passer de sa capitale, et qu'il viendrait avec *Mazarin* la disputer aux bons citoyens de la ville.

Ces propositions firent garder le silence à tous les assistans, au gouverneur de *Paris* et aux *échevins*. Personne ne s'avisa de battre des mains. Cette froideur mécontenta les deux princes, fort maladroits l'un et l'autre à la tête d'une faction. Ce poste exige un mérite que l'ambition toute seule ne donne pas. En conséquence, au lieu de revenir sur les propositions en d'autres termes, car les mots font souvent tout le succès d'une affaire, nos princes rebelles s'impatientèrent, et sortirent brusquement de la sale échevinale.

Mais les bons amis de nos deux seigneurs étaient demeurés à les attendre sur la place de *Grève*. Lorsque ceux-ci les virent remonter dans leurs carrosses, ils les entourèrent, et entendirent de leur bouche imprudente le révolutionnaire propos, l'*hôtel de ville* est plein de *Mazarins*. Que de têtes coupées dans les révolutions, que de gens pendus, tristes victimes des discours inconsidérés des chefs de parti! leur langue indiscrète est souvent plus meurtrière que l'épée dont ils sont armés.

Cette fatale accusation fut sur-le-champ répandue dans la foule. On la répéta dans tous les coins de la *Grève*. Au même instant les instigateurs jetèrent un cris de mort qui échauffe toujours les imaginations au lieu de les refroidir. La garde de l'*hôtel de ville* fut aussitôt lapidée. Celle-ci fit feu sur les assaillans, ce qu'on avait prévu d'avance. Il ne fut plus question de parlementer. Tous les bras se chargèrent de bois, et de bottes de paille. On boucha, avec ces matières combustibles, les portes et les issues de la maison commune. On mit le feu à l'auto-da-fé révolutionnaire. Bientôt la fumée et la flamme chassèrent de leur asile les *échevins*, l'état major, les secrétaires et les commis; mais ces infortunés, en paraissant aux portes, aux fenêtres et aux lucarnes, pour respirer l'air ou se dérober à la mort, furent massacrés sans pitié.

L'argent et le *bouquet de paille* de la fronde, devinrent un moyen de salut pour quelques-uns d'entre eux. Cet heureux signe de révolte opérant ainsi un si grand prodige, la peur fit empailler sur-le-champ tous les habitans de *Paris*. Cette cité sait, dans toutes les circonstances, reconnaître bien vite quel est le signe factieux à la mode, et se glorifie de l'arborer comme une marque de son bon esprit.

Avant la fin du jour, les femmes portèrent le symbole à leurs chapeaux, les hommes le placèrent à la boutonnière; le chanoine en décora sa soutane, et le moine son froc. Les marchandes de mode s'emparant du goût du jour, inventèrent pour le lendemain la coiffe à la paille ; les joailliers fabriquèrent également des bagues et des breloques à la paille. Il n'y eut pas jusqu'aux peintres qui ne dessinassent des portraits à la couleur de la paille. Les factions prennent tous ces signes symboliques pour des hochets qui amusent les douleurs révolutionnaires. *Paris* avait besoin de cette distraction, parce qu'on voulait l'empêcher de se rapprocher du roi et de s'entendre avec lui sur les maux de la France. En effet, on ne s'aborde pas, quand les décorations nous séparent.

CHAPITRE XXIX.

On promet des villes et des ports aux Espagnols sous la minorité du roi Louis XV.

Enfin *Louis* XIV rentra dans sa capitale. Il n'en sortit plus que pour des victoires ou des revers. Son génie se tourna vers la gloire des armes. On ne resiste pas à la verdure éternelle de ses lauriers. Elle devint un besoin dans le prince ; la noblesse du royaume partageant ses guerrières inclinations, s'attacha à ses drapeaux et oublia les bannières de la fronde. Distraite par les conquêtes du grand roi et par les luttes sanglantes que ce monarque eut la force de soutenir contre la moitié de l'Europe, elle perdit de vue ses anciennes rivalités avec nos souverains, et son orgueilleuse indépendance. Elle devint docile et soumise au pied du trône ; miraculeuse conversion qu'on ne devait pas espérer de sa longue habitude dans la rébellion.

Rendue aux devoirs de sujet et de citoyen, le monarque conquérant lui fit expier, par son ascendant absolu, l'esprit révolutionnaire qui avait si long-temps insulté au trône et intimidé la famille capétienne dans son tronc et dans ses branches. Il n'hésita pas à prodiguer à la guerre de la monarchie universelle (vieux rêve des souverains de la France), les comtes, les barons, les marquis, les ducs et les princes, pendant le long cours de ses triomphes. Il les immola encore durant le temps de ses défaites. Il ne s'est jamais plaint des pertes qui lui enlevaient les anciens suppots de la ligue et de la fronde. Il ne voyait en eux que des rejetons d'une faction qu'il voulait anéantir, en leur accordant toutefois l'honneur de mourir pour la gloire nationale ; il satisfaisait sa politique, qui consolidait son autorité dans l'intérieur, et sa passion guerrière qui étendait sa puissance sur l'Europe. Les conquérans arrivent toujours à la suite des longues dissensions civiles, pour éclaircir les rangs des têtes factieuses. C'est méconnaître ce bienfait signalé, que de maudire leur apparition.

Toutefois le grand roi étant mort, son successeur *Louis* xv ne fut pas pour cela exempt des tribulations que lui firent éprouver les descendans des nobles ligueurs et frondeurs. Ils n'avaient encore qu'une régence à tourmenter : c'est une époque de prédilection pour les brouillons et les intrigans ; ils n'ont jamais épargné ni les régentes ni les régens, quoique le hasard ait toujours offert dans ces administrateurs provisoires, beaucoup d'esprit, de grands talens, et des preuves d'un caractère heureux. L'aimable et spirituel duc d'*Orléans* n'aurait pas eu un meilleur sort que ses prédécesseurs, si les intrigues de la duchesse du *Maine*, des comtes, des marquis et des nobles parlementaires et ecclésiastiques, avaient pu remporter quelque succès. Son administration devint odieuse à la cabale conspiratrice. Elle songea à le renverser de son poste, prétendant procurer à la *France* une régence plus profitable, en la déférant au roi d'*Espagne*.

Ce complot qu'un reste d'humeur révolutionnaire avait conçu dans l'ombre, fut heureusement découvert. On le surprit dans le double fond d'une chaise de poste, inventée par l'espagnol de *Cellamare*. On apprit en dévalisant le gracieux *abbé*, assis sur les papiers de la révolte, voyageant avec ces brandons de la discorde, que la noblesse factieuse proposait au cabinet de *Madrid* le changement de régence. Afin d'éviter, à ce sujet, la jalousie entre les *Français*, elle demandait au cardinal *Albéroni* un étranger, qui vînt remplacer le philosophe duc d'*Orléans*. Elle observait à l'*Espagnol*, que si le remplaçant était difficile à trouver, on se contenterait du roi d'*Espagne* lui-même ; que si cette proposition était accueillie, on ne tardât pas de l'envoyer en France à cet effet. On promettait de lui faciliter la route depuis Bayonne jusqu'à *Paris*, en mettant tout le royaume en agitation, et en soulevant le clergé et les parlemens. C'était se proposer d'effectuer une de ces crises révolutionnaires qui, dans tous les temps, ont fait les menus plaisirs du royalisme d'une partie de la noblesse.

Les comtes et les marquis, ainsi que la duchesse *du Maine*, interpellés de convenir de leurs coupables machinations, s'excusèrent sur ce que leur intention n'était pas de ramener les crimes, les trahisons et les ruines qui avaient fait autrefois pâlir nos princes majeurs ou mineurs sur leur trône. Ils n'avaient entendu que se venger de quelques injustices, et veiller à des intérêts personnels, sans pousser la haine jusqu'à porter préjudice à l'État et à la couronne. Ils jurèrent sur leur conscience que le roi d'*Espagne*, qu'ils avaient appelé en *France*, éatit incapable d'apporter avec lui la fermentation et l'animosité dans *Paris* et dans les provinces. D'ordinaire, les factieux ont une grande opinion de la vertu et de la probité des étrangers qu'ils introduisent dans leur patrie. En effet, ces mêmes traîtres garantissaient, à qui voulait les croire, la modération et l'humeur conciliatrice du monarque espagnol qui débutait cependant par fournir à la faction des auxiliaires et sur terre et sur mer. Ils ne permettaient pas de douter de ses utiles qualités, quoiqu'on sût aussi-bien qu'eux, par les leçons des temps antérieurs, que les étrangers, une fois certains de leur domicile, n'écoutaient ni ceux qui les avaient fait entrer, ni ceux qui les supportaient avec dépit, et que tout le pays subissait bientôt la couleur et le ton de leur insolent despotisme.

Cette prévention en faveur des *Espagnols* empêcha sans doute nos gentilshommes turbulens et orgueilleux de s'apercevoir que le cardinal *Albéroni*, leur patron révolutionnaire, mettait autant de malice qu'eux dans la conjuration contre le régent. L'esprit de trouble et d'intrigue fausse souvent le jugement. Ils ne prétendaient absolument qu'abuser de la minorité du roi, et ils ressuscitaient néanmoins l'ancienne influence espagnole dans la *France*.

Albéroni leur cachait ses projets ultérieurs, autant que la ruse le permettait en pareille circonstance. Il fallut cependant se mettre en action, et se produire sur la scène. Il fit donc entendre qu'avant de se décider à faire, comme on l'en sollicitait, le bonheur de la *France*, il lui revenait des garanties et des sûretés ; car on ne va pas porter, avec la bonne foi qu'il daignait montrer, la prospérité et la paix chez ses voisins, sans qu'on soit bien sûr du théâtre qui doit jouir de nos bienfaits. Cette précaution de prudence devint un sujet de réflexion pour la cabale. Elle chercha quel gage elle donnerait à un si loyal protecteur et quelles protestations elle lui ferait pour calmer ses craintes.

Pendant que la faction, toujours aveuglée par la haine et par son antipathie pour le repos et le bon ordre, ne voyait rien de plus rassurant à offrir au ministre étranger, que de procurer des acclamations populaires sur le passage du régent qu'elle attendait d'*Espagne* : car il est convenu qu'un peuple qui crie de joie, approuve le gouvernement qu'on lui prépare ; *Albéroni* laissa la duchesse *du Maine* et ses adhérens mettre en œuvre leur conspiration, comme ils voulaient l'exécuter. Pour lui, pratiquant la doctrine des grands ministres, qui ne font rien d'extraordinaire sans le secours des âmes venales, il sonda différentes provinces de la France, pour acheter des gens de cette trempe. Il lui fallait des *Français* qui lui ouvrissent les portes des villes qu'il désirait posséder, des *Français* qui rompissent les chaînes de nos ports, enfin des *Français* qui fissent tomber par trahison les ponts-levis de nos citadelles.

Habile et expert comme ses prédécesseurs, et pouvant même à son tour servir de modèle, il avait l'art de déterrer cette infâme engeance dans les capitales et dans les villes de province. Il allait droit à la porte d'un traître, quoique perdu dans la foule. Rarement se trompa-t-il de rue et de maison en *France*. Il en chercha particulièrement en *Bretagne*, pays de révolutions. Il conclut bientôt un marché avec des gentilshommes. Ceux-ci s'engagèrent à livrer quelques villes pour recevoir des garnisons espagnoles, et deux ports de mer pour remise, des flottes et des bâtimens de transport. C'était là les sûretés que le ministre d'*Espagne* voulait avoir dans les mains, afin d'égaler ses forces d'invasion aux obstacles qu'on rencontre souvent dans un pays qui ne nous appartient pas : car il y a toujours des gens qui ne sont pas de l'avis des traîtres, et qui aiment assez leur patrie pour la défendre contre les vampires étrangers.

Le régent, qui ne voulait ni perdre sa place, ni remettre la France à la disposition du cabinet espagnol, oublia un instant, à la nouvelle de la conspiration, sa douceur et sa tolérance ordinaire. Il consulta la politique de son cardinal *Dubois* qui valait bien le cardinal *Albéroni* dans les affaires de ce genre. Le conseil se résuma en peu de mots, et fut d'avis d'établir à *Nantes* une chambre de justice, pour faire exécuter par le bourreau ceux qui avaient vendu les ports et les forteresses.

La commission prévôtale atteignit seulement quatre têtes bretones les plus notables du pays, qu'elle fit décoller. L'effroi que cette prompte justice imprima dans l'âme des autres gentilshommes, les mit en fuite chez l'étranger, ce qui rompit absolument toutes les chaleureuses liaisons que la duchesse du *Maine* et les seigneurs de son parti entretenaient avec l'Espagne. Dès lors le duc d'*Orléans*, débarrassé de ses terreurs, reprit son esprit d'amabilité, ses grâces naturelles, ses brillantes qualités ; et comme l'Europe avait pardonné à la France son système de monarchie universelle, le régent fit fortune chez toutes les nations du continent. Il sut, par des dons et des talens peu communs, élever sa régence au-dessus de toutes celles qui l'avaient précédée, mais sans vouloir néanmoins la donner pour modèle à personne.

CHAPITRE XXX.

Invention du Formulaire. Remontrance contre les Edits bursaux.

Les grands seigneurs du royaume n'agitaient plus ni les chapelets à tête de mort de la ligue, ni les bouquets de paille de la fronde. Ces enseignes révolutionnaires étaient trop vieilles pour les remettre au jour ; on ne considérait plus en grand les révoltes et les conspirations. Ces conceptions paraissaient dépasser la portée de l'esprit du siècle. On se borna donc aux agitations et aux discordes de second degré. Il y a encore de quoi satisfaire la vanité et de méchantes inclinations.

La bulle *unigenitus* occupa tout à coup l'imagination de la noblesse mitrée. Ce décret romain enfanta le *formulaire* français, et celui-ci divisa en deux partis irréconciliables tout le corps épiscopal. Comme tout se tient dans la caste nobiliaire, par des principes communs, par l'égalité des priviléges et par la fortune, il y eut également scission dans le corps de la noblesse d'épée et dans celui de la noblesse de robe. Ainsi la désunion s'introduisit dans toute la gentilhommerie de la *France*. Le roi *Louis* xv se trouva placé entre l'armée des *acceptans* et l'armée des *appelans*. Le nombre des neutres était le plus petit, parce que le bon sens n'a jamais fait le charme d'une faction.

Les esprits s'échauffèrent en raison de la mauvaise foi de la dispute théologique. La guerre de l'intolérance ne tarda pas à se déclarer par tout le royaume. On vit se livrer, au sein de la paix, des combats fanatiques, dans lesquels ou ne s'arrachait pas toujours la vie, mais souvent l'honneur, le repos, la réputation, les charges et les emplois. La liberté individuelle fut fréquemment compromise dans le parti le plus faible. On lui enlevait tous les membres qui faisaient redouter ou des talens ou un grand développement de caractère. On les jetait dans des cachots; on les enfermait dans des bastilles; on les condamnait à de longs exils. Ces succès de persécution devinrent plus ou moins nombreux, selon que le parti dominant conservait ou perdait son crédit et son influence, ce qui dépend souvent du hasard des intrigues et des astuces de la politique.

Le gouvernement, affligé de ces désordres, tenta quelquefois de ramener les prélats et les autres gentilshommes leurs partisans, à l'union et à la concorde évangélique. Il voyait avec douleur que la plupart de Français étaient rejetés inhumainement de la pénitence et des sacremens, qu'on leur refusait les consolations de l'espérance en l'autre vie, qu'on les obligeait à se munir de billets de confession, comme on est forcé de prendre des cartes de sûreté pendant les temps de révolution.

L'autorité royale étant impuissante contre le fanatisme du clergé, la noblesse parlementaire voulut agir à sa place. Cette magistrature, qui se glorifiait de sa propre intolérance contre la philosophie, et qui brûlait sur l'échafaud les livres de nos profonds penseurs et de nos brillans écrivains, avait à se plaindre à son tour de l'intolérance de la noblesse moliniste. Un pareil fléau tôt ou tard atteint tout le monde. En conséquence, pour veiller à sa sûreté personnelle, elle se détermina à arrêter les excès et les fureurs du parti des *acceptans*; elle dressa ses arrêts de protection, et les fit exécuter en faveur d'un grand nombre de familles désolées par la bulle et le formulaire.

Il s'éleva donc une terrible lutte entre la soutane et la robe rouge. Ces deux corps se choquant avec violence, ébranlèrent la cour, la capitale et les provinces : les uns applaudissaient aux arrêts des parlemens, avec l'ironie qu'avait déjà mise en vogue l'esprit des lettres provinciales; les autres approuvaient les mandemens des évêques, avec cette docilité qu'enseigne le fanatisme religieux. Les magistrats professaient des principes et des règles de civilisation : les prélats rappelaient toute la superstition des siècles de barbarie. Entre ces deux partis, le vainqueur devait être nécessairement celui qui aurait à sa bienséance la fabrique des lettres de cachet, les exils et les destitutions. Les évêques devancèrent leurs adversaires. Ils firent en peu de temps des martyrs, qui, selon l'habitude ordinaire, obtinrent dans le public le culte et les hommages qu'on rend aux honorables victimes de la persécution : ce qui ne fut jamais un heureux pronostic du bonheur d'un État.

La noblesse de robe ne pardonna pas à la cour la complaisance qu'elle montrait pour la noblesse en camail. Elle se souvint malheureusement de cette préférence, quand le roi vint demander l'enregistrement de quelques édits bursaux. Il fallait alors de l'argent, à quelque prix que ce fût : car la guerre avait vidé le trésor royal ; on ne pouvait pas retrancher le nécessaire du luxe, de la pompe et de la prodigalité. On n'était pas, pour songer à faire des économies, à la dernière extrémité. On devait, avant d'en venir à des privations, tenter les ressources extraordinaires : elles étaient d'ailleurs indispensables pour liquider les dettes du règne présent, et les charges du règne passé. *Louis* XIV, de glorieuse mémoire, était mort, laissant d'énormes vides dans les caisses de l'État ; pouvait-on s'en plaindre ? ne devait-on pas payer ses créanciers ? Les monarques guerriers n'ont jamais assez d'argent, ni jamais assez de gloire. Il faut bien les contenter, lorsqu'on veut devenir une grande nation.

Malgré cette détresse, bien constatée par les comptes du surintendant des finances, les nobles parlementaires, au lieu de se montrer sagement indulgens envers le monarque, s'amusèrent, avant tout, à lui débiter des maximes contre le clergé, et à soutenir philosophiquement que, quelque soit notre caractère, profane ou sacré, personne ne sait ce qui doit nous arriver dans l'autre vie ; que notre salut dépend du repentir ; que cette ignorance salutaire devait nous faire supposer tous propres à obtenir la miséricorde divine ; que cette incertitude invincible, qui résiste à toutes les interprétations, a été de tout temps un secret qui a toujours coûté des sottises ou des actes de barbarie à ceux qui ont prétendu le deviner.

Ces beaux raisonnemens sur la tolérance religieuse, empruntés même des livres que les parlemens faisaient lacérer par la main du bourreau, se trouvèrent démentis par l'intolérance civile des magistrats, non moins dangereuse dans ses effets. La magistrature doubla la longueur et l'importunité de ses harangues et de ses remontrances. On la vit sans cesse aller et venir sur la route de Versailles, n'étant jamais lasse d'opposer des faits, de blâmer des actes, et de contrarier des résolutions définitives : bizarre lutte établie entre des magistrats armés de plumes, d'encre et de papiers, et un monarque entouré de baïonnettes et de canons ; mais, dans ce combat le moins timide est souvent celui qui paraît le plus sans défense.

Le refus d'enregistrer les édits tourmentait le repos ainsi que le moral de Louis xv ; toutefois, il ne s'en chagrinait qu'à la manière des rois. Il reprochait à la noblesse parlementaire l'obstination avec laquelle elle lui bouchait, avec des paperasses judiciaires, les canaux d'où découlent l'or et l'argent des impôts ; mais il n'avait pas la force de l'interrompre, quand elle s'apitoyait si complaisamment sur la misère générale. C'était moins le poids des contributions publiques qui la faisait gémir de la sorte, que le regret de ne pouvoir se venger de quelques intrigues de la cour, dont elle était la victime.

Mais ces gémissemens produisirent la vengeance qu'on désirait obtenir. Plus on plaint celui qui paie les impôts, plus on le dégoûte de payer. Bientôt le contribuable, encouragé par la commisération que la magistrature lui prodiguait, se dispensa de se rendre chez le collecteur public. Les sources financières tarirent universellement dans la France, quoique les besoins de la couronne devinssent toujours plus urgens. Les plaintes indiscrètes du parlement apprirent à chacun qu'on pouvait garder son argent, ce qu'il ne fut pas nécessaire de répéter deux fois à personne.

Pendant que le roi, toujours obéré, demandait de l'argent avec instance, et que la noblesse parlementaire le lui refusait avec opiniâtreté, l'opinion publique s'occupait de quelques théories, inconnues jusqu'alors en France. Elles avaient été conçues dans les têtes réfléchies du temps. De grands écrivains les avaient mise à la portée de toutes les intelligences. On cherchait des exemples de pratique et d'application. On en rencontrait au-delà des mers et sur le Continent.

Il ne fut pas rare à cette époque de remarquer que des nobles de robe, que des nobles d'épée, les uns et les autres intéressés à écarter les matières politiques du sein des conversations et des discussions, les ramenaient au contraire eux-mêmes à l'attention et à la dispute des salons et des réunions.

On imita leur philosophie, on emprunta leurs idées libérales. On fit comme eux, on parla moins de modes et de nouvelles du jour. On suivit l'emploi du produit des impôts ; on combina des contre-poids pour les opposer à l'autorité royale, et des garanties pour préserver la liberté individuelle, de toute espèce d'intolérance. En examinant le présent qui paraissait si lourd à supporter, on ne le regardait que comme le résultat malheureux des siècles d'ignorance et de barbarie : aussi hasardait-on sur le passé une critique sévère. On attaquait ses institutions bizarres, ses lois tyranniques, son régime féodal monstrueux, ses préjugés ridicules et ses doctrines injustes. On se trouva de l'esprit pour plaisanter les mœurs anciennes, de la raison pour blâmer les folies et les extravagances de nos ancêtres, et du savoir pour analyser avec précision les coutumes et les usages d'une vieille monarchie. Chacun faisait son tableau, et personne n'oubliait de représenter les chaînes d'une nation esclave.

Tous ces propos qui propageaient, dans la masse générale des citoyens, le goût d'un meilleur ordre de choses, ne rétablissaient pas néanmoins l'état de nos finances. On ne voyait pas que les idées libérales dont la noblesse paraissait imbue s'étendissent jusqu'à conseiller le sacrifice de ses droits et de sa propre fortune, pour diminuer les embarras du gouvernement. Enfin la pénurie du trésor royal devint si grande, qu'il n'y eut plus moyen d'y pourvoir par les voies accoutumées. Mais le monarque était incapable de faire de l'argent autrement qu'à la charge du peuple ; il aurait craint d'en exiger impérieusement de toute autre part que du tiers état. Il ne lui était pas permis de penser que les nobles qui retiraient le plus d'avantages du trône et du pacte social, et qui possédaient la moitié de la fortune du royaume, dussent être les premiers à venir au secours de l'État. Cette question que des préjugés aussi injustes qu'absurdes avaient rendue épineuse, par conséquent au-dessus des forces morales du temps, le roi la laissa résoudre à son successeur Louis XVI.

CHAPITRE XXXI.

Refus de la Noblesse laïque et ecclésiastique d'accéder aux demandes financières du roi *Louis* XVI. Le parlement se déclare usurpateur du droit de consentir les impôts.

LE nouveau roi, en remplaçant son prédécesseur, ne se plaignit pas de recueillir un trône affamé de besoins et criblé de dettes. Le remède à cet état désespérant ne lui parut pas impossible à trouver. Pouvait-il douter du dévouement de la noblesse et du clergé que ses ancêtres avaient comblés de biens et d'honneurs? De qui attendre de la générosité, si on ne compte pas sur la gratitude des nobles? A l'égard de la classe roturière, certain du patriotisme du tiers habitué, pendant quatorze siècles, à payer tout ce qu'on lui avait demandé, il se borna à réunir sous ses yeux les *notables* du royaume.

Cette brillante *notabilité* était la fleur de la France. On ne vit, en effet, dans la salle de ses délibérations, que des banquettes garnies de princes, de grands seigneurs, d'évêques, de parlementaires et de maires des villes principales. C'était sans doute étaler toute la richesse qu'on possédait en royalisme pur, loyal et désintéressé. Personne ne désespéra de voir la cour sortir de l'embarras financier dans lequel les règnes précédens l'avaient jetée.

Au reste, on n'imposait pas à cette noblesse, rayonnante de fortune et de prospérité, des conditions bien dures. On voulait partager avec elle les sacrifices, si elle se déterminait à en faire à la couronne. On n'exigeait que le simple acquittement proportionnel des cent quarante millions de *déficit* que le monarque ne savait plus où prendre pour faire honneur aux affaires de l'État. L'ordre plébéien n'a jamais prétendu qu'on le déchargeât du devoir sacré de subvenir aux besoins de la patrie; il se laissait même enlever, pour cela, jusqu'au nécessaire, quand les autres ordres refusaient le superflu.

Mais quelque persuasif que fût ce langage de la raison et de l'équité, quelques instances que pût faire le surintendant de *Calonne* auprès de nos augustes notables, l'orgueil, la vanité, les préjugés, l'emportèrent sur les idées libérales du temps. La noblesse, en habit galonné, en rochet et en mortier, défendit sa bourse et ses immunités antiques, et montra toute la mauvaise humeur de l'égoïsme héréditaire. Le surintendant de *Calonne* porta la peine de la proposition qu'il avait faite de classer les ordres privilégiés au rang des sujets imposés dans l'État. Cependant on ne disconvenait pas de la détresse du trésor royal; on compatissait même aux difficultés des circonstances; tous les discours étaient affectueux; toutes les âmes se montraient expansives; les mains seules n'étaient prodigues de rien. On se retranchait sur l'honneur qui commandait de se soustraire à la tâche honteuse de l'impôt. Un noble n'avait à offrir à l'État que son épée et son panache; un prélat ne pouvait servir la patrie que par la crosse et la mître ; un magistrat ne devait au bien public que des arrêts et des remontrances. Ce n'était pas, disait-on, la première fois que le royaume se trouvait dans une situation aussi déplorable ; mais était-il jamais sorti de sa misère accablante par d'autres voies que par les sacrifices du tiers état? Chaque ordre a ses obligations à remplir. On peut tout au plus se livrer à des générosités et à des dons gratuits pour montrer de la bonne volonté ; mais rien ne doit être que momentané et passager, pour éviter de donner à ces offrandres l'idée révoltante d'impôt et de contribution.

Le roi, mécontent, renvoya ses notables, et, sans être découragé par le résultat scandaleux que venait d'offrir cette assemblée imprévoyante, il retoucha la rédaction de ses édits sur le timbre et la subvention territoriale, et les fit présenter à l'enregistrement du parlement. Il se persuada que cette magistrature finirait par sentir, comme lui, la honte d'une banqueroute royale, et s'unirait à son contrôleur général des finances pour faire obéir à ses édits bursaux le clergé et la noblesse. On n'est pas toujours bon physionomiste quand on s'adresse à des corps délibérans.

En effet, le parlement trompa, d'une manière bizarre, l'attente du monarque. Ce fut un genre de remontrances tout nouveau et fort imprévu que le roi entendit pour la première fois dans ce sénat judiciaire. Nos magistrats en simarre, qui avaient fait pendre tant de gens pour avoir volé le bien d'autrui, se déclarèrent eux-mêmes coupables de vol et d'usurpation dans le domaine politique des droits nationaux. Tout à coup, avec un air d'amendement et de remords, ils firent à haute voix, en présence de la France entière, une mémorable confession publique.

L'esprit de vengeance leur cacha la honte de leur abjuration.

On apprit alors de leurs propres bouches que, dans l'origine parlementaire, la noblesse de robe s'était concertée avec l'autorité pour abolir l'usage salutaire des *États généraux* ; que les parlemens, s'étant substitués à leur place, s'étaient criminellement arrogé le pouvoir de l'enregistrement des édits bursaux, ce qui ne pouvait être, de leur part, qu'une usurpation et une forfaiture condamnables. Ils n'hésitaient donc pas aujourd'hui à proclamer, avec le ton d'une sincère componction, que le droit suprême de consentir les impôts et les charges publiques appartenait au peuple français, et que, disposés à abdiquer, dans un siècle de si haute philosophie, le titre odieux d'usurpateurs et de prévaricateurs, ils rendaient bien volontiers ces attributions législatives, si long-temps illégales dans leurs mains, à la nation qui n'en devait et n'en pouvait être dépouillée. A la suite de cette solennelle rétractation, le parlement renvoya tout simplement le monarque et ses édits à la future assemblée des États généraux.

L'aveu naïf d'une semblable culpabilité et l'énonciation de ces faits historiques étonnèrent les auditeurs. Ces vérités étaient encore, à cette époque, un secret pour la multitude. Les philosophes seuls en avaient connaissance, mais ils avaient eu la modération de ne les dire qu'à demi mot. Ainsi, chacun demanda ce qu'on entendait par les *États généraux*, et ce que ces anciennes assemblées avaient fait de bon et d'utile pour la nation, et pourquoi le *tiers état*, en étant à la fin devenu membre, avait souffert qu'un seul ordre, dans le royaume, supportât les impôts et les charges financières. On parut surpris que le régime féodal, avec ses absurdités et sa tyrannie, eût pu parvenir presqu'en entier jusqu'au dix-huitième siècle. Les questions à ce sujet ne tarirent pas. La nouvelle lumière que le parlement venait de montrer au peuple frappait sur les têtes et les échauffait.

Néanmoins, cette curiosité et toutes les réponses qu'on faisait pour la satisfaire ne manifestaient pas même l'apparence des préludes d'une révolution plébéienne. C'étaient des esclaves qui, simplement, jouissaient des saturnales politiques; ils affectaient, pour le moment, l'air d'égalité avec leurs maîtres; mais ils auraient conservé leurs chaînes si l'on avait su les leur faire reprendre par des procédés et de la bienveillance; le peuple aurait sottement travaillé, comme à toutes les époques de nos troubles civils, pour les intérêts de la noblesse et du clergé, si, dans cette circonstance, ces deux classes ne s'étaient montrées ni avares, ni égoïstes, ni insolentes; enfin, la cour n'aurait eu aucun effort à faire pour prévenir le bouleversement qui a eu lieu dans le royaume, s'il n'y avait pas eu, entre elle et la bourgeoisie, des nobles, des évêques et des magistrats, devenus les premiers infidèles à la foi du serment.

En effet, comment les plébéiens auraient-ils pu prendre la route d'une grande révolution? Les plus habiles d'entre eux n'en avaient jamais vu que l'estampe dans les livres. Le roturier n'a pas d'archives de famille pour apprendre la manière adoptée par ses aïeux dans les troubles civils. Il n'y avait alors que les nobles qui connussent le secret des insurrections et des révoltes. Leurs ancêtres, pendant quatorze siècles, avaient entassé dans les mains de leurs descendans les preuves de leur adresse et de leurs talens. Ils ne pouvaient pas être embarrassés pour savoir le mode d'attaquer un trône, de compromettre la personne d'un roi, et de changer une dynastie : car on copie plus souvent qu'on n'invente dans une guerre révolutionnaire.

CHAPITRE XXXII.

Convocation des États Généraux; Comité d'insurrection;
Émissaires envoyés dans les provinces.

Le roi avait chaque jour un besoin plus pressant d'établir dans la noblesse une unité de zèle et de sentimens ; mais sa voix fut impuissante pour inspirer un même esprit et une même opinion. On ne persuade pas aisément ceux qui songent à la vengeance. La famille royale avait des ennemis parmi les princes, et dans la classe des ducs, des comtes et des marquis. Les passions dès lors empêchèrent de voir le danger commun qui les menaçait tous ensemble. On ne voulut envisager que la satisfaction d'opposer des intérêts particuliers à la cause du trône, ou de faire triompher une réforme philosophique qu'on désirait opérer dans les vieilles institutions.

La portion de la noblesse vindicative, unie à celle qui avait secoué les préjugés féodaux, trouva, dans sa fortune privée, assez d'argent pour ourdir les intrigues, pour payer les soulèvemens, et pour exempter du travail les harangueurs des groupes. Le cordon de sa sonnette était attaché au grelot révolutionnaire qui flattait ses oreilles ; il appelait le jour et la nuit une foule d'agens qui, sans se connaître, concouraient au même dessein.

Aux sourdes pratiques, conduites avec l'esprit et l'audace ordinaires aux chefs de parti, on ne négligea pas d'ajouter l'air d'intérêt et les marques d'affection que les circonstances exigeaient. On confondit tous les rangs ; les grands seigneurs n'élevèrent pas le peuple jusqu'à eux, mais ils descendirent jusqu'à son niveau. Ils tendirent la main à la bourgeoisie ; ils parlèrent avec elle de sa force naturelle ; ils lui promettaient pour le moment la force politique qu'elle n'avait jamais exercée. Tout était dû à ses talens et à ses vertus ; on ne pouvait plus lui disputer ses droits ni les obligations que l'État lui avait journellement de sa bonhomie et de son civisme.

Ces témoignages d'amitié et de bonté inspirèrent de la confiance à la classe plébéienne. Dès qu'elle se sentit plaindre avec autant de justice, elle éprouva de plus fortes douleurs dans les maux qu'elle souffrait depuis tant de siècles ; ce qui fut parfaitement apprécié par les meneurs de l'insurrection. On crut alors que l'instant était arrivé où l'on devait essayer sur les esprits l'efficacité des anciennes manœuvres de la ligue et de la fronde. Il n'y a qu'une seule méthode pour faire éclater une révolution.

Les novateurs conclurent sur-le-champ à mettre en œuvre les impostures et les plaisanteries. On ne s'en tient point à la médisance, si l'on veut réussir à faire rire. La résolution prise d'égayer, de l'humeur française, les apprêts de la lutte contre la cour, on envoya de la capitale, comme étant la meilleure fabrique des têtes à expédiens, des personnes travesties qui néanmoins se trahirent dans les provinces par leur bonne mine. Ces agréables conteurs répandirent avec profusion des anecdotes graveleuses sur le compte des princes et des courtisans ; ils ne laissèrent rien ignorer de tout ce qui faisait un événement à Versailles, lorsque les princesses et les duchesses se livraient à des distractions ennemies de l'étiquette ; ils s'étudièrent à faire succéder alternativement les chants héroïques de la liberté au vaudeville moqueur et souvent injurieux. C'est avec ces premiers artifices que l'éducation révolutionnaire fut mise insensiblement à la portée de tous les citoyens ; ce qui multiplia, à cause du nombre des écoliers, la foule des professeurs enthousiastes; chaque province eut les siens parmi la noblesse, dans le clergé et dans la roture; l'émulation fit, à cette époque, distinguer, après celles de Paris, les chaires révolutionnaires du *Dauphiné*, de la *Provence* et de la *Bretagne*. Ces contrées, si différentes entre elles de climat, de mœurs et de productions, ont fourni le singulier phénomène des mêmes génies, précisément organisés pour les mêmes nouveautés politiques. Au reste, l'intention n'était pas de créer des ébranlemens partiels ni des secousses isolées. Le plan projeté commandait d'obtenir une expression, et une attitude générales et uniformes. On désirait montrer une action et un mécontentement universels ; chaque localité devait demander une réparation solennelle des quatorze siècles d'oppression et d'esclavage ; on devait exiger une loi fondamentale, qui prévînt, pour l'avenir, les insultes et les affronts faits à la dignité de l'homme social.

L'effet inévitable d'un si grand nombre d'associations secrètes, toutes occupées à dresser la liste des griefs qu'on reprochait à la législation et au gouvernement, fut de répandre sur la surface de la France une chaleur volcanique. Cette agitation commença à donner de l'inquiétude à la cour. Le monarque aurait consenti volontiers à admettre des modifications dans l'exercice de l'autorité et dans l'application des lois ; mais il craignait que des mains factieuses ne cherchassent à faire ce travail à coups de hache. Il entrevit dès lors le danger d'ouvrir une discussion publique entre lui et les États généraux. Il ne lui fut pas difficile de s'apercevoir qu'il allait se ressentir à la fois de l'action de plusieurs influences funestes : d'abord, l'Angleterre ne pouvait pas laisser échapper l'occasion de cette effervescence nationale, sans prendre vengeance de la scission de l'Amérique septentrionale ; elle ne viendrait pas, avec des armes et des soldats, chercher le dédommagement du tort qu'un jeune guerrier français lui avait fait subir dans les plaines de *Boston* et de *Philadelphie* ; elle avait un moyen plus sûr d'ébranler ou de détruire le trône qui avait secondé l'indépendance américaine, celui de se mêler secrètement parmi les Français, d'infuser dans les têtes l'anglomanie, d'attacher les esprits à l'exagération des principes, de justifier tous les excès par sa propre histoire, d'aider enfin, par ses agens et ses guinées, la nation à se dévorer elle-même.

En supposant qu'il fût possible de se défendre des intrigues étrangères, le monarque ne restait pas pour cela exempt de la violence des secousses ; il aurait fallu d'une main enchaîner le ressentiment des nobles qui s'étaient ouvertement séparés de la cour, et de l'autre modérer la fougue des plébéiens qui s'en rapprochaient trop avec un air menaçant. Il n'aurait pas été moins nécessaire de se défier du petit nombre de comtes, d'évêques, de marquis et d'abbés qui, se pressant autour de la famille royale, mais ne combinant, avec la prudence et l'esprit du temps, ni sa conduite, ni ses propos, compromettait chaque jour le sort de la couronne. Les menaces et les impertinenc n'ont jamais réconcilié les cœurs ; elles ressemblent *̂* eaux impures dont le forgeron asperge son brasier *ur* attiser la flamme de sa forge. Il y avait encore mo *de* secours à attendre de cette classe de gentilshomn *qui* calculait ses démarches et ses démonstrations sur les progrès plus ou moins rapides de la crise qui se préparait. Cet égoïsme se fait facilement illusion sur les devoirs, l'honneur et le serment ; il ne manque jamais de prétexte pour les sacrifier au danger personnel qu'il redoute, ou au profit qu'il espère.

Ces tristes considérations auraient fait abandonner le projet d'obtenir de l'argent par la voie des États généraux : car on ne traite pas toujours avec générosité celui qui a recours à notre bourse. Les conditions qu'on lui impose sont souvent fort dures ; mais, quoique l'aspect du temps présent n'épargnât point au roi de fâcheux pronostics, il aurait été plus dangereux encore de se refuser à la convocation de cette ancienne diète nationale. Toutes les circonstances étaient devenues impérieuses ; d'une part, le parlement avait annoncé l'enregistrement des édits bursaux comme une usurpation et une prévarication ; ce secret, plein d'infamies politiques, était donc connu de tous les Français ; d'autre part, la noblesse et le clergé avaient juré de ne pas faire au siècle, à l'équité, à la raison, les justes sacrifices qu'on exigeait d'eux ; néanmoins les ressources urgentes devaient arriver de quelque part : car les caisses du trésor, épuisées, n'alimentaient plus que faiblement les mouvemens de l'administration. Il fallut donc, en rendant responsables des événemens les prétendus amis du trône et de la monarchie, s'exposer à la fatalité qui préside aux destinées humaines ; en conséquence, le roi assembla à *Versailles* les trois ordres du royaume.

CHAPITRE XXXIII.

Disputes sur les préséances. Vote par tête. Armement subit de tous les Français. Actes sanglans dans la capitale et dans les provinces.

On débita un discours d'ouverture. C'est là la levée de la toile dans toutes les assemblées délibérantes. Le grand aumônier bénit la nouvelle assemblée ; on ne parla, en débutant, que de bonheur et de paix, que d'union et de sentimens français. Chaque détail des premiers jours arracha des larmes de joie et d'espérance ; mais on s'aperçut bientôt que l'Esprit saint invoqué n'avait pas trop répondu à l'appel qu'on lui avait si pompeusement fait : car les cœurs et les têtes restèrent opiniâtres dans leurs secrètes dispositions. On se demanda alors avec inquiétude ce qui pouvait rendre uniformes le sentiment et la pensée parmi les hommes, si la puissance d'une si auguste assemblée n'obtenait pas cet heureux succès. Toute l'Europe, étonnée de la réunion de si grands talens, considérant cette masse imposante d'esprits supérieurs, comme ces massifs de fleurs brillantes, comme ces gerbes d'étoiles lumineuses qui forcent à l'admiration, attendait de la part de cette élite de Français, la preuve irrécusable que les hommes de génie et d'une suprême raison partagent tous ensemble le même instinct pour la vérité et la justice, le même amour pour les principes, et la même opinion pour le choix du gouvernement qu'il convient de donner aux hommes civilisés, c'est-à-dire, celui que la nature indique, celui qui garantit à l'espèce humaine ses droits honorables, et enfin, celui qui doit sa stabilité, non à la force et à la terreur, mais au crédit du bonheur général, et à la reconnaissance de chaque génération nouvelle.

L'illusion ne tarda pas à se dissiper. Les États généraux procédant aux travaux pour lesquels on les avait appelés, aussitôt on vit s'élever dans leur sein les ridicules disputes sur les préséances, matière toujours importante aux yeux des champions de la vanité et des préjugés. La noblesse, qui cherchait encore à paraître imposante au milieu du peuple, tentait ainsi de prendre de la hauteur avec des tabourets et des siéges ; elle n'avait pas moins le dessein de reculer le moment des sacrifices pécuniaires, en abusant par ces puérilités de l'emploi du temps. La tactique des assemblées lui était familière. Elle n'ignorait pas qu'il faut, par de petites intrigues, distraire les esprits de recevoir les grandes influences.

En se trompant sur le véritable caractère du siècle contre lequel les nobles s'obstinaient toujours à marcher, on ne fut pas surpris de les voir également combattre pour le succès d'une question, de la solution de laquelle dépendait tout le bien que promettaient les États généraux reconquis. Ils connaissaient ce que leur avait valu, dans les siècles antérieurs, le privilége du *vote* délibératif *par ordre*, et non *par tête*. Ils s'étaient autrefois approprié, par ce mode féodal, tout le pouvoir et la volonté des diètes nationales. Les chambres des deux classes privilégiées faisaient invariablement la loi à la chambre du tiers état, ingénieux artifice propre à couvrir l'arbitraire, l'orgueil, et le despotisme politique, sous des formes légales. Ce fut toujours là une des causes principales qui retardèrent l'amélioration du sort de l'ordre plébéien.

Ne voulant donc pas innover dans cette partie du règlement des anciens États généraux, la noblesse, malgré l'ascendant de la raison et des lumières du siècle, persista à maintenir le tiers état sous la dépendance du vote par *ordre*. Rien n'était plus sage et plus légitime, selon elle, que la division de l'assemblée en trois chambres ; la raison ne devait pas être choquée de les considérer comme autant d'états isolés, qui avaient leur esprit, leurs mœurs et leurs intérêts particuliers ; on pouvait les assimiler à des camps retranchés, qu'on n'abordait que par des députations, des parlementaires et des négociateurs qui venaient proposer des capitulations, ou faire des sommations de se rendre.

Ce mode purement réglémentaire ne parut qu'une absurdité et un piége maladroit tendu à la bonne foi du tiers état. On se récria donc contre une orgueilleuse prétention que le bon sens avait condamnée d'avance. On exigea l'adoption d'un mode plus homogène, et qui constituât véritablement une assemblée nationale. On s'opposa avec vigueur à la vieille pratique des compartimens de l'arène législative ; on voulait que tous ceux qui se trouvaient chargés des intérêts d'une nation, se vissent face à face, et que les nobles surtout apprissent, dans le sein d'une heureuse confusion d'ordres et de rangs, à abjurer l'esprit et la vanité des castes.

Cette première crise agita toutes les têtes pensantes et tous les esprits raisonneurs du royaume. On se groupa autour des enthousiastes de la liberté. On écouta leurs syllogismes. Il se débita dans les salons, dans les rues, dans les lieux publics, beaucoup de sophismes et quelques vérités neuves. Les écrits, les gazettes, les pamphlets semblaient tomber des toits dans les mains des passans.

Chacun attachait de l'intérêt à l'épigramme ou à la chanson qu'il venait de transcrire ou d'acheter. Tout ce qu'on disait, et tout ce qu'on se proposait de faire, tendait visiblement à ouvrir les hostilités entre la nation d'une part, et la noblessse et le clergé de l'autre ; c'est-à-dire, entre le tout et ses parties.

L'obstination, d'une part, à ne vouloir céder sur aucune des convenances du moment, et de l'autre la puissance de l'enthousiasme, firent enfin naître le dessein et le courage d'entreprendre une *révolution* purement *plébéienne*, la seule qui ne se soit pas pressée d'éclore dans le cours de quatorze siècles.

A cette époque, devenue un sujet de méditation profonde et pour les rois et pour les peuples, la plupart des nobles ne voulaient pas croire à la possibilité d'un bouleversement général, comptant encore sur l'habitude du respect et de la considération, comme si les fruits de la crainte et de la tyrannie pouvaient être toujours durables ; il y avait d'autres nobles qui, au contraire, semblaient hâter par des vœux le déchirement universel, se persuadant que la confusion et les excès ramèneraient le peuple à l'ancienne influence des castes privilégiées. On croit communément voir arriver la fin de l'incendie quand les flammes dominent l'édifice ; ainsi, l'explosion prête à éclater, bien loin d'être conjurée par une prudence commune, était attisée par tous les partis à la fois.

Au milieu de cette effervescence, les conseillers imprudens de la cour n'imaginèrent pour tout tempérament qu'un lit de justice, un discours menaçant et la clôture de la salle des séances. C'était opposer des voiles à la tempête au lieu de les plier par une saine politique. Aussi, à l'issue de cette séance royale, l'envoyé du roi, chargé d'insinuer au tiers l'ordre d'évacuer la salle, entendit les éclats éloquens de divers de ses membres, et reçut la réponse véhémente que lui adressa ce patricien provençal, géant politique, génie dominateur, que le dédain insensé de sa caste avait changé en moderne *Gracchus*. Cet athlète, sans surpasser en patriotisme ses collègues roturiers, possédait mieux qu'eux les secrets de la puissance de l'imagination. Il éleva la voix ; et, invoquant la *liberté* qui planait sur tous les points de la France, il défia les baïonnettes de verser le nouveau sang que l'enthousiasme patriotique venait de faire circuler dans les veines du tiers.

Cette résistance morale suffit pour rendre les députés de cet ordre insensibles à la crainte et à la terreur. Dès ce jour on jeta le gant du combat populaire, les cœurs se sentant dégagés de la concorde législative. Le lendemain de la séance royale fut marquée par un accord encore plus vif et plus décisif pour l'entreprise révolutionnaire : il ne restait plus à faire que le serment, lien religieux qu'on invoque dans tous les desseins des hommes. Une fausse politique en fournit le prétexte et l'occasion.

Les membres du tiers vinrent inutilement frapper à la porte de la salle des états généraux ; la cour, mal conseillée, avait fait ordonné de la fermer. Cette imprudence prise pour une insulte, les députés plébéiens se réunirent parmi les balles et les raquettes d'un *jeu de paume de Versailles*. L'exaspération des esprits tient toujours lieu de billet de convocation. Chacun, en se rendant au même lieu, crut transporter dans sa personne le peuple français tout entier. Cette pensée, qui embrasait les âmes, leur prêta la force de se placer incontinent à la tête de la nation ; et, s'isolant ainsi des deux autres castes à ce sommet politique, le tiers état jura, pour la classe plébéienne, de mourir, ou de devenir libre et indépendant.

Depuis l'heure de cette attitude nouvelle que la postérité admirera long-temps dans le tableau du peintre qui a recueilli les couleurs de ce jour de triomphe, l'ordre du tiers n'aperçut dans le clergé et la noblesse que des fractions faibles de la grande unité, et se reconnut la source et le principe de la force et de la puissance sociales. Dans cette conviction, il proclama les États Généraux l'*assemblée une et indivisible des députés du royaume*, conception périlleuse, qui préparait pour l'avenir le rejet de l'établissement de deux chambres législatives, premier malheur qu'on reprochera sans cesse à l'opiniâtre prétention des deux castes privilégiées, pour le *vote délibératif* par *ordre* ; elles avaient justifié la haine juste et naturelle qu'on avait conçue contre cette ancienne forme de législation ; elles devinrent également la cause de l'erreur fatale dans laquelle on tomba en constituant une seule arène législative, un foyer unique de discussion, dont personne n'avait l'expérience, et dont peu de têtes étaient capables de calculer la dangereuse influence sur le pouvoir royal, sur la stabilité des principes et sur l'immutabilité de l'ordre public.

Le nom des États Généraux étant donc changé, la marche de la représentation nationale prit une forme différente. On n'ouvrit plus par conséquent qu'une seule salle de délibération. Il ne devait plus y avoir qu'une tribune ; on ne pouvait plus s'asseoir que sur les mêmes banquettes. Une seule enceinte allait contenir toutes les figures gaies, resplendissantes de joie, tristes, colères, dédaigneuses, et toutes les bouches flatteuses, médisantes, railleuses et discordantes. On voulait tout rapprocher et tout confondre sur le même parquet, afin que toutes les têtes touchassent également au niveau politique qu'on avait dessein d'établir dans la France.

Cette résolution plébéienne révolta l'amour-propre de la plupart des dissidens ; mais la nouvelle assemblée, sans considérer la répugnance des deux ordres privilégiés, se montra encore bienveillante envers eux; et, fière de sa supériorité, elle laissa ouvertes les portes du lieu de ses séances, afin que la noblesse et le clergé eussent toujours la faculté d'y entrer, si la raison mieux consultée, ou la loi de la nécessité devait les y amener.

Cette prévoyance eut un heureux effet, et servit à donner de la célébrité aux députés nobles et ecclésiastiques qui, les premiers et patriotiquement, vinrent s'incorporer dans le sein du tiers état. Le peuple applaudit à la fierté de ses mandataires qui élevaient ainsi sa condition politique au-dessus de tous les ordres de l'État. Jusqu'où ne veut-on pas s'élever lorsqu'on cherche à perdre de vue les fers qu'on a portés! Il censura amèrement la noblesse et le clergé qui n'avaient pas su se donner le mérite de complaire au plus fort.

On cessa dès ce moment de se regarder comme concitoyens. Une haine véritable sépara les partis. Elle ne discontinuait, ni le jour ni la nuit, de grossir dans les cœurs. Les vœux communs étaient de tout exposer, et d'employer toutes les passions pour triompher les uns des autres. Ceux-ci cherchaient à regagner ce que la raison du siècle leur avait fait perdre ; ceux-là s'efforçaient de garder pour toujours ce qu'ils avaient su enlever à la vanité et aux préjugés. Les classes privilégiées désignèrent, sous le nom de justice, les titres, les prérogatives, les exemptions, et sous celui de propriété, les usurpations féodales, les emplois, les dignités, les récompenses. L'ordre plébéien, au contraire, demandait la proscription entière de tout ce que, dans la civilisation, la morale et la philosophie condamnent au mépris. Il nommait avec transport, *divinités* et *lares* protecteurs des familles, toutes les images de la liberté; il enferma sa déesse chérie dans l'écorce de quarante mille jeunes ormeaux, autour desquels les habitans des villes et des villages dansaient au son des instrumens patriotiques.

Cette uniforme exaltation dans les esprits aurait dû paraître menaçante, si l'orgueil et la vanité ne se supposaient pas toujours l'adresse et la force de l'éteindre à volonté. La noblesse, se conseillant si mal elle-même, n'était pas capable de suggérer de sages avis à la cour ; elle approuva le bruit du canon et des baïonnettes qu'on avait dessein d'essayer pour intimider les imaginations ; elle attendait la plus humble soumission de la part du peuple s'il était foudroyé dans la personne de ses mandataires. Les coups d'État sont toujours le premier conseil qu'on donne dans les troubles civils; mais les meneurs nobles et plébéiens qui, tous ensemble, veillaient à la prospérité de l'indépendance et de la liberté nouvelles, plus audacieux ou plus experts dans l'art de s'assurer les succès, paralysèrent les préparatifs du triomphe des gentilshommes antipopulaires. Tout à coup la France se montra hérissée de baïonnettes ; les armes furent enlevées des arsenaux ; on ferma les portes de toutes les villes; on courut contre des brigands imaginaires ; on fit la battue dans les champs et dans les forêts, pour exterminer des ennemis que l'imagination seule et l'intrigue créaient sur tous les points du royaume. Il fallait que le berceau de la liberté reposât sous une voûte d'acier. On parvint, par ce stratagème révolutionnaire, à donner des armes au peuple, et à habituer l'autorité royale à voir toute une nation appuyée sur le canon de ses fusils.

Au milieu de ces deux conspirations, qui semblaient

en quelque sorte se réunir pour lui causer les mêmes embarras et d'égales inquiétudes, le monarque prit la voie de l'invitation auprès de la noblesse et du clergé ; il leur fit même des instances pour les engager à se confondre avec le tiers état dans une même salle de délibération. Ils obéirent, en se vantant d'avoir pour excuse la prière du roi. C'était faire soupçonner que leurs intérêts n'étaient pas jusqu'à présent les mêmes que ceux de la cour.

Leur présence involontaire dans le sein de l'assemblée nationale perdit tout le prix qu'aurait infailliblement obtenu un acte de bonne grâce. On les regarda, non comme des collègues, mais comme des ennemis irréconciliables, comme des individus isolés de la nation, comme deux ordres exclusifs avec lesquels on devait sans cesse se tenir en opposition. Cette fâcheuse prévention ne disposa l'opinion générale, ni à la bienveillance envers eux, ni à la considération, ni aux ménagemens. Aussi vit-on chaque député plébéien disputer l'honneur de démolir à leurs yeux, et malgré leurs clameurs, l'ouvrage féodal de leurs ancêtres. On leur arracha des mains les lois, les institutions, les édits, les ordonnances, les coutumes et les pratiques du vieux régime ; en vain les deux classes privilégiées jetèrent-elles les hauts cris, couvrirent-elles la démolition de l'écume de leur fureur. Le tiers état inébranlable, et revêtu populairement du titre de *réformateur* et de *constituant*, usa des forces de son génie et de ses talens pour construire son moderne édifice, proclamer sa législation libérale, et consolider les droits et l'honneur de l'homme civilisé.

Cependant ces travaux sublimes furent arrosés de sang humain. Les nouvelles lois d'une réforme chez tous les peuples ont eu malheureusement la même teinte. Par quel miracle échapper à cette cruelle fatalité ? La raison du siècle pouvait seule nous épargner la honte de ressembler à tous les siècles ; mais cette raison ne put convertir les égoïstes, les oppresseurs, les âmes superbes, les esprits vindicatifs ; la résistance, les intrigues, les perfidies, la folie des prétentions, suspendant l'influence de la morale, on se trouva, sans le vouloir, dans l'état de pure nature. Le plus fort a donc marqué son passage dans la période révolutionnaire. Ses traces sont restées au château de Versailles, sur le terrain de la Bastille, aux portes de l'hôtel de ville, sous les arcades du Palais-Royal. L'observateur les rencontre encore dans toutes les cités populeuses du royaume ; les hameaux eux-mêmes n'en furent pas exempts : mais, dans cette nomenclature d'excès déplorables, le peuple se trouve justement déchargé de tous ceux que des nobles dissidens ont fait commettre par leurs trames, leurs conspirations, leurs provocations et leurs insultes. On ne fera pas également preuve de justice ni d'impartialité, si, en blâmant l'exaltation du patriotisme français, on n'ose compromettre la réputation des diplomates étrangers qui ont grossi leur dette nationale en payant des espions, des émissaires, des boute-feu et des bourreaux. La vengeance de la politique n'a jamais épargné les peuples.

CHAPITRE XXXIV.

Émigration d'une partie de la Noblesse.

Attaquée et battue à chaque lutte, presque de mois en mois, de semaine en semaine, parce qu'elle ne sut jamais prendre les positions politiques qu'exige une semblable guerre, toute sa science étant en défaut, la noblesse enfin gémit, se désola, et s'aperçut qu'elle avait imprudemment tout hasardé, tout compromis, caste, trône, individus, princes, reine et monarque. Elle fit plaider sa cause par des écrivains, quand elle n'avait plus de lecteurs que dans son parti faible et intimidé : elle se vit accusée moins de royalisme que d'aristocratie. La qualification d'*aristocrate*, si odieuse et si offensante dans une monarchie, lui était prodiguée dans les gazettes, dans les satires et dans les chansons. Cet injurieux refrain retentissait dans toutes les villes et dans tous les hameaux du royaume. On ne poursuivait pas ainsi à outrance les ducs, les comtes et les marquis, parce qu'ils se dévouaient au roi et au trône, mais parce qu'on leur reprochait leur égoïsme, leurs préjugés, l'abus de leurs priviléges et leur instinct pour la domination.

Faisant de la sorte tous les frais de la prévention publique, et se voyant d'ailleurs réduits au simple titre de citoyen sous le niveau de l'égalité, ils songèrent dès lors à s'attacher plus exclusivement aux destinées de la cour ; ils se déclarèrent ses défenseurs, quand ils avaient, par tous les genres d'imprudence, multiplié ses ennemis dans la nation ; il n'était plus possible, en changeant même de conduite et de politique, de se flatter de rassembler des forces dans le royaume, d'enrôler des partisans, et de combattre en bataille rangée le peuple insurgé; il fallait imaginer d'autres ressources, et se pourvoir d'autres moyens pour parvenir à faire la guerre au bonnet de la liberté. On tourna ses regards vers les bords du Rhin, et la route de l'émigration s'ouvrit dès cet instant à ceux qui espéraient leur délivrance des puissances étrangères. Résolution funeste que la persécution populaire peut seule justifier.

Personne n'eut d'empire sur les comtes, les barons et les marquis; en vain on voulut les retenir auprès de la personne du monarque; inutilement leur représenta-t-on, dans un esprit de prévoyance, que leur émigration pouvait produire les plus dangereux résultats. Ils laissaient le roi, tout seul, à la disposition du peuple. Sans doute le prince ne pouvait pas être confié en de meilleures mains; mais, pour n'en pas concevoir de justes alarmes, il aurait fallu que les cœurs fussent moins imprégnés de l'humeur d'une délirante exaspération. On citait à chacun d'eux l'exemple de leurs propres ancêtres, et on leur demandait ce que leurs aïeux avaient fait eux-mêmes de leurs souverains, lorsque, devenus révolutionnaires comme les indépendans du jour, ils avaient été les maîtres de leur personne. On leur fit entrevoir que ce que les nobles avaient autrefois si audacieusement entrepris contre la couronne, pouvait malheureusement se répéter par la main furieuse du plébéien révolutionnaire : car enfin, quelle que soit la classe d'hommes qui s'insurge, elle dresse des échafauds et démolit des trônes.

Ces remontrances ni ces sollicitations n'alarmèrent la conscience d'aucun de ces gentilshommes. On ne saurait distraire de son dessein celui qui croit faire une bonne action. Ils s'échappèrent donc du sein de la France, courant les routes, franchissant les rivières, abordant les forêts des frontières, emportant leur or pour rendre les Allemands plus hospitaliers envers des fugitifs. La durée de la tourmente intérieure grossit suffisamment leur nombre pour songer à organiser, sur les rives du Rhin, des régimens de fantassins et de cavaliers. Bientôt cette troupe, soldée par les cabinets étrangers, fût placée à l'avant-garde des coalisés. Elle tira l'épée contre le peuple français. C'était une guerre civile entre elle et le soldat national, partout où ils se rencontraient sur les frontières.

Néanmoins, avant de déployer le drapeau blanc contre la France, les émigrés reçurent l'invitation et ensuite l'ordre de revenir dans leur patrie. Le roi, qu'ils venaient d'abandonner, leur pardonnant d'être les premiers auteurs de la révolution qui insensiblement minait son trône, et ne leur reprochant plus de lui avoir refusé l'argent qui aurait prévenu tous les malheurs du temps, leur fit un devoir de se soumettre, comme lui, aux décrets sanctionnés de l'assemblée nationale. Ce rappel avait encore un but politique ; *Louis* XVI se flattait qu'à leur retour, les interposant entre lui et les plébéiens ardens révolutionnaires, il en formerait un retranchement autour de sa personne, un cordon de serviteurs dévoués, enfin une redoute de défenseurs fidèles. Il se persuadait qu'instruits par toutes les fautes précédentes, et convaincus que l'égoïsme et la vanité avaient exposé la couronne, ils écouteraient les conseils de la prudence et de la politique ; il s'attendait qu'entièrement soumis aux volontés de leur souverain, ils travailleraient avec lui à calmer l'effervescence populaire, ce qui n'exigeait que de la franchise, de la douceur et des complaisances : car ce n'était pas un simple parti qu'on avait à braver et à combattre, mais une nation entière à ménager et à satisfaire dans les justes demandes qu'elle faisait à la raison, à l'équité et à la philosophie du siècle.

Cette tactique royale ne fut point appréciée, et moins encore adoptée par les gentilshommes fugitifs. Ils méconnurent la voix du monarque. Ils désobéirent à l'ordonnance, et, se traçant un plan de politique contraire au sien, ils préférèrent de porter le titre d'*émigré*. Il pouvait y avoir sans doute du danger à repasser les frontières ; mais en quoi consiste le courage du royalisme, s'il n'a pas des périls à affronter ? Il était également certain que, si leur absence hors du royaume faisait supposer de continuelles intrigues de contre-révolution, leur présence dans la capitale et dans les provinces ne deviendrait pas moins un sujet journalier de suspicion, d'accusation et d'alarmes ; triste condition qu'endurent toujours ceux qui ne savent pas choisir leur abri pendant les orages politiques.

Cependant ils réfléchirent sérieusement sur cette cruelle alternative. Mais ils étaient si sûrs de leur zèle, et de la vengeance qu'ils se promettaient contre leurs ennemis communs, que, bien loin de trouver de l'avantage pour le monarque dans l'obéissance à ses ordres, ils résolurent de lui ôter encore toute la noblesse qui s'était jusqu'alors refusée à l'émigration. Ils voyaient de la possibilité dans le projet d'attirer sur le Rhin les quatre-vingt mille familles de la caste, à l'exception de celles qui, entraînées par l'influence du siècle, s'honoraient de la dignité plébéienne. Ainsi la présomption faisait consister le salut du trône et du roi dans la désertion à l'extérieur du reste de leurs partisans. On supposait doubler les moyens de sûreté de la couronne, en diminuant ses forces dans ses alentours.

L'homme risque toujours d'être dupe en traitant avec l'avenir qui souvent ne nous tient pas parole.

Toutefois ce singulier calcul obtint quelque succès. Il arracha de leurs châteaux plusieurs centaines de gentilshommes. On les vit dans les provinces se livrer aux illusions de l'émigration ; ils auraient rougi de porter la quenouille et le fuseau, lorsque des compagnons de la même persécution plébéienne leur promettaient de châtier une nation enthousiaste de sa liberté et de sa philosophie régénératrice. Les routes furent couvertes de nobles travestis qui trompaient la surveillance des officiers municipaux et la sévère exactitude des corps-de-garde ; mais quelle que fût l'activité des enrôlemens pour l'armée du Rhin, la caste nobiliaire resta toujours divisée en ses trois fractions presques égales ; l'une s'organisait sur les frontières, en équipement étranger ; l'autre se montrait active dans le parti révolutionnaire; la troisième, livrée à l'indifférence ou retenue par le profit des événemens, vivait immobile dans ses foyers. Ainsi le trône, demeurant sans appui, s'écroula, et ses débris ne tombèrent sur aucun de nos gentilshommes qui auraient dû se placer à portée de tomber avec lui. L'ancienne monarchie finit, et laissa pour ligne de démarcation entre elle et le nouveau régime, la trace du sang royal.

CHAPITRE XXXV.

Rentrée en *France* d'une partie des Émigrés. Acceptation d'emplois sous l'Empire.

La révolution plébéienne triomphant des obstacles intérieurs et des attaques de coalitions étrangères, la noblesse émigrée vit nécessairement pâlir son étoile. Elle n'eut plus de succès ni dans la politique ni dans l'amour-propre des entreprises militaires. Cette troupe armée, s'affaiblissant chaque jour et ne pouvant réaliser les espérances qu'elle avait données à l'attente des cabinets de l'Europe, subit un licenciement par les ordres des puissances qui la soudoyaient. Sa dispersion devenant nécessaire, il fallut qu'elle ployât ses drapeaux et se disséminât sur différentes contrées étrangères. Dès lors chaque émigré fut libre de choisir son asile; il fixa sa retraite le plus loin qu'il put des atteintes des phalanges républicaines, tristes effets des dissensions civiles qui nous obligent, pour notre conservation, d'éviter la rencontre d'un concitoyen avec plus de soin encore qu'on ne fuirait la présence d'un ennemi étranger. Ils sondèrent tous les endroits sûrs de l'Europe, comme si la mort se cachait pour eux sous la terre qu'ils allaient fouler. Les uns pénétrèrent jusqu'aux glaces de la Russie, et les autres se réfugièrent dans les brouillards de l'Angleterre. Des lois terribles ne les poursuivaient nulle part sur le continent; mais aussitôt qu'elles les atteignaient, elles devenaient inexorables envers eux. Cependant l'humanité et la pitié ont parfois conseillé d'heureuses fraudes contre cette inflexible législation. Ceux qui ont dû la vie à cette commisération en sont-ils reconnaissans envers leurs bienfaiteurs ? C'est ici un sentiment qu'on doit, pour l'honneur de la gratitude humaine, toujours supposer, mais qu'on ne peut jamais affirmer. Tous les bienfaits, dans les guerres civiles, ne sont pas regardés comme des bienfaits, puisqu'on compte à la paix tant de gens ingrats.

Le corps des émigrés ayant opéré sa dissémination sur la surface de l'Europe, la France quelque temps après changea ses principes et ses formes politiques. Il lui parut trop lourd, pour ses mœurs modernes, de porter le poids d'un gouvernement républicain. On a toujours dit que ce régime était l'ennemi des peuples qui recherchent les jouissances. Cela suffisait pour le discréditer dans l'esprit des Français.

Ils ne firent donc pas difficulté de rédiger une cinquième constitution, laquelle, comme étant la plus nouvelle, satisfit les fantaisies de beaucoup d'individus. Ils troquèrent, sans le moindre bruit et sans la plus petite confusion, les usages et les pratiques de la république pour les formes et les maximes d'une monarchie impériale. On fait revenir sur ses pas une nation entière avec la même facilité qu'un enfant qu'on conduit par la main. Tout dépend de savoir lui présenter le vieil appas qui l'a toujours trompée, c'est-à-dire, le bonheur.

Un jeune militaire eut l'art de lui rajeunir cette magique amorce, et obtint la préférence sur ses rivaux de gloire. Les armes ont toujours fourni un roi aux pays en révolution. *Bonaparte* s'était illustré dans les champs de l'Italie. Il revenait alors des pyramides et des déserts. Il devait être heureux à son retour en France, puisque son étoile l'avait sauvé du sillage de la flotte anglaise. On n'échappe pas des mains de ce peuple insulaire sans un coup bien marqué de la fortune.

Remis des fatigues de sa périlleuse navigation, il écouta les propositions des politiques meneurs du jour. Il les échangea avec les siennes ; il y ajouta des conditions ; il débattit celles qu'on voulait lui imposer. Il accorda, pour obtenir à son tour. Il est difficile de deviner en toute chose comme on joue le sort de vingt-cinq millions d'hommes ; mais ce qu'on apprit de certain, le matin en s'éveillant, c'est que le jeune guerrier avait renversé le directoire exécutif sans se rappeler que cette autorité suprême l'avait fait naguère général en chef, et mis à portée d'inscrire son nom au haut de la colonne militaire. Il ne fut pas le seul que de bons motifs rendirent ingrat. La France avait alors besoin de vaincre de nouveau pour se débarrasser des craintes et des menaces de ses ennemis.

Bonaparte, avec ses compagnons d'armes, remplit ce besoin pressant ; ses nouvelles victoires, prépondérantes dans les calculs de la multitude, dépopularisèrent le *consulat* ; cette dignité n'avait été empruntée de l'école romaine que pour montrer bientôt un nouvel Auguste. C'était la tente sous laquelle, loin des regards, le statuaire politique travaillait le bloc de marbre qui devait lui servir de trône. En effet le trône impérial parut aux yeux de la France qui le regarda et y applaudit ; le monarque tressa sa couronne de tous ses lauriers. Il n'oublia pas d'y mêler ceux qu'il avait cueillis dans les guerres de la démocratie. La gloire militaire est de tous les systèmes et de toutes les opinions.

Le nouvel empereur, ayant l'esprit tranquille sur les attaques des factions, confia l'honneur national au courage et à l'enthousiasme de mille capitaines du premier rang, se flattant dès lors d'arriver par eux et par son propre génie à la paix ou à la conquête de l'Europe, alternative qu'il ne plaît pas toujours à la fortune de remplir ; il s'occupa en même temps de la restauration intérieure. Chaque nouveau gouvernement croit ne voir que des débris autour de lui, et se livre à la dangereuse fantaisie de tout refaire pour donner sa couleur et son esprit à tout. D'abord il proscrivit les dénominations que la contrariété des opinions et des intérêts avait fait naître parmi les Français. Tout autre titre que celui de citoyen fut toujours une déclaration de guerre entre les hommes divisés de sentimens. Il ajouta ensuite de nouveaux évêques aux évêques assermentés, de nouvelles églises aux trente-deux mille églises ouvertes aux prières des fidèles. Il redonna à la royauté un crédit perdu au milieu de l'exaltation républicaine, et réhabilita le titre de sujet qui avait révolté l'amour-propre de la liberté. Son administration devint partout concentrée, forte, active et vigoureuse, semblable à la doublure d'un vaisseau qui le rend meilleur voilier.

Lorsque ces travaux d'économie politique s'achevaient avec succès, et que son système de gouvernement bravait tous les genres de pusillanimité, l'empereur regarda quel était le sort, au-delà des frontières, que les temps, que les puissances, que les privations faisaient endurer aux émigrés. Il vit cette foule souffrante de Français aux prises avec l'humiliation, les besoins et le malheur. Fut-il sensible à ce tableau ? Du moins il éleva la voix du haut de son trône pour être entendu des quatre parties du Continent ; et, rappelant les émigrés dans leurs foyers, il tint ouvertes pour eux les frontières de la France.

Cette voix, qui n'était pas celle d'un Bourbon, ne fit reculer d'indignation aucun de nos fugitifs. Il ne bouchèrent point leurs oreilles à cet appel, honteux d'être soupçonnés d'abjurer par leur retour en France la cause et les intérêts de l'ancienne dynastie. Ils ne repoussèrent pas avec fierté un semblable bienfait comme un piége tendu pour leur faire abandonner lâchement les Bourbons dans la terre de leur exil, et perdre en un jour le mérite et le prix d'une longue émigration. On les vit au contraire, entraînés par l'ascendant de l'amour de leur pays natal, céder à l'invitation impériale, et accourir se ranger sous le sceptre d'un maître qui les séparait pour toujours de la fortune des princes proscrits. Tous les parjures ont leur source dans l'égoïsme.

Pendant que les émigrés, certains d'être bien accueillis, se présentaient aux barrières ou débarquaient sur nos côtes, ne jurant plus de mourir ou par la faim ou par la guerre pour les intérêts de la famille de nos anciens rois, le Vendéen lui-même, dégoûté de ses liaisons avec l'Anglais, frémit encore moins de colère, lorsque le nouveau monarque lui proposa la pacification ; il n'hésita point à suspendre ses animosités premières, refusant l'or et les armes de l'Angleterre, se défiant des insinuations des puissances jalouses, fatigué de n'ensevelir dans ses bruyères que des cadavres français. Il embrassa l'olivier de la paix, accepta les conditions et prêta sans restriction le serment d'une obéissance qui le détachait pour jamais des intérêts des princes Bourbons. Ainsi le noble et le prêtre perdirent aussitôt leur fureur contre la cocarde tricolore, du moment qu'ils aperçurent un nouveau trône dans la France. On eût dit qu'ils ne s'étaient aussi long-temps battus en contre-révolutionnaires que pour l'honneur de sa reconstruction, sans s'occuper de la personne du souverain qui devait l'occuper. De pareils traités de paix sont toujours conclus aux dépens des princes malheureux.

L'appel des émigrés et le rapprochement des esprits vendéens devinrent une sorte d'alliance entre l'empereur et l'ancienne noblesse ; dès ce moment on aperçut les uns et les autres, engagés avec le nouveau trône, célébrer les fêtes pompeuses de l'empire, et implorer au pied des autels la perpétuité de la nouvelle race. Il était naturel qu'on fût sensible au zèle que les anciens nobles montraient à s'entrelacer autour du sceptre moderne. Aussi paya-t-on ces douces dispositions avec les effets d'une prédilection toute particulière. On leur sut gré de l'oubli des lis capétiens, et de la confiance qu'ils mettaient dans les aigles napoléoniennes. Comme chacun d'eux trouvait des distinctions, un rang, des préférences et des espérances de fortune, il sembla à la plupart que la conscience et l'ancienne fidélité ne devaient plus paraître plaintives ni scrupuleuses. On se console de tout, quand l'avenir sourit à notre ambition.

Ainsi emportés par le tourbillon impérial, les nobles de l'émigration et de la Vendée se laissèrent déposer sans peine sur toutes les hauteurs politiques de l'ordre social. On porta la broderie en or, celle en argent et en soie ; on prit la feuille de chêne, l'épi de blé, le bouton à l'ancre, les aiguillettes, les grenades. Les moins heureux se placèrent encore assez avantageusement dans des postes obscurs, mais lucratifs. Personne ne resta oisif et ne sollicita long-temps la place ou les honneurs qu'il ambitionnait. A cette époque tous les noms historiques furent soigneusement retirés de la poussière de la révolution, et imprimés en grand nombre dans le tableau des dignités, des charges et des emplois. L'almanach impérial dénonçait régulièrement chaque année aux Bourbons exilés, la liste des déserteurs de leur cause. Si leur souvenir toutefois se présentait encore à l'esprit des infidèles, l'intérêt de la famille capétienne ne disait plus rien à leurs cœurs.

Dans ce changement de fortune politique et au milieu de ces affections nouvelles, les anciens nobles s'abandonnèrent absolument à l'esprit de paix et de conservation. Nul ne songea, dans la Vendée ni dans aucun lieu de la France, à troubler le calme et la sérénité du nouveau régime. On avait perdu le goût du mécontentement et les idées de révolte et de conspiration ; ce ne furent ni leurs trames, ni leurs intrigues, ni leurs complots qui changèrent l'horizon de la France. Si la famille des Bourbons reparut sur les frontières, elle n'y trouva ni les nobles émigrés, ni les nobles sédentaires. Son introduction s'opéra sans l'assistance de ces prétendus amis de la légitimité. Elle ne reçut les clefs des Tuileries que du dévouement des nobles qui avaient été plus ou moins complices de la révolution plébéienne.

Mais, à l'apparition du drapeau blanc, une nouvelle métamorphose se fit remarquer dans la noblesse. L'homme prend les teintes de toutes les circonstances, qui, comme les objets, ont aussi leurs couleurs ; celui qui avait ri pendant vingt-cinq ans, mouilla alors ses yeux de larmes d'attendrissement. Celui qui, après avoir porté quelques heures le fusil de l'émigration, était lâchement rentré dans ses foyers, osa raconter une longue histoire de ses services. Le gentilhomme qui avait participé à la plantation des arbres de la liberté, ou qui avait assisté aux *Te deum* du vainqueur de l'Europe, affecta de grands épanchemens de joie. L'un se fit orateur de tribune pour prodiguer les complimens ; l'autre devint écrivain pour rétracter d'anciennes opinions. Beaucoup de gens grossirent leurs voix, exagérèrent le regard, le geste, la parole, et adressèrent sur le ton d'un royalisme fidèle et imperturbable, à l'autorité ressuscitée, des apostrophes d'amour et d'un dévouement sans bornes. Afin de donner des preuves de franchise, on injuria, on calomnia le gouvernement déchu, sans cependant se croire obligé de renoncer à ses croix et à ses titres, ni de restituer la fortune faite sous son coupable régime. Il n'y a donc jamais que la langue qui change dans l'homme. Son changement ne doit pas s'étendre jusqu'aux honneurs et à l'argent, de quelque source qu'ils lui viennent.

Un si singulier tableau fournit à ceux qui se montrèrent plus froids, parce qu'ils étaient plus sincères, l'idée de calculer le nombre de ces serviteurs, alors si ardens et si fidèles, qui tourbillonnaient autour de l'ancien trône. On ne put pas concevoir comment, avec cet essaim prodigieux d'amis et de partisans, il était arrivé qu'un roi fût mis à mort, qu'une république eût existé, qu'un directoire pentarque eût gouverné, et enfin qu'un général d'armée se fût fait couronner empereur dans la capitale : de tels amis attendent ordinairement tout de la bonté du temps qui, en effet, abandonne moins souvent le malheur que les hommes. Peu de gens sont propres, malgré leur esprit fanfaron, à rendre service aux princes durant leur infortune ; mais ils deviennent d'un prix infini lorsque le bonheur sourit de nouveau aux rois sur leur trône.

CHAPITRE XXXVI.

Agitation de la cabale des *importans*. Dénomination d'*ultra*-royalistes. Ordonnance du 6 septembre qui appelle de nouveaux Députés.

Ces critiques, qu'on menaçait de punir par la persécution, se trouvèrent néanmoins justes lorsque *Louis* XVIII, assis depuis quelque temps sur le trône de ses ancêtres, éprouva de nouveau les vicissitudes que créent, autour des princes, l'antipathie des esprits et la division des cœurs. Il dut s'éloigner de sa capitale, et tourner ses pas vers une terre étrangère, emportant sa couronne et son sceptre royal que *Napoléon* venait une seconde fois remplacer par ses aigles impériales. Le départ du monarque ne fut point retardé par les instances de ses gentilshommes. Le chemin ne se trouva pas obstrué par les bataillons de sa noblesse exclusive. On ne vit pas, dans des instans si propres à justifier le dévouement et le zèle, la phalange nobiliaire mourir aux pieds de son roi. On ne peut plus se refuser à la mort dans les jours du danger, lorsqu'on l'a si souvent promise et jurée dans les temps de la sécurité. Ainsi les ducs, les comtes et les marquis, en réservant pour d'autres occasions cette preuve d'amour et de fidélité, perdirent, dans le public, le droit de se proclamer les défenseurs nécessaires et exclusifs de nos princes.

Le sort pourvut, par d'autres secours, aux destinées des *Bourbons*. Leurs malheurs s'adoucirent en peu de jours, et *Louis* XVIII vint reprendre son trône. Ce second retour exposa encore les comtes et les barons à de mortifiantes observations de la part du public. Le monarque ne brisa pas les barrières avec l'appui de ces chevaliers ; il n'arriva pas dans sa capitale sous la voûte des baïonnettes de cette noblesse. Ceux-là mêmes, qui avaient le plus attiédi les cœurs et compromis les intérêts de la famille royale, ne prirent ni le casque ni l'épée pour débarrasser les chemins sur son passage. Dispersés dans les provinces, attendant la décision de la lutte nouvelle, se bornant à d'obscures intrigues, ils ne reparurent autour du roi qu'au moment où les proclamations, ornées de fleurs de lis, annoncèrent le succès et le rétablissement de la famille royale. Ce jour-là la poste et les diligences ramenèrent dans Paris les fanfarons en royalisme, les complimenteurs, les dénonciateurs, les conseillers de vengeance, les épurateurs et les patrons de nouvelles dissensions.

Le monarque, en rentrant dans son palais, jeta ses regards sur le royaume. Il n'aperçut partout que de nombreux désastres, des amertumes profondes, des âmes aigries, et les familles généralement divisées. Il fallait à ces maux un prompt remède. La sagesse voulait qu'on hasardât moins d'imprudences et qu'on tolérât moins d'injustices. La généralité des citoyens soupirait après l'union publique et la paix privée. On convenait partout que la douceur et une impartiale justice calmeraient toutes les souffrances. Néanmoins, quoique le royaume sortît à peine d'une crise douloureuse, et qu'il éprouvât le besoin de perdre entièrement le souvenir des factions, des sectes et des cabales, on vit reparaître de nouveau une portion de patriciens exagérés, superbes, ennemis des institutions plébéiennes, se refusant à la nécessité de bander les plaies publiques, s'étudiant, au contraire, à tourmenter dans tous les sens le corps malade de l'État. Les uns réclamaient l'usage des lois révolutionnaires, sous le nom de lois d'exception. Ils voyaient partout des suspects dans les villes, dans les hameaux, dans les campagnes ; ils doutaient de la moralité, de l'honneur et de la probité de tous ceux qui ne partageaient pas leur haine d'opinion. Les autres prétendaient que la restauration ne devait pas se borner à la légitimité du trône ; il se préparaient en conséquence à faire de nombreuses réformes dans les travaux des vingt-cinq années de la révolution ; ils se chargeaient de l'honorable tâche de rappeler dans la France la vertu, l'ordre, la religion, les mœurs, la régularité et la pudeur sociales, comme s'il se fût agi de civiliser un pays sauvage. En effaçant les traces de la philosophie du siècle, ils se flattaient de pouvoir reproduire l'ancien régime, avec les seules modifications qu'un royalisme, peut-être trop timide encore, leur conseillerait d'accorder au temps.

Cette élite d'importans vint siéger sur les bancs législatifs. Les corps électoraux, surpris dans leur bonne foi, avaient trop facilement ajouté foi au langage des comtes, des marquis et des barons de leurs départemens. Le patelinage est toujours de mode aux époques des élections. Cependant, on se plut à croire que les individus les plus gonflés d'arrière-pensées, se voyant arrivés au sommet de l'ordre social, et distinguant mieux de ce point de perspective les haines et les divisions, se sentiraient les premiers de la paternité législative, concevraient une juste idée des dangers que le trône pouvait courir par une fougueuse exagération, et se feraient un devoir de jeter à pleines mains le calme, la douceur et le baume de l'union sur la surface de la France.

Cette attente ne se réalisa pas. Les discours, les principes, les votes, les motions, les menaces, tout contribua à alarmer de nouveau les intérêts publics et les intérêts privés. On ébranla toutes les fortunes ; on effraya toutes les opinions ; on troubla le repos de la masse des citoyens ; le sang du meurtre coula dans plusieurs départemens ; les assassins attroupés massacraient le jour et la nuit pour le compte du fanatisme, pour celui de l'opinion, pour les intérêts des chefs qui les en dédommageaient par l'impunité.

Au milieu de ses inquiétudes secrètes, chacun se rappelait que la noblesse n'avait pas suivi une autre marche à l'époque des premiers jours de la révolution ; qu'alors, comme dans la circonstance, la conduite impolitique des comtes et des marquis réduisait le monarque et le trône à une faible portion d'amis et de défenseurs, comme si, véritablement, il devait suffire aux princes, dans les temps difficiles, d'avoir pour égide et pour garantie des hommes de leur condition. On voyait donc avec indignation qu'on cherchait à renouveler le même résultat autour de la personne du roi, en isolant de lui les cœurs par des actes d'extravagance, de fureur, de vanité et d'orgueil. La confusion des idées était si grande et la situation politique du royaume si bizarre, qu'on ignorait, dans le moment même de cette exagération, quelle espèce de bonheur et de prospérité les antiplébéiens voulaient accorder à la nation. On n'était pas encore dans l'ancien régime, mais on ne se trouvait presque plus dans le nouveau. Il n'y avait de certain dans cette position que l'assurance de toucher de près à des troubles et à des dissensions nouvelles. On n'avait plus qu'un dernier pas à faire, et tout rentrait encore dans le désordre et l'anarchie générale. Les comités agitateurs, les affiliations secrètes, la circulation des ordres du jour, les doctrines de la terreur, l'audace des manœuvres, chaque ressort de cette contre-révolution se rattachait à un centre nourricier, dont le but était de forcer la nation à faire une solennelle rétractation de cette philosophie, de ces maximes libérales, de cette dignité plébéienne consacrées par de longs sacrifices, et par vingt-cinq ans de combats et de victoires.

Pendant que l'opinion publique épuisait sa patience à endurer les attaques audacieuses d'une faction à plumets et à habits brodés, les esprits conciliateurs qui prévoyaient les approches des nouvelles scènes révolutionnaires, tentèrent de persuader aux ultra-royalistes que le retour de l'ancien régime ne pouvait que nuire au trône, précisément parce qu'il n'était plus avantageux qu'à la noblesse; que leur fougue antipopulaire n'honorait ni leurs lumières ni leur humanité; que leur zèle à ne travailler qu'à la fortune politique d'un seul pouvoir dans l'État, n'était regardé que comme un moyen hypocrite de cacher l'égoïsme et les prétentions de l'intérêt personnel; qu'il serait prudent à eux de cesser de se proposer pour oracles à consulter et pour modèles à suivre; qu'on n'injurie pas impunément une nation en la calomniant sur sa religion et ses mœurs, premiers attributs de la civilisation; et qu'au reste, si la France avait quelques reproches à se faire sur ces deux points de morale, elle était en droit de dire qu'elle n'était pas obligée de se montrer plus pieuse ni plus sévère que les autres nations de l'Europe; enfin on chercha à les convaincre que la manie d'entacher les gens d'irréligion et de corruption avait toujours été le signe le moins équivoque de l'existence d'une faction, parce qu'il ne nous arrive jamais de censurer et de moraliser avec cette aigreur, qu'alors que nous sommes en train d'accréditer des projets funestes que nous n'osons encore avouer qu'avec des précautions et des réticences.

L'espèce de succès qu'obtenait, à la faveur des circonstances du temps, le plan de l'ultra-royaliste, fit repousser tous les conseils de la prudence et de la sagesse. On se vit donc forcé de prendre des mesures de précaution contre les antipopulaires du genre violent et exclusif. Le monarque, averti des périls que faisait naître insensiblement cette folle exagération, trouva des moyens de salut public dans la charte constitutionnelle. Convaincu lui-même qu'un siècle de lumières et de philosophie ne fait pas commettre de sottises à ceux qui l'interprètent sainement, il prit la résolution d'éteindre le feu des doctrines contre-révolutionnaires, et d'arrêter l'élan des chefs de la secte des exclusifs. Dans ce dessein, s'investissant du pouvoir de la charte qu'on voulait morceler et puis anéantir, il déclara dissoute la chambre des députés des départemens, et renvoya les membres à se retremper dans le sein du peuple.

A la publication de l'ordonnance du 5 septembre, le parti ultra-royaliste s'indigna de colère contre cette pénalité constitutionnelle. On fit grand bruit dans les salons de la capitale et des départemens. Tous ceux qui se croyaient compromis dans cette journée sonnèrent l'alarme. La langue du mécontent s'imbibe aisément de fiel et de venin. On prit la voie des brochures et des pamphlets ; on tenta une justification qui ne fit fortune que dans les limites de la secte. Les partisans et les dupes répandirent partout qu'on venait de faire des victimes, qu'on avait frappé les meilleurs amis du trône, qu'une conspiration secrète dispersait les royalistes surveillans et fidèles, afin de mieux assurer le triomphe des erreurs plébéiennes sur l'heureux régime de nos ancêtres ; on menaça de se décharger de toute responsabilité pour l'avenir, si la dynastie royale courait des dangers ; mais, au milieu de ces plaintes et de ces absurdes prédictions, et pendant que les patrons des doctrines surannées vidaient les bancs législatifs, la France entière, qui ne voulait plus de révolution, accueillant le bienfait de l'ordonnance du 5 septembre, conçut un meilleur espoir de son avenir et calma sa profonde indignation.

Ici je touche aux bornes de mon ouvrage; ma plume demande du repos : elle est à moitié calcinée par le contact de toutes ces laves volcaniques. J'ai, en effet, scrupuleusement retracé les éruptions de l'esprit révolutionnaire. Elles ont souvent et long-temps couvert tout le territoire de la France. Nous flattons-nous que les ducs, les comtes, les marquis et les barons, en lisant l'histoire de leur conduite passée, changeront de maximes et de politique? Cette question ne peut être résolue que par nos neveux. Tant pis pour l'humanité, le trône et la civilisation, si jamais on fait la suite de mon ouvrage.

FIN DU CINQUIÈME ET DERNIER LIVRE.

TABLE

DES CHAPITRES

DU SECOND VOLUME.

SUITE DU LIVRE QUATRIÈME.

BRANCHE DES VALOIS.

Un mot de l'Auteur en réponse aux journaux. . . . . . . Page v

Chap. XV. Le Dauphin est obligé de fuir de *Paris*. Assassinat du duc de *Bourgogne* sur le pont de *Montereau*. On prend l'écharpe rouge pour le venger. 1

— XVI. La faction anti-Valoise proclame le monarque anglais roi de *France*. Vente des meubles de la chambre du roi *Charles* vi, pour payer son enterrement. 4

— XVII. La Noblesse félone aide le roi anglais à battre *Charles* vii, roi légitime, à la journée de *Verneuil*. 11

— XVIII. Désunion et intrigues des courtisans à la cour de *Charles* vii. 14

— XIX. Les compagnons d'armes de *Jeanne-d'Arc* ne font aucun effort pour la tirer des flammes du bûcher anglais. 17

— XX. Les bandes pillardes qui se parent du titre d'*écorcheurs* après la restauration de *Charles* vii. 26

— XXI. Nouvelle faction contre *Charles* vii, amenant le jeune Dauphin à Niort, et le proclamant roi à la place de son père. 29

— XXII. Le Club ou Comité réformateur des abus de l'administration royale, tenu à Nevers, sans l'intervention du roi *Charles* vii. 31

— XXIII. Trahison de la Noblesse de *Guyenne* qui remet la province et *Bordeaux* sous la domination anglaise. 34

— XXIV. Complot pour arrêter prisonnier *Charles* vii et l'envoyer à la tour de *Londres*. 37

TABLE DES CHAPÎTRES.

CHAP. XXV. Rébellion contre le roi *Louis* XI, sous le nom de guerre du *bien public*. Les aiguillettes de soie verte deviennent la décoration des factieux.............. Page 41

— XXVI. Divers manifestes de la révolte contre *Louis* XI. Chaque chef de la faction affiche et placarde contre son souverain................. 46

— XXVII. Les Nobles de la faction du *bien public* se rangent sous différentes bannières. Trahison à la bataille de *Mont-Lhéry*.................. 49

— XXVIII. Siége de *Paris* pendant la guerre du *bien public*... 51

— XXIX. Les Nobles factieux traitent de la paix à *Conflans* avec le roi *Louis* XI. Argent, grâces et faveurs que coûte au roi la fin de la guerre du *bien public*............. 54

— XXX. Indemnités de table et de logement payées à la Noblesse aux états généraux par le tiers état..............

— XXXI. La guerre dite la *guerre folle* que le duc d'*Orléans*, avec ses gentilshommes, déclare à la dame de *Beaujeu*, sous *Charles* VIII.................. 60

— XXXII. Menaces de sédition sous *Louis* XII. Opposition des Nobles à la création de l'infanterie de ligne dans l'armée... 67

— XXXIII. Projet de faire prisonnier le roi *François* Ier., et de le livrer à l'Espagne et à l'Angleterre............. 72

— XXXIV. Fuite du connétable de *Bourbon* et de plusieurs de ses partisans chez les ennemis de la France.......... 80

— XXXV. Ravages de la *Provence*. Agitation des Nobles factieux dans le royaume pendant la prison de *François* Ier..... 85

— XXXVI. Cinq cents actes d'accusation jugés contre les Nobles par des commissions spéciales............... 91

— XXXVII. Les *enfans perdus* du maréchal de *Brissac*, ou sa fameuse garde d'ordonnance............... 93

— XXXVIII. Les quatre factions, sous *Henri* II, réduites ensuite à deux, sous les noms de *catholique* et d'*huguenot*..... 95

— XXXIX. Conspiration d'*Amboise*. Les Catholiques pendent les Huguenots sous les yeux des dames de la cour. Discours véhément contre les Nobles aux états généraux, sous *Charles* IX.................. 103

— XL. La faction catholique enlève le roi *Charles* IX à Fontainebleau. La faction calviniste s'empare d'*Orléans*..... 110

— XLI. La Noblesse catholique appelle les Espagnols en *France*. La Noblesse calviniste appelle les Anglais. Le royaume sert de caution à toutes les deux............. 113

Chap. XLII. Exécutions sanglantes dans les provinces de la part des deux factions. Page 116
— XLIII. Assassinat du prince de *Condé*, calviniste. Assassinat du duc de *Guise*, catholique. 120
— XLIV. La *Saint-Barthélemi* dans *Paris*. Le même massacre répété dans plusieurs villes du royaume. 124
— XLV. Manœuvres de la Noblesse révolutionnaire pour former la ligue dans *Paris* et dans le royaume. 130
— XLVI. Déclaration de guerre de la part des révolutionnaires protestans. Confiscation des biens des Catholiques, qu'on vend par lots aux enchères publiques. 134
— XLVII. Les drapeaux enlevés aux roi *Henri* III à la journée de *Coutras* sont présentés à la belle *Corisandre d'Audouin*. . 140
— XLVIII. Entrée du révolutionnaire *Henri de Guise* dans *Paris* malgré la défense du roi. Fuite du roi *Henri* III 143
— XLIX. Les Catholiques révolutionnaires attaquent le roi *Henri* III campé à *Tours*. Nomination du duc de *Mayenne* au grade de lieutenant général du royaume. 150
— L. Des dames de qualité courent dans les rues de *Paris* pour engager les habitans à se réjouir de l'assassinat de *Henri* III. . 154

LIVRE CINQUIÈME.

BRANCHE DES BOURBONS.

Chap. I. La Noblesse ligueuse refuse de reconnaître *Henri* IV. Continuation du siége de *Paris*. 159
— II. Le Club espagnol s'agite pour faire couronner une *Infante* à la place de *Henri* IV. 165
— III. Le duc de *Mayenne* va aux frontières pour marchander de nouvelles troupes espagnoles, et perd la ville de *Paris* pendant cette absence. 173
— IV. Places de sûreté cédées au duc de *Mayenne* pendant dix ans. Bienfaits répandus sur les Nobles ligueurs pour avoir la paix en France. 179
— V. Rechute révolutionnaire de la part de *Biron* et autres Nobles du royaume. Projet de tuer *Henri* IV par un coup de canon. 181

Chap. VI. Émigration des complices de *Biron*. Continuation des intrigues de la même faction. . . . . Page 193

— VII. Guet-apens établi par d'*Entragues* pour se rendre maître de la personne du roi *Henri* IV. Le roi se bat contre cinq assassins. 196

— VIII. Pillage de quinze millions d'économie à la mort de *Henri* IV. Confusion dans les provinces, sous la minorité de *Louis* XIII. 202

— IX. La faction veut empêcher le roi *Louis* XIII de se marier à son gré. 207

— X. Fédération d'un grand nombre de Nobles. La cour les accuse d'avoir pillé les quinze millions de *Henri* IV. 209

— XI. Les rebelles armés suivent pied à pied le roi *Louis* XIII jusqu'aux *Pyrénées*. Ils accordent la paix moyennant des indemnités et le paiement des dettes. 212

— XII. Emprisonnement de *Condé*. Fuite des confédérés dans les provinces. La mère de *Condé* excitant le peuple de *Paris* à la révolte. 214

— XIII. Assassinat du ministre *Concini* par la cabale. 218

— XIV. La Noblesse factieuse épouse le parti de la reine mère contre le roi *Louis* XIII. 220

— XV. Scènes révolutionnaires sous le ministère de *Richelieu*. . 224

— XVI. Tentative d'assassinat contre *Richelieu*. 229

— XVII. Les Émigrés de *Richelieu* rentrent en *France* sous la minorité de *Louis* XIV, et forment la cabale des *importans*. . 234

— XVIII. Nouvelle rechute révolutionnaire qui amène la grande et la petite *Fronde*. 239

— XIX. La garde des deux cents gentilshommes à l'Archevêché pour la sûreté du séditieux évêque de *Gondi*. 243

— XX. Barricades de la Fronde. *Paul de Gondi*, sur l'impériale de son carrosse, haranguant les Frondeurs. 248

— XXI. Fuite du jeune Roi et de la Régente. Le Coadjuteur se fait arrêter aux barrières, afin de ne pas suivre la cour à *Saint-Germain*. 252

— XXII. Plusieurs Nobles quittent la cour de *Saint-Germain* pour rejoindre la Fronde dans *Paris*. 255

— XXIII. *Turenne*, frondeur, tente de corrompre la troupe qu'il commande. On appelle en *France* l'archiduc des *Pays-Bas* au secours de la Fronde. 259

— XXIV. *Turenne* fait la guerre au roi *Louis* XIV. L'épouse de *Condé* soulève la *Guyenne*. Club révolutionnaire de trois cents gentilshommes assemblés au réfectoire des *Cordeliers*. . 262

TABLE DES CHAPITRES.

Chap. XXV. Une dame de qualité signe, au nom du lieutenant général du royaume, l'ordre d'empêcher la Cour de sortir de Paris. . . . . Page 272

— XXVI. Brandissement des épées et des poignards sur les escaliers du Palais de Justice. Le cou de l'archevêque de *Corinthe* pris entre les deux battans de la porte de la salle d'audience. 277

— XXVII. *Condé* et ses nobles partisans font la guerre au roi *Louis* xiv. Mademoiselle d'*Orléans* ferme au Roi les portes de la ville d'*Orléans*, et ouvre celles de *Paris* au rebelle *Condé*. 286

— XXVIII. La faction condéiste domine dans *Paris*. On brûle les Échevins de l'hôtel de ville. 291

— XXIX. On promet des villes et des ports aux Espagnols sous la minorité du roi *Louis* xv. 294

— XXX. Invention du formulaire. Remontrance contre les Édits bursaux. 300

— XXXI. Refus de la Noblesse laïque et ecclésiastique d'accéder aux demandes financières du roi *Louis* xvi. Le parlement se déclare usurpateur du droit de consentir les impôts 306

— XXXII. Convocation des États Généraux. Comité d'insurrection. Émissaires envoyés dans les provinces. 311

— XXXIII. Disputes sur les préséances. Vote par tête. Armement subit de tous les Français. Actes sanglans dans la capitale et dans les provinces. 316

— XXXIV. Émigration d'une partie de la Noblesse 326

— XXXV. Rentrée en *France* d'une partie des Émigrés. Acceptation d'emplois sous l'Empire. 331

— XXXVI. Agitation de la cabale des *importans*. Dénomination d'*ultra-royalistes*. Ordonnance du 5 septembre qui appelle de nouveaux Députés. 339

FIN DE LA TABLE DES CHAPITRES.

AUTEURS CONSULTÉS.

Frédégaire.
Aimoin, analyste du précédent.
Grégoire de Tours.
Éginard.
Le moine Roricon.
Robert Gaguin.
Isidore. *Hist. gothica.*
Hincmar.
Chronique de Marius.
L'auteur de *Gest. regum Francorum.*
Le père Anselme.
Chronique de Fontenelle.
Chronique de Théophane.
Anastase, bibliothécaire.
Guillaume Nangis.
Gallia Christiana.
Le moine Helgaud.
Guillelmus Tyrius.
Le moine Robert, sur les Croisades.
Historia Hierosolimæ.
Itinéraire de Duchêne.
Annales des Sarrasins.
Guiber, *abbas.*
Annales de Flandre.
Théogon, archevêque de Trèves.
Annales de Metz.
Mathieu Paris.
Agobart.
Conrad, abbé.
Geoffroi de Vendôme.
Annales de Fulde.
Le moine Abbo, *de Bellis Parisiorum.*
Histoire de Reims.

Chronique d'Aquitaine.
Histoire d'Aquitaine.
Le président Hénault.
Histoire de Velly.
Daniel.
Mézerai.
Le cardinal de Retz. (Mémoires.)
Observations de Mably.
Mémoires de madame La Fayette.
Mémoires de madame de Motteville.
Froissard.
Joinville.
Voyage littéraire de deux bénédictins.
Grandes chroniques de France.
Mémoires d'Odolane Desnos.
Journal de Paris, sous Charles VI et Charles VII.
Olivier de la Marche.
Mémoires de Richemont.
Mémoires de Sully.
Comines.
Brantôme.
Dulaure.
Mémoires de Saint-Simon.
Voltaire. Essai sur les mœurs et l'esprit des nations.
Anquetil. L'esprit de la Ligue. Esprit de la Fronde.
Jay. Histoire du cardinal de Richelieu.
Lacretelle le jeune. Histoire de France.
Michaud. Histoire des Croisades.
Mémoires de l'abbé Georgel.

www.ingramcontent.com/pod-product-compliance
Lightning Source LLC
Chambersburg PA
CBHW050754170426
43202CB00013B/2418